거룩한 독서를 위한
요한 묵시록
주해

거룩한 독서를 위한
요한 묵시록 주해

2007년 12월 6일 교회 인가
2007년 12월 28일 초판 1쇄 펴냄
2012년 5월 21일 초판 2쇄 펴냄
지은이: 정태현
펴낸이: 조병우
펴낸곳: 한님성서연구소
등록: 제85호
주소: 480-844 경기도 의정부시 평화로 604 2F
전화: 031)846-3467   팩스: 031)846-3595
http://www.biblicum.or.kr

값: 15,000원

ISBN: 978-89-957309-3-5 93230

ⓒ 한님성서연구소 2007
성경 ⓒ 한국천주교중앙협의회 2005

거룩한 독서를 위한
요한 묵시록
주해

정태현 지음

한님성서연구소
Hannim Biblical Institute

'거룩한 독서를 위한 요한 묵시록 주해'를 펴내면서

한님성서연구소의 회보 「말씀터」에 요한 묵시록의 거룩한 독서를 위한 주해를 시작한 지 두 해가 흘렀다. 55호에 마지막 20차 원고를 보내면서 그동안의 작업을 모아 출간하기로 마음을 먹었다. 처음 요한 묵시록 주해에 손을 댄 것은 2005년 여름 군산 팔마 본당에서 네 주간에 걸쳐 묵시록에 대한 강의를 준비할 때였다. 그 당시 강의록으로 내놓은 얇은 책자가 이 책의 근간을 이룬다.

이 책의 일차 출간 목적은 부제에서 드러나듯이 거룩한 독서를 돕는 데에 있다. 잘 알다시피 성경 본문은 세 가지 의미를 지닌다. 첫째, 축자적 의미 literal sense 는 글자 그대로의 의미를 말하는데, 근본주의 해석의 대상이다. 둘째, 문학적 또는 문필적 의미 literary sense 는 성경의 저자가 본문에 담아 두고자 한 의미를 말하며 역사비평의 대상이다. 셋째, 영적 의미 spiritual sense 는 독자의 삶에 다가오는 의미를 말하며 우의적 해석의 대상이다. 본 주해서는 둘째 의미를 밝히는 일에 주력하여 묵시록 독자가 근본주의의 오류에 빠지는 일 없이 편안하게 영적 의미로 나아가도록 유도할 것이다.

책을 펼치면 왼쪽 상단부 상자 안에는 굵은 고딕체로 본문이 나오는데, 가톨릭 새번역 『성경』에서 그대로 옮겨 왔다. 오른쪽 상단부는 묵시록 본문과 연계된 구약성경과 신약성경, 그리고 외경 문헌들의 인용이다. 이 인용문들을 통해 독자는 묵시록 저자가 어디에서 영감을 받아 이 책을 썼고 어떤 영적 전통에 서 있는지 파악할 수 있을 것이다. 양쪽 하단부에는 본격적인 주석이 나온다. 본 주석은 이 책에서 사용한 환시와 표징과 상징들이 어떤 의미를 지니며 이것들을 통해 저자가 전달하려고 한 메시지가 무엇인지를 밝힌다.

각 대목의 제목마다 해제를 붙여 저자가 그 대목에 무슨 내용을 담으려 하는지를 설명하고, 매 장이 끝나면 그 장의 맺음말에 장별 해제를 달아 영적 의미를 향해 나아갈 수 있는 길도 열어 놓았다. 부록에는 상징들의 출처와 의미를 밝힌 상징의 총괄 해제와 더불어, 성경과 기타 문헌 및 상징의 찾아보기를 실었다. 이 모든 주석과 해제가 거룩한 독서로 묵시록의 영적 의미를 찾고자 하는 독자들에게 큰 도움이 되었으면 좋겠다.

이 책이 나오기까지 수고해 주신 분들, 특히 한님성서연구소의 조병우 베네딕토 이사장을 비롯하여 이사진과 모든 후원자들, 그리고 편집과 교정에 도움을 준 연구소 일꾼들과 신학생들, 그리고 한 학기 동안 필자의 묵시록 강의를 열심히 경청해 준 사랑하는 신학생들과 수도자들에게도 감사를 드린다. 이분들 모두에게 주님의 한없는 자애와 은총이 넉넉하게 내리길 두 손 모아 간절히 기도하며

2007년 11월 7일
남석리 광주 가톨릭 대학에서 지은이 정태현

요한 묵시록 입문

요한 묵시록 입문

요한 묵시록은 신약성경의 마지막 책인 동시에 그리스도교 경전인 신구약성경을 총정리하는 책이기도 하다. 이 책 안에는 실로 구약의 창세기부터 신약의 서간에 이르기까지 하느님과 예수 그리스도에 관한 주요 계시를 가장 완성된 형태로 제시한다. 구약성경의 하느님 계시는 신약성경에서 육화된 말씀이신 예수 그리스도의 계시로 이어진다. 요한 묵시록의 저자는 자신의 글을 "예수 그리스도의 계시"(1,1)라고 밝힘으로써 이 사실을 확인한다.

불가타(대중라틴말성경)를 펴낸 4세기 히에로니무스는 "성경을 모르는 것은 그리스도를 모르는 것"이라고 하였다. 성경의 모든 말씀이 예수 그리스도에게 수렴되고 완성된다는 것이 신약성경 저자들을 비롯하여 초기 그리스도인들의 확신이었고 오늘 우리도 그렇게 믿는다. 묵시록의 저자가 이 책에서 끊임없이 시도하는 하느님과 예수님 또는 어린양의 동화同化가 이를 재확인한다. 실로 요한 묵시록의 올바른 이해는 신구약성경과 예수 그리스도에 관한 올바른 이해와 직결된다고 할 수 있다. 이를 바꾸어 이야기하면 신구약성경을 올바로 이해하게 되면 요한 묵시록도 올바로 이해할 수 있게 된다는 뜻이기도 하다.

요한 묵시록이 이렇게 중요한 책이지만 이 책을 둘러싸고 갖가지 오해와 오용이 있어왔다. 그 안에 포함된 수많은 환시와 표상과 상징들 탓에 묵시록을 난해한 책으로 여긴다. 더구나 초기 교회부터 오늘에 이르기까지 이단자들이나 사이비 종교가들이 이 책의 내용을 본 맥락에서 벗어나 엉뚱하게 해석함으로써 사람들을 현혹시키고 때로는 파국으로 몰고 가기도 하였다.

이 책은 현재나 미래의 사정을 정확히 예측해 놓은 토정비결이나 정감록 같은 점술책이 아니라, 일차적으로 특정한 시대 특정한 그리스도교 공동체에 그리스도교의 핵심 메시지를 편지 형태로 써 보낸 예언이요 묵시이다. 그 무엇보다 요한 묵시록은 신약성경 가운데 거룩한 독서의 예를 가장 풍부하게 제시한 책이라 할 수 있다. 이 책의 저자가 당대 교회에 닥친 위기 상황을 진단하고 거기에 필요한 지침을 제시하기 위하여 – 직접 인용은 하지 않는다 하더라도 – 신구약성경의 다양한 표상과 상징과 표현들을 성경의 어느 저자보다 가장 많이 그리고 창조적으로 이용하기 때문이다. 따라서 이 책은 구약성경과 신약성경의 주요 메시지를 늘 염두에 두고 성경 전체의 큰 흐름과 맥락 안에서 읽어야 한다. 동시에 이 책의 독서는 예수 그리스도에 대한 깊은 믿음과 직결되어 있음을 잊지 말아야 한다.

저작 연대: 묵시록의 저작 연대를 네로 황제(기원후 54-68년) 시대로 앞당겨 제시하는 학자들도 있으나 이는 잘못된 예측이다. 네로의 박해는 로마에 한정되어 있었고 묵시록의 저자가 강렬하게 저항한 황제 숭배가 네로 시대에는 아직 본격적으로 제국 전체에 번져 나가지 않은 상태였다. 그리스도인들에게 '국가 종교'와 '황제 숭배'를 처음으로 강요한 인물은 도미티아누스 황제였다. 리옹의 주교 이레네우스는 자신의 저서 『이단논박』(5.30.3)에서 이 책의 저작 연대를 로마 황제 도미티아누스 치세(기원후 81-96년) 말년 곧 95년경으로 비교적 정확하게

밝히는데, 여러 가지 정황으로 보아 이 연대가 가장 신빙성 있다.

저자: 묵시록의 저자는 아담이나 에녹과 같은 먼 과거의 인물 이름을 차용하는 묵시문학의 관례와 달리 자신의 이름을 요한이라고 밝힌다. 이 요한은 사도 요한이 아니다. 그가 자신을 한 번도 사도라고 내세운 적이 없는 데다 열두 사도를 과거의 창립자라 부르기 때문이다(21,14). 그러나 묵시록의 저자 요한은 소아시아 교회의 독자들에게 잘 알려진 영향력 있는 인물이었을 것이다.

문학양식과 구조: 요한 묵시록은 예언이면서 묵시 또는 더 좋은 표현으로 묵시적 예언이다. 예언은 구원받기 위한 회개를 강하게 내세우지만 묵시는 선과 악 사이의 최후 결전과 심판을 강조한다. 예언과 묵시를 두고 요한 묵시록의 구조는 분량 면에서 심한 불균형을 이룬다. 머리말(1,1-8)과 맺음말(22,6-21)을 제외하고 이 책은 두 부분으로 나눌 수 있는데, 전반부(1,9-3,22)는 편지 형태로 일곱 교회에 선포한 예언이면서 후반부(4,1-22,5)의 입문 구실을 한다. 후반부는 본격적 의미에서 묵시문학에 속하고 묵시문학의 전형적 도식을 갖추고 있다. 곧 저자는 천상의 묘사(4-5장), 세말의 전조(6-11장), 시련과 선악의 대결(12-20장), 완결과 최종 현시(21,1-22,5)로 내용을 전개한다.

핵심 메시지: 요한 묵시록의 대주제는 심판과 구원이다. 하느님께서는 악의 세력과 악인들을 반드시 징벌하시고 의인들은 구원하실 것이다. 이 책의 핵심 메시지는 구원의 보편주의다. 곧 역사를 주관하시는 하느님께서는 살해된 어린양을 통하여 온 인류를 구원하신다는 것이다. 이 메시지는 요한 묵시록을 심판을 강조하는 묵시로만 본다면 그대로 지나칠 수 있지만 회개를 강조하는 예언으로 보면 쉽게 발견할 수 있다.

집필 목적: 이 책은 로마 세계로부터 박해를 받고 그 세계의 질서에 순응하지 못하여 소외된 그리스도인들을 위로하고 권면하기 위해 쓰였다. 이 책에 등장하는 수많은 환시와 상징·표상·개념·표현들은 거의 대부분 구약성경과 신약성경, 그리고 그 밖에 유다교의 묵시 문헌 및 라삐 문헌들에서 가져온 것이므로 그 자체에 지나치게 큰 의미를 부여해서는 안 된다. 그것들은 저자가 자신의 메시지를 효과적으로 전달하기 위해 필요에 따라 이용한 수단과 도구에 지나지 않는다. 요한 묵시록의 잘못된 해석은 모두 이 사실을 간과한 데서 비롯된 것이다. 중요한 것은 저자가 이 책에 담아 전하고자 하는 메시지이지 저자가 그 메시지를 전달하기 위해 이용한 수단과 도구 자체가 아니다.

묵시록의 올바른 이해: 장인匠人이 도구를 이용하여 어떤 물건을 만들고자 할 때, 그는 먼저 자기가 이용하려는 도구가 무엇인지 그리고 그것을 어떻게 사용해야 하는지를 사전에 정확하게 알고 있어야 한다. 그런 다음 자기가 어떤 용도로 무엇을 위해서 그 물건을 만들지를 결정하고 도구를 적절하게 사용하여 그것을 만드는 일에 착수한다. 묵시록을 올바로 이해하기 위해서는 저자가 도구로 이용한 환시와 상징, 표상과 표현들이 구약성경과 다른 유다교 문헌들에서 정확하게 어떤 의미로 사용되었는지를 먼저 살펴보아야 한다. 그런 다음 저자가 자신의 메시지를 효과적으로 전하기 위하여 그것들을 어떻게 창조적으로 이용하는지 밝혀야 한다. 성경이나 다른 경전의 본문을 현실의 맥락 안에서 새롭게 이해하여 지금 이 자리에 꼭 필요한 가르침을 얻어내는 작업을 거룩한 독서Lectio Divina라 한다. 구약성경과 신약성경 및 그 밖의 유다교 문헌들을 폭넓게 참작하여 초세기 말엽 어려운 박해 상황에 직면한 그리스도인들에게 적절한 메시지를 마련해 준 묵시록이야말로 신약성경에서 히브리서와 더불어 거룩한 독서의 가장 뛰어난 예(例)라 할 수 있다.

요한 묵시록의 일곱 교회

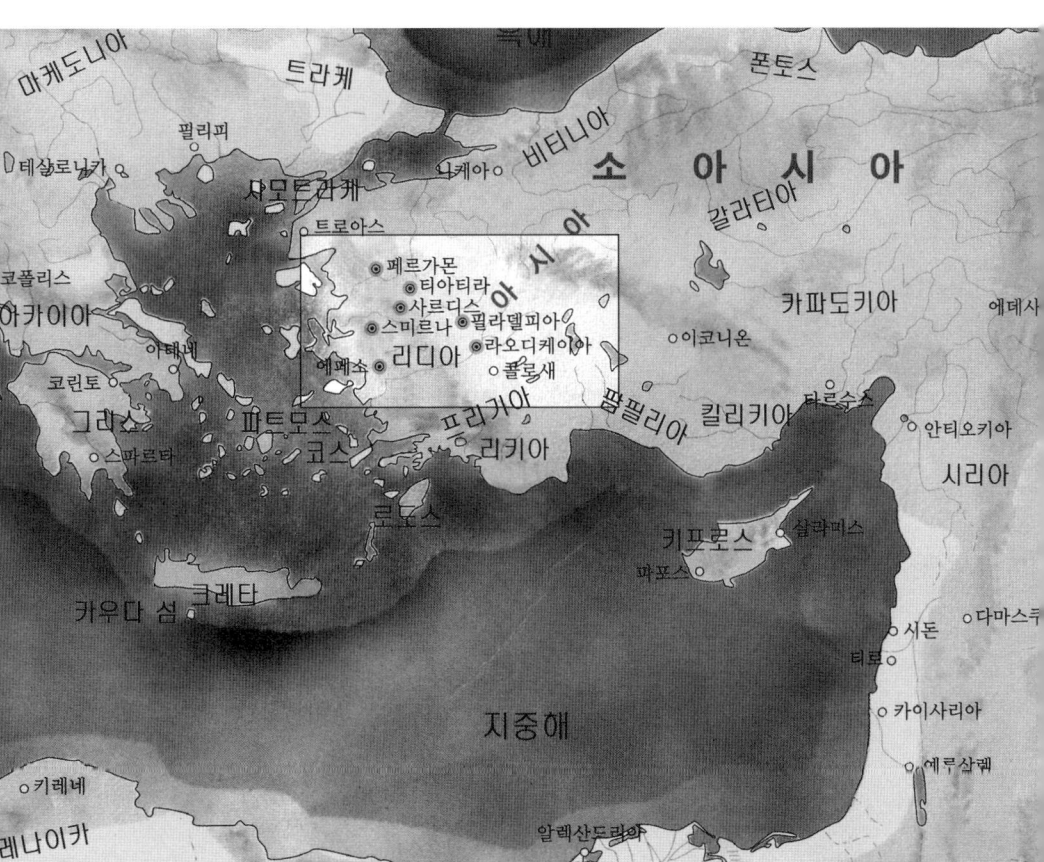

요한 묵시록 주해

머리말[1]

1 1 예수 그리스도의 계시.[2] 하느님께서 머지않아 반드시 일어날 일들을 당신 종들에게 보여 주시려고 그리스도께 알리셨고, 그리스도께서 당신 천사를 보내시어 당신 종 요한에게[3] 알려 주신 계시입니다. 2 요한은 하느님의 말씀과 예수 그리스도의 증언, 곧 자기가 본 모든 것을 증언하였습니다.[4]

3 이 예언의 말씀을 낭독하는 이와 그 말씀을 듣고 그 안에 기록된 것을 지키는 사람들은 행복합니다.[5] 그때가 다가왔기 때문입니다.[6]

---

1) 요한 묵시록은 로마의 아시아 속주에 사는 그리스도인들에게 보낸 일종의 사목 서간이다. 이 서간은 공동체의 전례 중에 소리 높여 낭독해야 한다. 요한은 낭독자와 그의 말을 주의 깊게 듣는 공동체 일원들에게 축복을 약속한다. 청중은 말씀의 전달 고리, 곧 '하느님-예수님-천사-요한-낭독자-청중'에서 맨 마지막에 위치한다.

2) "계시"는 묵시록에서 여기에만 나온다. 그리스어로 아포칼립시스 ἀποκάλυψις, '감추인 것을 열어 보임'이라는 뜻이다. '묵시'로도 옮길 수 있는 이 말은 본디 계시보다 '종말에 관한 사정을 열어 보임'이라는 좀 더 좁은 의미를 지닌다. 묵시록은 예수 그리스도께서 천사들을 시켜 요한에게 전하신 계시이다. 계시의 최종 원천은 하느님이시다. 그러나 요한 묵시록은 예수 그리스도의 계시이기도 하다. "예수 그리스도의 계시"라는 말은 세 가지 의미를 포함한다. 이 책은 예수 그리스도를 통해서 주어지는 계시이고, 그분에 관한 계시이며, 그분이 주관하시는 계시이다. 이 책에서 하느님과 그리스도께서는 하나가 되어 말씀하신다 (하느님과 그리스도의 동화同化).

3) 구약에서 "종"은 예언자를 가리킨다 (아모 3,7). 묵시록의 저자는 다른 묵시문학과는 달리 익명이나 차명이 아니다. 요한이라는 이 저자는 팔레스타

1,3 ← 일곱 행복 선언: 묵시 1,3; 14,13; 16,15; 19,9; 20,6; 22,7.14

1. 이 예언의 말씀을 낭독하는 이와 그 말씀을 듣고 그 안에 기록된 것을 지키는 사람들은 행복합니다. 그때가 다가왔기 때문입니다(1,3).
2. 이제부터 주님 안에서 죽는 이들은 행복하다. … 그들은 고생 끝에 이제 안식을 누릴 것이다. 그들이 한 일이 그들을 따라가기 때문이다(14,13).
3. 깨어 있으면서 제 옷을 갖추어 놓아, 알몸으로 돌아다니며 부끄러운 곳을 보일 필요가 없는 사람은 행복하다(16,15).
4. 어린양의 혼인 잔치에 초대받은 이들은 행복하다(19,9).
5. 첫 번째 부활에 참여하는 이는 행복하고 또 거룩한 사람입니다. 그러한 이들에 대해서는 두 번째 죽음이 아무런 권한도 갖고 있지 않습니다. 그들은 하느님과 그리스도의 사제가 되어, 그분과 함께 천 년 동안 다스릴 것입니다(20,6).
6. 이 책에 기록된 예언의 말씀을 지키는 사람은 행복하다(22,7).
7. 자기들의 긴 겉옷을 깨끗이 빠는 이들은 행복하다. 그들은 생명 나무의 열매를 먹는 권한을 받고, 성문을 지나 그 도성으로 들어가게 될 것이다(22,14).

인에서 태어나 여기저기 돌아다니며 활동했던 예언자였던 것 같다.

4) 여기서 "하느님의 말씀"은 아모 3,7에서처럼 '하느님의 숨겨진 계획'을 가리킨다. 이 말씀은 예수 그리스도의 증언, 곧 그분 자신의 증언인 동시에 그분에 관한 증언이다. 예수님은 육화된 말씀 그 자체이시므로 하느님의 말씀과 예수님의 증언은 결국 하나이다(하느님과 그리스도의 동화).

5) 일곱 행복 선언(1,3; 14,13; 16,15; 19,9; 20,6; 22,7.14) 가운데 첫째 선언이다. 여섯째 행복 선언은 첫째 행복 선언의 일부 내용을 단순히 반복한다.

6) "그때"는 구원의 때인 동시에 심판의 때로서 환난을 동반한다(9절). 그러나 그때는 요한의 시대에 또는 1900년이 지난 오늘 우리 시대에도 아직 닥치지 않았니. 종말이 기까이 왔다는 이 말은 마르 9,1; 13,30에서처럼 현재의 절박성을 나타낸다. 우리 각자에게 이 지상의 삶은 유일하고 더없이 소중한 시간이다.

인 사[7]

4 요한이 아시아에 있는 일곱 교회에 이 글을 씁니다.[8] 지금도 계시고 전에도 계셨으며 또 앞으로 오실 분과 그분의 어좌 앞에 계신 일곱 영에게서,[9] 5 또 성실한 증인이시고 죽은 이들의 맏이이시며 세상 임금들의 지배자이신 예수 그리스도에게서[10] 은총과 평화가 여러분에게 내리기를 빕니다.

---

7) 저자는 일곱 교회의 성도들에게 보내는 인사말에서 은총과 평화의 원천으로 세 분을 지적한다. 첫째 원천은 "지금도 계시고 전에도 계셨으며 또 앞으로 오실 분"(4.8절), 곧 아버지 하느님이시다. 둘째 원천은 하느님의 어좌 앞에 계신 일곱 영(4절), 곧 성령이시다. 마지막으로 셋째 원천은 "성실한 증인이시고 죽은 이들의 맏이이시며 세상 임금들의 지배자이신 예수 그리스도"(5절)이시다. 이렇게 볼 때 결국 삼위일체이신 하느님이 은총과 평화의 원천이 되신다. "은총과 평화"는 본디 바오로 사도가 서간에서 사용한 인사말이었지만, 오래지 않아 그리스도인 사이의 전통적인 인사말이 되었고(베드로 1·2서도 포함), 요한도 이 사목 서간에 같은 인사말을 사용한다. 삼위일체를 언급하는 순서가 '성부-성령-성자'로 바뀐 것은 인사말에 이어지는 내용이 계속 성자에 관한 것이기 때문이다. 이 인사말은 세 부분으로 나뉜다: 은총과 평화의 인사(4-5ㄱ절), 영광송(5ㄴ-6절), 그리고 두 가지 예언(7-8절).

8) 일곱 교회는 요한이 활동하던 지역의 모든 지역 공동체를 대표한다. 1,11에 언급된 일곱 교회 외에 트로아스(2코린 2,12), 콜로새(콜로 1,2), 히에라폴리스(콜로 4,13) 등의 교회도 아시아에 있었다. 여기서 "아시아"는 로마의 한 속주로서 소아시아(오늘날의 터키)의 서쪽 지역을 말한다. 그러나 일곱은 완전수完全數이므로 일곱 교회를 세상의 모든 교회로 확대 해석할 수 있다. 묵시록에서는 일곱이라는 수를 무척 선호한다: 일곱 교회, 일곱 행복 선언, 일

1,5 ←로마 3,24-25: 그러나 그리스도 예수님 안에서 이루어진 속량을 통하여 그분의 은총으로 거저 의롭게 됩니다. 하느님께서는 예수님을 속죄의 제물로 내세우셨습니다. 예수님의 피로 이루어진 속죄는 믿음으로 얻어집니다. 사람들이 이전에 지은 죄들을 용서하시어 당신의 의로움을 보여 주시려고 그리하신 것입니다.

곱 영, 일곱 천사, 일곱 등불, 일곱 눈, 일곱 언덕, 일곱 머리, 일곱 봉인, 일곱 나팔, 일곱 대접, 일곱 재앙 등.

9) "지금도 계시고 전에도 계셨으며 또 앞으로 오실"에서 '과거·현재·미래'가 아니라 '현재·과거·미래'로 순서를 바꾼 이유는 하느님의 현재적 영원성을 강조하기 위해서이다(1,8 참조). 그러나 4,8에서는 현재와 과거가 뒤바뀐다. 영원성의 이 삼중 묘사는 예루살렘 타르굼 『차명 요나탄』 신명 32,39과 가장 유사하다. 타르굼은 히브리어 본문, "이제 너희는 보아라! 나, 바로 내가 그다"를 "이제 너희는 보아라! 나는 지금 있고 전에도 있었고 앞으로도 있게 될 바로 그다"로 바꾼다. 묵시록의 저자는 과거와 현재와 미래, 곧 인간 역사 전체를 주관하시는 하느님의 주권을 드러내기 위하여 타르굼에서 영감을 받은 이 표현을 자주 사용한다. 현재와 과거만 언급하는 이중 묘사도 있다: "지금도 계시고 전에도 계시던"(11,17; 16,5). "일곱 영"은 '면전의 일곱 천사'(토빗 12,15; 외경 1에녹 90,21), '일곱 등불과 일곱 눈'(즈카 4,2.10)처럼 지상에서의 하느님 활동을 상징하는 표현으로 볼 수도 있지만, 사람들에게 충만한 은총을 내리시는 성령을 가리키는 것으로 이해할 수도 있다.

10) 이 표현은 그분의 지상 생애, 부활, 그리고 현재의 신분을 드러낸다. 예수님은 죽기까지 하느님께 순종하시면서 그분의 성실한 증인으로 사셨고, 죽음을 이기고 부활하시어 죽음이 첫 번째 승리자가 되셨으며, 지금은 온 세상의 통치자가 되셨다. "죽은 이들의 맏이"는 초대 교회에서 통용되던 표현이다(콜로 1,18; 참조: 로마 8,29; 1코린 15,20).

우리를 사랑하시어 당신 피로 우리를 죄에서 풀어 주셨고,[11] 6 우리가 한 나라를 이루어 당신의 아버지 하느님을 섬기는 사제가 되게 하신[12] 그분께 영광과 권능이 영원무궁하기를 빕니다. 아멘.

7 보십시오, 그분께서 구름을 타고 오십니다.
모든 눈이 그분을 볼 것입니다.
그분을 찌른 자들도 볼 것이고
땅의 모든 민족들이 그분 때문에 가슴을 칠 것입니다.[13]
꼭 그렇게 될 것입니다. 아멘.[14]

---

11) '사랑하시다'는 현재, '죄에서 풀어 주셨다'는 과거 시제이다. 그분은 당신의 피로 우리를 구원하셨고(로마 3,24-25 참조) 영원히 사랑하신다. 일부 수사본에서는 $\lambda\acute{u}\sigma\alpha\nu\tau\iota$(풀어 주다)를 $\lambda o\acute{u}\sigma\alpha\nu\tau\iota$(씻어 주다)로 잘못 읽었다. 이는 칠십인역 이사 40,2의 내용과 잘 어울린다.

12) 그분은 하느님의 백성을 하느님과 인류의 중개자가 되게 하셨다(탈출 19,6).

13) 7절은 다니 7,13과 즈카 12,10의 혼합으로 마태 24,30에도 나온다. 다니엘서에서 "사람의 아들"은 바다에서 올라오는 짐승들과 달리 하늘에서 내려온다. 바다는 혼돈과 무질서를 드러내는 악의 영역인 반면, 하늘은 하느님의 영역이다. 모세오경에서 하느님의 현현顯現은 그분께서 구름을 타고 나타나시는 것으로 묘사된다(탈출 34,5; 레위 16,2; 민수 11,25). 구름은 하늘의 운송 수단이다. 즈카르야서에서 '찔려 죽은 이'는 '어린 나귀를 타고 오시는 겸손한 임금'(즈카 9,9-10)과 '선한 목자'(즈카 11,4-17; 13,7-9)와 더불어 장차 나타날 메시아의 한 모습이다. 다윗 집안과 예루살렘 주민들에게 은총과 자비의 영

1,6 ← 탈출 19,6: 너희는 나에게 사제들의 나라가 되고 거룩한 민족이 될 것이다.

1,7 ← 다니 7,13: 사람의 아들 같은 이가 하늘의 구름을 타고 나타나 연로하신 분께 가자 그분 앞으로 인도되었다.

1,7 ← 즈카 12,10: 나는 다윗 집안과 예루살렘 주민들 위에 은총과 자비를 구하는 영을 부어 주겠다. 그리하여 그들은 나를, 곧 자기들이 찌른 이를 바라보며, 외아들을 잃고 곡하듯이 그를 위하여 곡하고, 맏아들을 잃고 슬피 울듯이 그를 위하여 슬피 울 것이다.

1,7 ← 마태 24,30: 그때 하늘에 사람의 아들의 표징이 나타날 것이다. 그러면 세상 모든 민족들이 가슴을 치면서, '사람의 아들'이 큰 권능과 영광을 떨치며 '하늘의 구름을 타고 오는 것을' 볼 것이다.

1,7 ← 요한 19,37: 또 다른 성경 구절은 "그들은 자기들이 찌른 이를 바라볼 것이다" 하고 말한다.

이 내리면 그들은 자기네가 찔러 죽인 이를 보고 양심의 가책을 받아 통곡할 것이다. 즈카르야서의 '찔려 죽은 이'는, 사람들의 죄를 속죄하기 위하여 '고통받는 주님의 종'(이사 53장)을 떠올리게 하고, 여기서 한 걸음 더 나아가 인류의 구원을 위하여 수난하신 메시아, 곧 구세주 그리스도의 예표로 이해할 수 있다. 즈카 12,10은 요한 19,37에도 인용된다. 묵시록의 저자와 마태오 복음의 저자는 다니엘서의 '하늘의 구름을 타고 오는 사람의 아들'과 즈카르야서의 '찔려 죽은 이를 위한 애도'를 적절히 혼합한다.

14) "꼭 그렇게 될 것입니다. 아멘"의 직역은 "예. 아멘"이다. 요한은 7절의 장엄한 선언을 이중 확인으로 마무리한다.

8 지금도 계시고 전에도 계셨으며 또 앞으로 오실 전능하신 주 하느님께서,15) "나는 알파요 오메가다."16) 하고 말씀하십니다.

요한의 소명17)

9 여러분의 형제로서, 예수님 안에서 여러분과 더불어 환난을 겪고 그분의 나라에 같이 참여하며 함께 인내하는 나 요한은, 하느님의 말씀과

---

15) "지금도 계시고 전에도 계셨으며 또 앞으로 오실"에 관해서는 1,4 각주를 참조하라. '전능하신 분'에 해당하는 그리스어는 '판토크라토르' παντοκράτωρ인데, 이 단어는 그리스 문화권에서 황제의 칭호로 사용되었다. 그리스어 성경에서는 보통 히브리어 성경의 '만군의 주님'을 '전능하신 주님'으로 옮긴다. 히브리인들이 구체적으로 생각하던 '군'君을 그리스의 추상적 개념 '능'能으로 바꾼 것 같다. 신약성경에서 '판토크라토르'는 모두 열 번 나오는데, 그 가운데 2코린 6,18을 제외하고 모두 묵시록(1,8; 4,8; 11,17; 15,3; 16,7.14; 19,6.15; 21,22)에 나온다. 묵시록에서 이 칭호는 명시적으로 그리스도에게 적용된 적은 없지만, 그리스도인들에게 하느님과 그분의 메시아가 최상의 권능으로 만물을 다스리시고 지상의 모든 통치자 위에 군림하신다는 사실을 확인시켜 준다.

16) 하느님은 만물의 기원과 끝에 계시고 모든 것은 그분을 향하여 존재한다. 하느님은 만물에 앞서 계시고 만물보다 더 오래 지속하신다. 8절에 나오는 "알파(Α)요 오메가(Ω)"는 그리스어 알파벳의 첫자와 끝자로 '처음이

1,8 ← 이사 44,6: 주 이스라엘의 임금님, 이스라엘의 구원자이신 만군의 주님께서 이렇게 말씀하신다. "나는 처음이며 나는 마지막이다. 나 말고 다른 신은 없다."

1,8 ← 이사 48,12: 내 말을 들어라, 야곱아 나의 부름을 받은 이스라엘아, 내가 바로 그분이다. 나는 처음이며 나는 마지막이다.

요 마지막'(참조: 이사 44,6; 48,12에서 하느님께 적용)이라는 뜻이다. 여기서는 이 칭호가 하느님께 적용되지만, 묵시록의 다른 곳에서는 그리스도께 적용된다("처음이며 마지막": 1,17; 2,8. "알파이며 오메가이고 시작이며 마침": 21,6; 22,13). 본디 이 칭호는 하느님의 영원성을 가리키기 위해서 사용되었는데, 요한은 이 칭호를 예수 그리스도께도 부여한다.

17) 요한은 인사말에 이어 자신이 어떻게 그리고 무엇을 위해서 부르심을 받았는지 밝힌다. 묵시록의 소명 대목(묵시 1,9-20)은 구약의 4대 예언자 이사야(6장)·예레미야(1장)·에제키엘(1—3장)·다니엘(10장)의 소명 이야기를 반영한다. 두 경우 공통된 요소는 말씀의 내림·환시·신적 존재에 대한 두려움·위로와 격려다. 다만 묵시록에서는 환시의 주체가 하느님에서 예수 그리스도로 바뀌있다는 점이 다르다. 이 대목은 크게 두 부분으로 나눌 수 있다. 요한에게 소명의 말씀이 내리는 부분(9-11절)과 사람의 아들 같은 이의 환시 부분(12-20절)이다.

예수님에 대한 증언 때문에 파트모스라는 섬에서 지내고 있었습니다.[18] 10 어느 주일에 나는 성령께 사로잡혀 내 뒤에서 나팔 소리처럼 울리는 큰 목소리를 들었습니다.[19] 11 그 목소리가 이렇게 말하였습니다.[20] "네가 보는 것을 책에 기록하여 일곱 교회 곧 에페소, 스미르나, 페르가몬, 티아티라, 사르디스, 필라델피아, 라오디케이아에 보내라."[21]

12 나는 나에게 말하는 것이 누구의 목소리인지 보려고 돌아섰습니다.[22] 돌아서서 보니 황금 등잔대가 일곱 개 있고,[23] 13 그 등잔대 한가

18) "형제"는 묵시록에서 다섯 번 나오는데(1,9; 6,11; 12,10; 19,10; 22,9), 교회에서 친밀한 동료 그리스도인을 가리킬 때 쓰인다. "환난"은 여기서 박해를 가리킨다. "인내"는 묵시록에서 일곱 번 나오며, 박해 때에 가장 중요한 덕목으로 꼽는다. 인내는 오시는 주 예수님에 대한 믿음에 바탕을 두고 그분의 확고한 사랑으로 변함없이 유지될 수 있다. 요한은 자신을 이 책 독자들의 형제요, 독자들과 더불어 고통을 겪고 하느님 나라에 같이 참여하며 함께 인내하는 사람으로 밝힌다. 그는 하느님의 말씀과 예수님에 관한 복음 때문에 박해를 받고 파트모스 섬에 유배된 적이 있었다. 바위 산으로 된 이 섬은 에페소(항구도시)에서 남서쪽으로 100킬로미터 가량 떨어진 곳으로 길이가 16킬로미터, 너비가 9킬로미터 정도인 로마 시대 유형지였다. 로마인들은 이곳을 정치범 수용소로 이용하였다. 유배형은 상류 계층honestiores에게 주어진 반면, 사형은 하류 계층humilores에게 주어졌다.

19) 요한은 이곳에서 어느 주일(주님의 날), 곧 안식일(토요일)이 지난 주간 첫날에 성령에 사로잡힌 채(4,2) 나팔 소리와 같은 큰 목소리를 듣는다. 나팔 소리는 보통 하느님의 현현顯現이나 종말의 묘사에 등장하며 하느님의 말씀을 경청하도록 주의를 환기시키는 구실을 한다.

20) 구약의 예언자들은 환시와 더불어 말씀을 듣는다. 이사야의 경우는 천상 어전의 환시가 먼저 나타나고 환시 가운데 하느님을 모시는 사람에게서 말씀을 듣는다. 예레미야는 먼저 주님의 말씀을 듣고 편도나무와 끓는 냄비의 환시를 본다. 에제키엘의 경우에는 주님의 현현을 먼저 보고 그분에게서 말씀을 듣는다. 다니엘은 환시를 먼저 보고 환시 가운데서 소명을 받는다. 묵시록의 요한은 예레미야처럼 환시를 보기 전에 먼저 목소리를 듣는다. 이 목소리의 주체는 예수 그리스도시다.

21) 요한이 예수님에게서 받은 소명은 환시 가운데 보고 들은 것을 양피지 두루마리에 기록하여 아시아 속주에 속한 일곱 교회에 전하는 것이었다. 일곱이라는 수가 완전을 상징하므로 두루마리에 기록된 내용은 일곱 교회에만 한정된 것이 아니라 이 교회와 같은 상황에 처해 있는 모든 교회에 해당한다고 할 수 있다. 일곱 교회의 거명은 파트모스 섬에서 가장 가까운 에페소에서 시작하여 북쪽으로 스미르나를 거쳐 페르가몬까지 올라갔다가 동남쪽 티아티라로 이동하여 사르디스, 필라델피아, 라오디케이아까지 남쪽으로 내려온다. 이 순서는 양피지 두루마리를 전달한 경로일 것이다.

22) 요한의 글은 분명히 예언 황홀경에서 직접 본 환시들에 바탕을 둔다. 그러나 이 환시들을 묘사하는 데는 요한 자신이 오랜 기간 동안 습관적으로 해왔던 구약성경과 구약 외경 및 복음서와 바오로 서간의 풍요로운 거룩한 독서가 큰 영향력을 행사하였을 것이다. 또한 같은 성령께서 구약의 예언자들과 요한에게 영감을 불어넣으셨으니 환시의 내용과 묘사가 비슷할 수밖에 없었을 것이다.

23) 일곱 등잔대는 성소 안에서 끊임없이 타오르던 기름 등잔대를 말한다. 이 등잔대는 가운데 원대를 중심으로 양쪽에 세 개씩, 일곱 가지였다(탈출 25,31-40; 27,20-21). 일곱 황금 등잔대는 지상의 일곱 교회를 뜻한다고 20절에서 풀이하고 있다.

운데에 사람의 아들 같은 분이 계셨습니다. 그분께서는 발까지 내려오는 긴 옷을 입고 가슴에는 금 띠를 두르고 계셨습니다.[24] 14 그분의 머리와 머리털은 흰 양털처럼 또 눈처럼 희고 그분의 눈은 불꽃 같았으며,[25] 15 발은 용광로에서 정련된 놋쇠 같고 목소리는 큰 물소리 같았습니다.[26] 16 그리고 오른손에는 일곱 별을 쥐고 계셨으며 입에서는 날카로운 쌍날 칼이 나왔습니다.[27] 또 그분의 얼굴은 한낮의 태양처럼 빛났습니다.

---

24) 13절은 임금의 복장을 묘사한다. "사람의 아들 같은 분"은 유다교 묵시문학에서 종말에 절대 왕권과 재판권을 쥐고 하느님의 계획을 실현하는 천상 인물이다. 이 인물에 대한 묵시록의 묘사는 다니엘서에서 영감을 받았다(다니 10,5-묵시 1,13ㄴ과 비교; 다니 7,9ㄴ-묵시 1,14과 비교; 다니 10,6-묵시 1,15과 비교). 사람의 아들 같은 분은 다니엘서를 비롯하여 유다교의 묵시문학에서는 하느님의 주권을 행사하는 상징적 존재이지만, 묵시록에서는 죽으셨다가 부활하시어 살아 계시는 실제 인물이시다. 예수님은 당신 교회 안에서 부재지주처럼 대리인들을 시켜 대리 통치를 하시는 것이 아니라, 그 안에 실제로 현존하시면서 시련과 박해를 당하는 신자들을 친히 돌보시고 지원하신다. "보라, 내가 세상 끝 날까지 언제나 너희와 함께 있겠다"(마태 28,20).

25) 머리와 머리털이 "흰 양털처럼 또 눈처럼 희고"는 나이 든 노인을 묘사하는 표현이 아니라 거룩함과 순수함을 가리킨다. 그분의 눈이 "불꽃" 같다는 말은 그분이 사람들의 깊은 내면을 꿰뚫고 그 안에 숨겨진 속임수와 위선을 태워 없앤다(정화시킨다)는 뜻이다.

1,13 ← 다니 10,5: 그때에 내가 눈을 들어 보니, 아마포 옷을 입고 허리에는 우파즈 금으로 만든 띠를 두른 사람 하나가 서 있었다.

1,14 ← 다니 7,9ㄴ: 그분의 옷은 눈처럼 희고 머리카락은 깨끗한 양털 같았다. 그분의 옥좌는 불꽃 같고 옥좌의 바퀴들은 타오르는 불 같았다.

1,15 ← 다니 10,6: 그의 몸은 녹주석 같고 얼굴은 번개의 모습 같았으며, 눈은 횃불 같고 팔과 다리는 광을 낸 청동 같았으며, 그가 말하는 소리는 군중의 아우성 같았다.

1,16 ← 에제 43,2: 그런데 보라, 이스라엘 하느님의 영광이 동쪽에서 오는 것이었다. 그 소리는 큰 물이 밀려오는 소리 같았고, 땅은 그분의 영광으로 빛났다.

1,16 ← 히브 4,12: 사실 하느님의 말씀은 살아 있고 힘이 있으며 어떤 쌍날칼보다도 날카롭습니다. 그래서 사람 속을 꿰찔러 혼과 영을 가르고 관절과 골수를 갈라, 마음의 생각과 속셈을 가려냅니다.

---

26) "발은 용광로에서 정련된 놋쇠"는 예수 그리스도께서는 교회 안에서 굳건하고 안정성 있게 현존하신다는 표현이다. "목소리는 큰 물소리 같았습니다"는 그분의 음성 또는 말씀이 사람들의 마음을 압도한다는 뜻이다.

27) 사람의 아들 같은 분이 지도자들을 통해 교회를 다스리시는데, 그분의 유일한 무기는 쌍날칼로 표현되는 '말씀'이다. 성경은 말씀을 곧잘 칼고 표현한다(참조: 묵시 19,15.21; 이사 49,2; 지혜 18,14-16; 히브 4,12). "일곱 별"에 대해서는 20절 각주를 참조하라.

17 나는 그분을 뵙고, 죽은 사람처럼 그분 발 앞에 엎드렸습니다.[28] 그러자 그분께서 나에게 오른손을 얹고 말씀하셨습니다.[29] "두려워하지 마라. 나는 처음이며 마지막이고 18 살아 있는 자다. 나는 죽었었지만, 보라, 영원무궁토록 살아 있다. 나는 죽음과 저승의 열쇠를 쥐고 있다.[30]

---

28) 하느님이나 천사의 발현을 목격하고 두려움에 떠는 것도 소명 대목의 공통 요소이다. 이사야는 "큰일났구나. 나는 이제 망했다. 나는 입술이 더러운 사람이다. 입술이 더러운 백성 가운데 살면서 임금이신 만군의 주님을 내 눈으로 뵙다니!"(이사 6,5)라고 외쳤다. 에제키엘은 얼굴을 땅에 대고 쓰러지며 경배의 예를 갖추었다(에제 1,28). 다니엘서의 묘사는 더욱 극적인데, 묵시 1,17의 "나는 그분을 뵙고, 죽은 사람처럼 그분 발 앞에 엎드렸"다는 기록은 여기에서 영감을 받은 것 같다(다니 10,7-9). 땅에 부복하는 자세는 두려움과 경배의 몸짓으로 묵시 19,10; 22,8에도 나온다. 두려움과 경배는 하느님 현현을 목격한 자의 반응이다.

29) 소명 환시는 위로와 격려의 말씀으로 마무리된다. 예레미야는 소명의 중대함에 비해 자신이 작고 초라함을 느낀다. 그래서 "아! 주 하느님, 저는 아이라서 말할 줄 모릅니다"(예레 1,6) 하고 고백한다. 그러자 주님께서는 "그들 앞에서 두려워하지 마라. 내가 너와 함께 있어 너를 구해 주리라"(예레 1,8) 하고 위로하셨다. 이 대목에서도 묵시록의 기록은 다니엘서의 묘사에 가장 가깝다(다니 10,10-11). 묵시록에서는 사람의 아들 같은 분이 오른손을 얹고 두려워하지 말라고 격려하시면서 과거와 현재와 미래에 일어날 모든 일을 기록하라고 하신다.

1,17 ← 다니 10,7-11: 나 다니엘만 그 환상을 보았다. 나와 함께 있던 다른 사람들은 그 환상을 보지는 못하고, 다만 커다란 공포가 그들을 덮치는 바람에 달아나서 몸을 숨겼다. 나 혼자 남아서 그 큰 환상을 보았다. 나는 힘이 빠지고 얼굴은 사색이 되었다. 힘이 하나도 없었다. 그때에 나는 그 사람이 말하는 소리를 들었다. 그가 말하는 소리를 듣고 나는 혼수상태에 빠지면서 얼굴을 땅에 대고 쓰러졌다. 그러자 어떤 손이 나를 흔들어 무릎과 손으로 일어나게 하였다. 그리고 나서 그가 나에게 말하였다. "총애를 받는 사람 다니엘아, 내가 너에게 하는 말에 주의를 기울여라. 일어서라. 나는 파견되어 너에게 온 것이다."

1,18 ← 1코린 15,26: 마지막으로 파멸되어야 하는 원수는 죽음입니다.

---

30) 그분은 하느님처럼 "처음이며 마지막"이시요, 죽으셨다가 살아나시어 영원부활도록 살아 계시는 예수 그리스도시니. 예수님은 죽음과 저승의 주권도 가지고 계신다. 여기서 죽음과 저승은 장소의 개념이 아니라 권능의 개념으로 1코린 15,26에서처럼 의인화擬人化되어 있다.

19 그러므로 네가 본 것과 지금 일어나는 일들과 그다음에 일어날 일들을 기록하여라. 20 네가 본 내 오른손의 일곱 별과 일곱 황금 등잔대의 신비는 이러하다. 일곱 별은 일곱 교회의 천사들이고 일곱 등잔대는 일곱 교회이다."[31]

---

31) 여기서 "일곱 황금 등잔대"와 "일곱 별"은 지상의 일곱 교회와 천상 일곱 교회의 천사들로 밝혀진다. 당대의 유다교에서는 지상의 모든 실재는 천상에도 해당되는 실재가 반드시 있다고 보았다. 일곱 교회의 천사들은 천상 교회의 지도자들을 가리킬 수 있다.

◆ **1장의 맺음말**: 요한은 인사말(1-8절)에서 환난과 박해를 당하는 그리스도인들에게 삼위일체이신 하느님의 은총과 평화를 전하고 만물의 지배자시요 역사의 주인이신 하느님께서 최고의 권능으로 온 세상을 다스리신다는 사실을 확인하고 강조한다. 이어지는 요한의 소명 대목(9-20절)에서는 하느님의 영원무궁한 권능과 주권이 예수 그리스도께도 부여된다는 사실을 강조한다. 부활하신 주님을 목격한 요한의 환시는 마태오 복음에서 부활하신 예수님이 승천하시기 전에 제자들에게 남기신 마지막 말씀과 약속을 떠올리게 한다(마태 28,20). 우리도 우리 가운데 계신 그분의 현존을 느낀다. 그분은 어려움에 처한 우리를 위로하시고 격려하신다. 그분이 우리와 함께 계신다는 사실을 확신한다면 죽음마저도 두려워할 이유가 없다. 그분은 죽음을 정복하고 완진히 승리하여 실아 계시므로 죽음과 시옹도 이제 그분의 통제 아래에 있다. 그분은 우리에게서 죽음에 대한 끝 모를 공포를 몰아내시는 동시에 각자에게 이 생명의 복음을 온 세상에 전하라는 소명을 주신다.

에페소 신자들에게 보내는 말씀[1]

2[2] 1 "에페소 교회의 천사에게 써 보내라.[3] '오른손에 일곱 별을 쥐고 일곱 황금 등잔대 사이를 거니는 이가 이렇게 말한다.[4] 2 나는 네가 한 일과 너의 노고와 인내를 알고, 또 네가 악한 자들을 용납하지 못한다는 것을 안다.[5] 사도가 아니면서 사도라고 자칭하는 자들을 시험하여 너는 그들이 거짓말쟁이임을 밝혀냈다. 3 너는 인내심이 있어서, 내 이름 때문에 어려움을 겪으면서도 지치는 일이 없었다.[6] 4 그러나 너에게 나무랄

---

1) 첫째 편지는 에페소 교회가 수신자다(2,1-7). 인구 25만 여명의 에페소는 아시아 속주에서 가장 큰 항구도시로서 육지와 바다를 잇는 교역의 중심지였다. 또한 아르테미스(디아나: 사냥, 출산의 여신) 여신 숭배의 중심지로서(사도 19장), 이곳에 세워진 아르테미스 신전은 세계 7대 불가사의 가운데 하나이며 죄인들의 피난처로도 널리 알려져 있었다. 아우구스투스 황제 시대부터 아르테미스 신전은 황제 숭배와 연결되었고 나중에 도미티아누스 황제에게 바치는 신전이 이 도시에 세워졌다. 에페소 교회는 60년경에 창설되었고 바오로 사도는 제3차 전도여행 동안에 이곳에서 3년 간 머물렀다(사도 20,31).

2) 2—3장에서 일곱 교회는 저마다 부활하신 그리스도에게서 자신의 처지에 따라 내려진 외적이고 영적인 판결을 듣는다. 판결에는 보통 칭찬과 비난이 섞여 있다. 일반적으로 일곱 교회가 겪은 외적 시련은 적대적 유다인들에게서 왔고, 내적 시련은 니콜라오스파와 같은 이단자들에게서 왔다. 일곱 교회에 보낸 메시지의 공통된 구조는 이러하다. ① "… 교회의 천사에게 써 보내라"로 시작한다. ② "…가 이렇게 말한다." 여기서 말하는 이는

2,2 ← **2코린 11,13**: 그러한 자들은 그리스도의 사도로 위장한 거짓 사도이며 사람을 속이려고 일하는 자들입니다.

그리스도이신데, 그분의 신분을 저마다 달리 그리고 매우 생동감 있게 묘사한다. ③ "나는 네가 한 일 …을 안다." ④ 칭찬과 비난을 동반하는 덕행이나 잘못이 나열되고 충고가 따른다. ⑤ 승리하는 사람에게 주는 약속으로 끝난다. ⑥ 이 약속에 "귀 있는 사람은 성령께서 여러 교회에 하시는 말씀을 들어라"가 덧붙여진다.

3) 여기서 "천사"는 교회의 영적 지도자를 가리킨다. 구약성경에서 예언자나 (하까 1,13) 사제도 (말라 2,7) 하느님의 '사자', 곧 '천사'로 불렸다.

4) 에페소 교회는 서남 아시아 지역에서 가장 중요한 교회이기 때문에 주님께서는 교회와 관련된 칭호를 가지고 나타나신다. 천상의 영적 교회를 관장하시는 주님께서는 지상의 교회에서도 완전한 주권을 행사하신다.

5) 예언자들의 하느님께서 예언을 전해야 하는 자들의 상황을 아시는 것처럼 (예레 48,30; 호세 5,2; 아모 5,12) 주님도 당신 교회들의 상황을 잘 아신다.

6) 에페소 교회는 인내심으로 거짓 사도, 곧 거짓 순회 설교사들을 내몰고 그리스도의 이름 때문에 당하는 어려움을 이겨냈다는 점에서 칭찬받을 만하다.

것이 있다. 너는 처음에 지녔던 사랑을 저버린 것이다.[7] 5 그러므로 네가 어디에서 추락했는지 생각해 내어 회개하고, 처음에 하던 일들을 다시 하여라.[8] 네가 그렇게 하지 않고 회개하지 않으면, 내가 가서 네 등잔대를 그 자리에서 치워 버리겠다.[9] 6 그러나 너에게 좋은 점도 있다. 네가 니콜라오스파의 소행을 싫어한다는 것이다.[10] 나도 그것을 싫어한다. 7 귀 있는 사람은 성령께서 여러 교회에 하시는 말씀을 들어라. 승리하는 사람에게는 내가 하느님의 낙원에 있는 생명 나무의 열매를 먹게 해 주겠다.'"[11]

---

7) 칭찬에 이어 비난이 나온다. 에페소 교회는 신앙을 받아들일 때 지녔던 그리스도와 동료 신자들에 대한 순수한 사랑을 저버린 점에 대해서는 비난받아 마땅하다. 사랑의 결핍은 종말의 징표이다(마태 24,12; 2테살 3,14-15; 2티모 2,24-26). 티아티라는 이와 다르다(묵시 2,19).

8) 회개의 세 단계, 곧 반성·회개·실천이 제시된다.

9) 이에 대한 경고로 부활하신 그리스도께서는 회개하지 않으면 그 교회의 등잔대를 치워 버리겠다고 경고하신다. 등잔대가 치워진 공동체는 교회가 아니다. 아르테미스 신전의 엄청난 세력 앞에서 에페소 교회가 소멸될 수도 있음을 시사한다.

10) 니콜라오스파에 대해서 15절에 또다시 언급하고 20-23절에서 좀 더 자세히 설명하였으나, 영지주의와 도덕적 자유주의에 빠진 자들이라는 것 말고는 알려진 바가 없다. 다만 14절에 언급된 발라암파와 연결시켜 '하

2,4 ← 마태 24,12: 또 불법이 성하여 많은 이의 사랑이 식어 갈 것이다.

2,7 ← 외경 레위의 유언 18,10-11: 그(대사제 메시아)가 낙원 문들을 열고, 성인들에게 생명나무의 열매를 먹게 해 주리라.

느님 백성을 위협하는 자들'로 그 성격을 규정할 수 있을 따름이다. 니콜라오스파Νικολαΐτης는 그리스어로 '백성을 정복하는 자'(νικα + λαόν 그는 백성을 정복하다)로, 발라암βαλαάμ은 히브리어로 '백성을 파괴하는 자'(בָּלַע + עַם 그는 백성을 파괴하다 또는 집어삼키다)로 풀이할 수 있다.

11) 승리는 사탄과의 싸움에서 끝까지 인내하는 사람에게 주어진다(1,9). "생명 나무"에 관해서는 창세 2,8-9; 에제 47,12; 묵시 22,2을 참조하라. 아담과 하와가 낙원에서 지선악과를 따 먹고 쫓겨난 다음에 인류는 낙원의 생명 나무에 결코 접근할 수 없게 되었다(창세 3,22-24). 유다교에서는 메시아가 나타나 이 금기를 깨고 유다인들을 다시 생명 나무에 접근할 수 있도록 해 줄 것으로 고대하고 있었다(외경 레위의 유언 18,10-11). 묵시록의 원 독자들에게 생명 나무는 십자가를 가리킬 수 있다. 지상의 낙원은 천상 축복의 한 상징이다.

스미르나 신자들에게 보내는 말씀[12]

8 "스미르나 교회의 천사에게 써 보내라. '처음이며 마지막이고 죽었다가 살아난 이가 이렇게 말한다.[13] 9 나는 너의 환난과 궁핍을 안다. 그러나 너는 사실 부유하다.[14] 또한 유다인이라고 자처하는 자들에게서 중상을 받는 것도 나는 안다. 그러나 그들은 유다인이 아니라 사탄의 무리다.[15] 10 네가 앞으로 겪을 고난을 두려워하지 마라. 보라, 이제 악마가 너희 가운데 몇 사람을 감옥에 던져, 너희가 시험을 받게 될 것이다. 너희는 열흘 동안 환난을 겪을 것이다.[16] 너는 죽을 때까지 충실하여라. 그러면 내가 생명의 화관을 너에게 주겠다. 11 귀 있는 사람은 성령께서 여러 교회에 하시는 말씀을 들어라. 승리하는 사람은 두 번째 죽음의 화를 입지 않을 것이다.'"[17]

---

12) 일곱 편지 가운데 가장 짧은 둘째 편지는 스미르나 교회가 수신자다 (2,8-11). 필라델피아 교회에 보내는 편지처럼 이 편지에는 질책이 없고 칭찬과 격려만 있다. '몰약'이라는 뜻의 스미르나(오늘날의 이즈미르)는 에페소에서 북쪽으로 56킬로미터 정도 떨어진 항구도시였다. 이곳은 아시아 속주 도시들 가운데 가장 부유한 도시 가운데 하나였다. 묵시록이 쓰이기 300년 전, 이곳에는 세계에서 최초로 '여신 로마' Dea Roma에게 바치는 신전이, 또 26년에는 티베리우스 황제에게 바치는 장엄하고 화려한 신전이 세워졌다. 그 뒤 스미르나는 로마 숭배와 황제 숭배의 중심지가 되었다.

13) "처음이며 마지막"이라는 칭호는 22,13에서처럼 그리스도에게 적용된다. 스미르나는 기원전 600년경에 파괴되었다가 기원전 300년경에 폐허에서 다시 복구되었다. 그래서 "죽었다가 살아난"이라는 표현은 이 도시의 역사와도 무관하지 않다.

2,10 ← 다니 1,12: 부디 이 종들을 열흘 동안만 시험해 보십시오. 저희에게 채소를 주어 먹게 하시고 또 물만 마시게 해 주십시오.

2,11 ← 마태 10,28: 육신은 죽여도 영혼은 죽이지 못하는 자들을 두려워하지 마라. 오히려 영혼도 육신도 지옥에서 멸망시키실 수 있는 분을 두려워하여라.

2,11 ← 루카 12,4-5: 나의 벗인 너희에게 말한다. 육신은 죽여도 그 이상 아무것도 못하는 자들을 두려워하지 마라. 누구를 두려워해야 할지 너희에게 알려 주겠다. 육신을 죽인 다음 지옥에 던지는 권한을 가지신 분을 두려워하여라. 그렇다, 내가 너희에게 말한다. 바로 그분을 두려워하여라.

14) 그리스도인들은 박해를 받아 부유한 도시에서 물질적으로 가난하게 되었지만 영적으로는 신앙 안에서 부유하다.

15) 스미르나에서는 유다인들이 로마인들에게 그리스도인들을 중상모략하여 박해하도록 하였다. 그런 유다인들은 영적인 의미에서 사탄의 무리다. 실제로 "사탄"이라는 말은 '중상가' 라는 뜻이다. 2세기에 폴리카르푸스 주교도 이곳 유다인들의 충동으로 일어난 박해에서 순교하였다. 이레네우스와 테르툴리아누스에 따르면 폴리카르푸스는 요한 사도에게서 주교로 서품을 받았다. "사탄의 무리"에서 "무리"로 옮긴 그리스어 시나고게$synagog\bar{e}$는 본디 '회당'을 뜻한다. 유다인들은 나자렛 예수님을 그리스도로 고백하고 스스로를 참이스라엘로 여기는 그리스도인들을 회당에서 쫓아내고 로마인들이 그들을 박해하도록 중상모략하였다. 이런 유다인들은 진정한 아브라함의 자손이 아니라 사탄의 자녀들이다.

16) 부활하신 그리스도께서는 스미르나 교회 공동체에게 이 사탄의 자녀들인 유다인들이 일으키는 박해를 잘 견뎌 내라고 권고하신다. 박해는 "열흘 동안"(다니 1,12), 곧 잠깐 동안만 계속될 것이다.

17) 끝까지 충실한 승리자는 두 번째 죽음인 영적 죽음의 화를 입지 않을 것이다. 두 번째 죽음은 20,6.14; 21,8에서 "불 못"에 던져지는 것, 곧 악인들의 최후 운명인 소멸을 뜻한다(참조: 마태 10,28; 루카 12,4-5).

페르가몬 신자들에게 보내는 말씀[18]

12 "페르가몬 교회의 천사에게 써 보내라. '날카로운 쌍날칼을 가진 이가 이렇게 말한다.[19] 13 나는 네가 어디에 사는지를 안다. 곧 사탄의 왕좌가 있는 곳이다. 그렇지만 너는 내 이름을 굳게 지키고 있다.[20] 나의 충실한 증인 안티파스가 사탄이 사는 너희 고을에서 죽임을 당할 때에도, 너는 나에 대한 믿음을 저버리지 않았다.[21] 14 그러나 너에게 몇 가지 나무랄 것이 있다. 너에게는 발라암의 가르침을 고수하는 자들이 있다. 발라

---

[18] 셋째 편지는 페르가몬 교회가 수신자다(2,12-17). 스미르나에서 북쪽으로 64킬로미터 정도 떨어진 페르가몬은 기원전 2세기 이래 아시아 속주의 수도였다. 페르가몬은 큰 도시는 아니지만 학문과 종교의 중심지였다. 페르가몬의 도서관은 알렉산드리아의 도서관에 필적할 만큼 유명하였다. 양피지를 뜻하는 영어의 parchment는 이 도시 이름 Pergamum에서 나왔다. 페르가몬은 치유의 신 아스클레피우스를 숭배하는 본거지였고 이 신전 주변에는 환자들의 병동이 부속 건물로 늘어서 있었다. 아스클레피우스를 상징하는 뱀은 오늘날도 약국이나 병원의 표상이다. 이 도시를 내려다보는 언덕 위에는 제우스 신에게 바친 제단이 있었다(오늘날에도 그 유적지가 남아 있다). 그곳에서는 24시간 쉴새없이 동물 제사가 바쳐졌는데, 이때 피어오르는 연기 기둥은 수십 리에서도 확인할 수 있었다. 페르가몬은 아시아 속주에서 가장 먼저 황제 숭배를 본격적으로 시작한 곳이기도 하다. 그래서 요한은 이 도시를 "사탄의 왕좌가 있는 곳"이라고 말한다(2,13).

2,13 ← **사도 1,8:** 성령께서 너희에게 내리시면 너희는 힘을 받아, 예루살렘과 온 유다와 사마리아, 그리고 땅 끝에 이르기까지 나의 증인이 될 것이다.

19) "날카로운 쌍날칼"은 1,16; 19,15; 히브 4,12을 참조하라.

20) 그리스도인들은 '주님'이라는 신적인 칭호를 로마 황제에게 부여하기를 거부하였다. 도미티아누스 황제는 "도미누스 엣 데우스"Dominus et Deus (주님이요 하느님)라는 칭호로 불리었던 것 같다. 토마스 사도는 모든 그리스도인을 대표하여 이 칭호를 부활하신 예수님께 부여한다. "토마스가 예수님께 대답하였다. '저의 주님, 저의 하느님!'"(요한 20,28 참조).

21) 페르가몬 공동체는 그리스도께 대한 믿음을 충실히 지켜왔다. 이곳에서 일어난 박해에서 안티파스가 순교하였다. 안티파스가 누구인지는 알려지지 않았지만, 그는 그리스도의 충실한 증인이었다(사도 1,8). 여기서 순교자의 본 뜻이 드러난다. 순교자를 가리키는 그리스어 마르티르μάρτυρ는 본디 증인 또는 증거자를 뜻한다. 초대 교회에서 순교자는 자신이 전하는 복음 또는 그리스도를 위해서 자신의 목숨을 바쳐 증언하는 사람이다.

암은 발락을 부추겨, 이스라엘 자손들 앞에 걸림돌을 놓아 그들이 우상에게 바친 제물을 먹고 불륜을 저지르게 한 자다.[22] 15 너에게는 또한 니콜라오스파의 가르침을 고수하는 자들도 있다. 16 그러므로 회개하여라. 그러지 않으면 내가 곧 너에게 가서, 내 입에서 나오는 칼로 그들과 싸우겠다. 17 귀 있는 사람은 성령께서 여러 교회에 하시는 말씀을 들어라. 승리하는 사람에게는 숨겨진 만나를 주고 흰 돌도 주겠다.[23] 그 돌에는 그것을 받는 사람 말고는 아무도 모르는 새 이름이 새겨져 있다.'"[24]

---

22) 발라암은 모압 땅에서 이스라엘을 부추겨 하느님을 배신하도록 한 장본인이다(민수 25,1-2과 31,16의 연결). 후기 유다교에서 발라암은 돈에 눈이 어두워 사람들을 타락시키는 거짓 교사의 전형으로 여겨졌다(유다 11; 2베드 2,15). 요한은 발라암의 가르침과 니콜라오스파의 가르침을 동일시한다. 발라암과 니콜라오스파의 연결은 2,6 각주를 참조하라.

23) "만나"는 이스라엘 백성이 이집트에서 약속된 땅으로 가는 길고 험난한 순례의 여정 가운데 먹어야 할 음식이었다(탈출 16,32-34). 유다교 전통에 따르면 "숨겨진 만나"는 예루살렘이 파괴되자 예레미야 예언자에 의해서

2,14 ← 민수 25,1-2: 이스라엘이 시팀에 머물러 있을 때, 백성이 모압의 여자들과 불륜을 저지르기 시작하였다. 이 여자들이 저희 신들에게 드리는 제사에 백성을 부르자, 백성은 거기에서 함께 먹으며 그들의 신들에게 경배하였다.

2,14 ← 유다 11: 저들은 불행합니다! 카인의 길을 따라 걸었고 돈벌이 때문에 발라암의 오류에 빠졌으며 코라처럼 반항하다 망하였기 때문입니다.

2,14 ← 2베드 2,15: 그들은 바른길을 버리고 그릇된 길로 빠졌습니다. 보소르의 아들 발라암의 길을 따라간 것입니다.

계약 궤(십계석판과 만나를 보관)와 함께 느보 산에 숨겨졌다가(2마카 2,4-8) 주님의 날에 다시 발견될 메시아 왕국의 음식이다. 여기서 숨겨진 만나는 우상들에게 바친 제물과 정면으로 대립된다. 그리스도인들에게 이 만나는 하느님을 향한 순례의 길에서 원기를 북돋아 주는 양식이며 천상 생명의 첫 열매인 성체 성사를 떠올리게 한다(요한 6,31-58). "흰 돌"은 정확히 무엇인지 규명하기 어렵지만, 천상 잔치의 입장권으로 볼 수 있겠다.

24) 여기서 "새 이름"은 그리스도께서 승리자에게 주시는 새 생명을 가리킨다(묵시 3,12).

티아티라 신자들에게 보내는 말씀[25]

18 "티아티라 교회의 천사에게 써 보내라. '불꽃 같은 눈과 놋쇠 같은 발을 가진 이,[26] 곧 하느님의 아들이[27] 이렇게 말한다. 19 나는 네가 한 일을, 너의 사랑과 믿음과 봉사와 인내를 안다.[28] 또 요즈음에는 처음보다 더 많은 일을 한다는 것도 안다. 20 그러나 너에게 나무랄 것이 있다. 너는 이제벨이라는 여자를 용인하고 있다. 그 여자는 예언자로 자처하면서, 내 종들을 잘못 가르치고 속여 불륜을 저지르게 하고 우상에게 바친 제물을 먹게 한다.[29] 21 내가 그에게 회개할 시간을 주었지만, 그는 자기 불륜을 회개하려고 하지 않는다. 22 보라, 내가 그를 병상에 던져 버리겠다. 그와 간음하는 자들도 그와 함께 저지르는 소행을 회개하지 않으면, 큰 환난 속으로 던져 버리겠다.[30] 23 그리고 그의 자녀들을 죽음으로 몰아넣겠다.[31] 그리하여 내가 사람의 속과 마음을 꿰뚫어 본다는 것을 모든 교회가 알게 될 것이다. 나는 너희가 한 일에 따라 각자에게 갚아

---

25) 넷째 편지는 티아티라 교회가 수신자다(묵시 2,18-29). 페르가몬에서 남동쪽으로 64킬로미터 가량 떨어진 티아티라는 바오로 사도의 필리피 선교 여행을 도와준 옷감 장수 리디아의 고향으로서, 염색업과 금속공업이 발달한 도시였다(사도 16,11-15). 이곳에는 양모, 직물, 옷감, 염색, 피혁, 도자기, 빵, 노예 매매, 철물 등 다양한 업종에 종사하는 상인들이 조합을 형성하여 도시의 삶을 주도하였다. 이 조합의 회원들은 종종 이교신들의 신전이나 사당祠堂에 모여 회식을 즐겼는데, 회식 때 나오는 음식은 신들에게 제물로 바

친 동물의 고기였다. 이런 상황은 그리스도인들을 진퇴양난으로 몰아넣었다. 이 조합에 가입하지 않은 채 경제·사회적으로 고립되면 따돌림과 불이익을 당했고, 이 조합에 가입하여 회식 때마다 이방신들에게 바친 제사 음식을 먹으면 주 하느님께 반역하는 것이 되었다.

26) 1,14-15; 다니 10,6을 참조하라.

27) "하느님의 아들"은 묵시록에서 여기에만 나온다. 그러나 1,6; 2,28; 3,5.21; 14,1에서 하느님은 그리스도의 아버지로 소개된다.

28) 에페소 교회에 부족한 덕성인 사랑이 티아티라 공동체의 경우에는 첫째 자리를 차지할 뿐 아니라 사랑 외에도 믿음과 봉사와 인내, 그리고 그 밖의 훌륭한 행실들이 나열된다.

29) 티아티라 교회의 유일한 단점은 소수의 무리가 이제벨의 가르침을 따른다는 것이다. 본디 이제벨은 페니키아 시돈 출신으로 북왕국 이스라엘의 아합 임금에게 시집와서 바알 숭배를 퍼뜨린 악명 높은 이방인 여자다(1열왕 16,31; 2열왕 9,22). 이 여자는 야훼의 예언자들과 사제들을 박해하고 살해하였다. 묵시록에서는 상징적 의미로 니콜라오스파에 속한 요한의 경쟁자를 가리키는데, 니콜라오스파와 이제벨은 둘 다 참믿음을 가진 이들을 박해하고 허황된 믿음을 퍼뜨리는 이들의 대명사라 할 수 있다.

30) 그리스도께서는 이제벨의 가르침을 따라 간음을 저지른 자들, 곧 우상 숭배에 빠진 자들을 큰 환난과 죽음으로 징벌하실 것이다.

31) "그의 자녀들"은 이제벨의 가르침을 추종하는 자들이다. 이들도 아합의 자녀들처럼(2열왕 10,7) 벌을 받을 것이다.

주겠다. 24 그러나 티아티라에 있는 너희 나머지 사람들, 곧 그러한 가르침을 받아들이지 않고 그들이 말하는 '사탄의 깊은 비밀'을 알려고도 하지 않은 이들에게 나는 말한다. 너희에게는 다른 짐을 지우지 않겠다.[32] 25 다만 내가 갈 때까지 너희가 가진 것을 굳게 지켜라. 26 승리하는 사람, 내 일을 끝까지 지키는 사람에게는

　　민족들을 다스리는 권한을 주겠다.

　27 그리하여 옹기그릇들을 바수듯이

　　그는 쇠 지팡이로 그들을 다스릴 것이다.[33]

　28 내가 내 아버지에게서 받았듯이 그 사람도 나에게서 받는 것이다. 나는 또 그에게 샛별을 주겠다.[34] 29 귀 있는 사람은 성령께서 여러 교회에 하시는 말씀을 들어라.'"

---

32) 그리스도께서는 영지주의자들이 선전하는 사탄의 비밀을 알려고 하지 않는 신실한 이들에게는 다른 짐을 지우지 않겠다고 말씀하신다.

33) 시편 2,8-9을 자유롭게 원용한 것이다.

34) 끝까지 맡겨진 일에 충실한 승리자에게는 "샛별"을 주시겠다고 약속하신다. 유다교에서 별은 구세주를 가리키고(민수 24,17) 로마인들에게 샛별(금성)은 승리와 통치의 상징이었다. 예수 그리스도께서는 승리하는 이들에게

2,27 ← 시편 2,8-9: 나에게 청하여라. 내가 민족들을 너의 재산으로, 땅 끝까지 너의 소유로 주리라. 너는 그들을 쇠 지팡이로 쳐부수고 옹기장이 그릇처럼 바수리라.

2,28 ← 민수 24,17: 나는 한 모습을 본다. 그러나 지금은 아니다. 나는 그를 바라본다. 그러나 가깝지는 않다. 야곱에게서 별 하나가 솟고 이스라엘에게서 왕홀이 일어난다. 그는 모압의 관자놀이를, 셋의 모든 자손의 정수리를 부수리라.

두 가지 상급을 약속하신다. 첫째, 그들은 민족들을 다스리는 당신의 권한에 참여할 것이다. 둘째, 그들은 샛별을 받게 될 것이다. 묵시 22,16에서는 주님께서 친히 당신 자신을 "빛나는 샛별"로 묘사하신다. 승리하는 이에게 샛별을 주시겠다는 이 말씀은 당신 자신을 선물로 주시겠다는 것이다. 그리스도인들이 받을 가장 큰 상급은 주님과 함께 사는 것이다.

사르디스 신자들에게 보내는 말씀[1]

3 1 "사르디스 교회의 천사에게 써 보내라. '하느님의 일곱 영과 일곱 별을 가진 이가 말한다.[2] 나는 네가 한 일을 안다. 너는 살아 있다고 하지만 사실은 죽은 것이다. 2 깨어 있어라. 아직 남아 있지만 죽어 가는 것들을 튼튼하게 만들어라.[3] 나는 네가 한 일들이 나의 하느님 앞에서 완전하다고 보지 않는다. 3 그러므로 네가 가르침을 어떻게 받아들이고 어떻게 들었는지 되새겨, 그것을 지키고 또 회개하여라. 네가 깨어나지 않으면 내가 도둑처럼 가겠다. 너는 내가 어느 때에 너에게 갈지 결코 알지 못할 것이다.[4] 4 그러나 사르디스에는 자기 옷을 더럽히지 않은 사람이

---

1) 다섯째 편지는 사르디스 교회가 수신자다(묵시 3,1-6). 티아티라에서 48 킬로미터 정도 떨어진 사르디스는 고대 리디아 왕국의 수도로서 난공불락의 요새를 자랑하는 곳이었으나 역사적으로 두 번이나 속임수로 탈취된 적이 있었다. 한 번은 기원전 6세기 파수꾼들의 경계 소홀로 페르시아인들에게 점령을 당했고, 또 한 번은 기원전 214년 수비대의 부주의로 시리아의 안티오코스 대왕에게 패망하였다. 로마 시대에 사르디스는 에페소처럼 상업의 중심지였는데 기원후 17년에 이곳에 큰 지진이 일어났다. 다행히 5년 동안 세금을 면제해 준 티베리우스 황제의 은덕에 힘입어 사르디스는 곧바로 복구되었고 다시 양모 산업의 주역 도시로 번창하였다.

2) 이 대목에서 그리스도께서는 일곱 영과 일곱 별을 지니신 분으로 소개된다. 앞에서 "일곱 별"은 일곱 교회의 영적 지도자를(1,20), "일곱 영"은 충만한 은총을 내리시는 성령을(1,4) 가리키는 것으로 드러났다. 그리스도께

3,2 ← **에페 5,14**: 밝혀진 것은 모두 빛입니다. 그래서 이런 말씀이 있습니다. "잠자는 사람아, 깨어나라. 죽은 이들 가운데에서 일어나라. 그리스도께서 너를 비추어 주시리라."

3,3 ← **마태 24,43-44**: 이것을 명심하여라. 도둑이 밤 몇 시에 올지 집주인이 알면, 깨어 있으면서 도둑이 자기 집을 뚫고 들어오도록 내버려 두지 않을 것이다. 그러니 너희도 준비하고 있어라. 너희가 생각하지도 않은 때에 사람의 아들이 올 것이기 때문이다.

서는 교회의 지도자들을 관장하시고 사람들에게 은총과 생명을 주는 성령을 지니셨다. 이 일곱 별과 일곱 영은 바로 앞 대목(2,28-29)에서 언급한 샛별(메시아 왕권)과 성령과도 연결된다. 그리스도께서는 생명을 주는 성령을 지니시고 또한 그 성령을 주신다(요한 7,39 참조).

3) 사르디스 교회의 경우, 처음으로 교회가 한 일들이 칭찬을 받지 못하고 심한 질책을 받는다. 사르디스의 그리스도인들은 영적으로 죽어 있거나 동면 상태이다. 에페소서의 말씀처럼 그들은 잠에서, 죽음에서 깨어나야 한다(에페 5,14). 그들에게 생명은 아직 완전히 꺼지지 않았다. 아직 남아 있는 생명의 불꽃을 다시 일으켜야 한다. 그렇지 않으면 영원히 꺼져 버릴지도 모른니.

4) 난공불락의 요새 성읍인 사르디스가 두 번이나 몰래 탈취된 적이 있었듯이 주님께서는 도둑처럼 그들에게 몰래 닥치실 것이다(마태 24,43-44 참조).

몇 있다. 그들은 흰옷을 입고, 나와 함께 다닐 것이다.[5] 그럴 자격이 있기 때문이다. 5 승리하는 사람은 이처럼 흰옷을 입을 것이다. 그리고 나는 생명의 책에서 그의 이름을 지우지 않을 것이고,[6] 내 아버지와 그분의 천사들 앞에서 그의 이름을 안다고 증언할 것이다.[7] 6 귀 있는 사람은 성령께서 여러 교회에 하시는 말씀을 들어라.'"

필라델피아 신자들에게 보내는 말씀[8]

7 "필라델피아 교회의 천사에게 써 보내라.
   '거룩한 이, 진실한 이
   다윗의 열쇠를 가진 이[9]

---

5) "옷"은 인간 내면의 상태를 나타내는 데 쓰인다. 쿰란 공동체는 내적 순수함을 드러내기 위해 흰옷을 입었다. 구약성경에서 흰색은 축제(코헬 9,8), 승리(2마카 11,8), 천상(다니 7,9)을 뜻한다. 이 모든 상징적 의미가 여기 "흰옷"에 포함되어 있다. 묵시록에서 흰옷을 입는다는 것은 부활하신 그리스도의 새 생명에 동참한다는 뜻이다(3,18; 4,4; 6,11; 7,9.13-14; 22,14). 또한 그리스도와 함께 다닌다는 것은 메시아 왕국에서 그분의 제자가 되어 그분을 따라다니는 것을 말한다.

6) 그때에 종교적이고 도덕적인 나태함에 물들지 않은 소수의 남은 자들만이 거룩함의 상징인 흰옷을 입고 생명의 책에 기록될 것이다. 이 책은 선택된 이들의 이름이 적혀 있다는 천상 명부이다(13,8; 17,8; 20,12.15; 21,27; 참조: 탈출 32,32-33; 시편 69,28-29; 다니 12,1; 필리 4,3).

7) 마태 10,32; 루카 12,8을 참조하라.

3,5 ← 마태 10,32: 그러므로 누구든지 사람들 앞에서 나를 안다고 증언하면, 나도 하늘에 계신 내 아버지 앞에서 그를 안다고 증언할 것이다.

3,7 ← 이사 22,22: 나는 다윗 집안의 열쇠를 그의 어깨에 메어 주리니 그가 열면 닫을 사람이 없고 그가 닫으면 열 사람이 없으리라.

8) 여섯째 편지는 필라델피아 교회가 수신자다(묵시 3,7-13). 사르디스에서 남동쪽으로 48킬로미터 정도 떨어진 필라델피아는 기원전 2세기에 리디아와 프리기아 지방에 그리스 문화를 전파하기 위하여 건설된 도시다. 필라델피아는 그리스어 필라델포스φιλαδελφός(형제를 사랑하는 자)에서 나왔다. 페르가몬의 임금 아탈루스 2세가 이 도시를 세웠는데, 그는 자기 동생 에우메네스에게 남다른 형제애를 보였다. 그래서 사람들은 그가 세운 이 도시를 필라델피아로 이름 지었다. 사르디스를 황폐화시킨 기원후 17년의 지진 때에 필라델피아도 다른 도시들처럼 큰 피해를 입었다. 안티오키아의 이냐시우스(110년경 사망)가 이곳 교회에 편지를 쓸 당시 유다인들은 그리스도인들에게 매우 공격적이고 적대적이었다. 스미르나처럼 필라델피아 공동체의 가장 큰 문제는 유다인들의 박해였다.

9) 그리스도께서 다윗의 열쇠를 가지고 있다는 언급은 이 교회가 유다인들과 맺고 있었던 적대 관계와 관련 있다. 이사 22,22에서 하느님은 힐키야의 아들 엘야킴을 불러 다윗 집안의 열쇠를 그의 어깨 위에 메어 주신다. 성전문이나 대궐문의 열쇠들은 크기 때문에 어깨 위에 멘다. 이는 다윗 집안의 전권을 위임한다는 뜻이다. 이 다윗의 열쇠는 부활하신 그리스도의 권위를 가리킨다. 그리스도께서는 하늘과 땅(마태 28,18), 죽음과 지옥(묵시 1,18)의 온갖 권한을 가지고 하느님의 집안(히브 3,6)인 교회를 다스리신다.

열면 닫을 자 없고
닫으면 열 자 없는 이가 이렇게 말한다.
 8 나는 네가 한 일을 안다. 보라, 나는 아무도 닫을 수 없는 문을 네 앞에 열어 두었다.[10] 너는 힘이 약한데도, 내 말을 굳게 지키며 내 이름을 모른다고 하지 않았다.[11] 9 보라, 나는 사탄의 무리에[12] 속한 자들을 이렇게 하겠다. 그들은 유다인이라고 자처하지만 사실이 아니다. 거짓말을 하고 있을 뿐이다. 보라, 나는 그들이 와서 네 발 앞에 엎드리게 하겠다.[13] 그리하여 내가 너를 사랑한다는 것을 그들이 알게 될 것이다. 10 네가 인내하라는 나의 말을 지켰으니, 땅의 주민들을 시험하려고 온 세계에 시련이 닥쳐올 때에 나도 너를 지켜 주겠다.[14] 11 내가 곧 간다. 네가 가진 것을 굳게 지켜, 아무도 네 화관을 빼앗지 못하게 하여라.[15] 12 승리하는 사람은 내 하느님 성전의 기둥으로 삼아 다시는 밖으로 나가는 일이 없게 하겠다.[16] 그리고 내 하느님의 이름과 내 하느님의 도성,

---

 10) 그분은 당신을 충실히 따르는 필라델피아의 그리스도인들에게 아무도 닫을 수 없는 문을 활짝 열어 두셨다. 신약성경에서 이 문은 복음을 선포할 기회(1코린 16,9; 2코린 2,12; 콜로 4,3)인 동시에 메시아 왕국으로 들어가는 입구이다(마태 7,13-14; 루카 13,24-25).
 11) 사르디스 교회와는 달리 필라델피아 교회는 작고 연약하지만 그리스도께 대한 믿음을 굳게 지켰다. 그래서 그분은 이 교회를 사랑하신다.
 12) "사탄의 무리"에 대해서는 2,9 각주 15번을 참조하라.
 13) 발 앞에 엎드린다는 것은 패배와 복종을 뜻한다. 이사야 예언에서는 이방인들이 이스라엘의 발 앞에 엎드렸는데(이사 45,14; 49,23; 60,14), 여기서는 이스라엘이 그리스도 교회 앞에 엎드린다. 유다인들은 자기들도 참그리스도인들로 받아 달라고 겸손하게 간청할 것이다.

3,9 ← 이사 45,14: 주님께서 이렇게 말씀하신다. "이집트의 재산과 에티오피아의 소득과 키 큰 족속 스바인들이 너에게 건너와서 너의 것이 되고 너의 뒤를 따르리라. 그들은 사슬에 묶여 건너와서 네 앞에 엎드려 빌며 말하리라. '과연 당신에게만 하느님이 계십니다. 다른 이가 없습니다. 다른 신이 없습니다.'"

3,12 ← 요한 17,12: 저는 이들과 함께 있는 동안, 아버지께서 저에게 주신 이름으로 이들을 지켰습니다. 제가 그렇게 이들을 보호하여, 성경 말씀이 이루어지려고 멸망하도록 정해진 자 말고는 아무도 멸망하지 않았습니다.

---

14) 필라델피아 교회가 주님의 말씀을 지켰으므로, 이제 주님께서 그들을 지켜 주실 것이다. "땅의 주민들"은 묵시록에 자주 나오는데(6,10; 8,13; 11,10; 13,8.14; 17,8), 요한 복음과 요한 1서의 "세상"과 비슷하게 믿지 않는 사람들을 말한다. 주님께서는 이 공동체를 시련에서 빼내 주시기보다는, 시련을 이겨 낼 수 있도록 도와주실 것이다(루카 22,43; 요한 12,27-28).

15) 페르가몬 교회의 그리스도인들에게는 니콜라오스파들을 징벌하시기 위해서 빨리 가겠다고 하셨는데, 여기서는 신실한 이들을 지켜 주시고 그들에게 승리의 화관을 보장해 주시기 위해 빨리 가겠다고 하신다. 그리스도의 내림은 죄인에게는 심판이요, 의인에게는 보상이다. 필라델피아의 묘비에는 경기와 축제 중에 받은 면류관들이 흔하게 발견된다.

16) "성전의 기둥"은 은유적 표현이다. 예수님은 아버지께서 당신에게 주신 이들을 하나도 잃지 않게 지켜 주신다(요한 17,12; 18,9). 지진이 잦은 이 지역에서 사람들은 안전한 장소로 도피하려고 한다. 그런데 예수님은 필라델피아 신자들을 하느님의 현존을 뜻하는 성전의 튼튼한 기둥으로 만들어 주시겠다고 약속하신다.

곧 하늘에서 내 하느님으로부터 내려오는 새 예루살렘의 이름과 나의 새 이름을 그 사람에게 새겨 주겠다.[17] 13 귀 있는 사람은 성령께서 여러 교회에 하시는 말씀을 들어라.'"

라오디케이아 신자들에게 보내는 말씀[18]

14 "라오디케이아 교회의 천사에게 써 보내라. '아멘 그 자체이고 성실하고 참된 증인이며 하느님 창조의 근원인 이가 말한다.[19] 15 나는 네가 한 일을 안다. 너는 차지도 않고 뜨겁지도 않다. 네가 차든지 뜨겁든지

---

17) 세 이름, 곧 하느님의 이름과 그리스도의 이름과 새 예루살렘의 이름은 이 승리자가 하느님과 그리스도에게 속해 있고 하늘 도성의 시민임을 증명한다. "하늘에서 … 내려오는" 예루살렘은 새 도성의 특징이다(묵시 21,2.10). 새 이름은 실제 역사에서 필라델피아에게 주어진 '네오체사레아'란 이름을 연상시킨다.

18) 마지막으로 일곱째 편지는 라오디케이아 교회가 수신자다(묵시 3,14-22). 필라델피아에서 남동쪽으로 64킬로미터 정도 떨어진 라오디케이아는 시리아 제국의 안티오코스 2세(기원전 261-246년)가 창건하고 자기 부인 라오디케의 이름을 따서 도시 이름을 정하였다. 라오디케이아는 로마 시대에 중요한 상업 도시로 발전하였다. 금융의 중심지이기도 한 이곳에는 옷감과 양탄자 제조업이 발달하였고 안약으로 사용하던 '프리기아 가루'로 유명한 의술 학교가 자리 잡고 있었다. 이곳은 기원후 61년 대지진이 났을 때도 제국의 도움 없이 자력으로 폐허에서 일어났을 정도로 부요한 도시다. 라오디케이아는 히에라폴리스와 콜로새와 더불어 60년대에 바오로 사도가 에페소

3,14 ← 콜로 1,16-17: 하늘에 있는 것이든 땅에 있는 것이든 보이는 것이든 보이지 않는 것이든 왕권이든 주권이든 권세든 권력이든 만물이 그분을 통하여 또 그분을 향하여 창조되었습니다. 그분께서는 만물에 앞서 계시고 만물은 그분 안에서 존속합니다.

에서 선교하는 동안에 동료 에파프라스에 의해서 복음이 전파된 곳이다(콜로 4,12-13). 90년대에 들어와서 라오디케이아 교회는 영적으로 급격히 쇠락하였다. 그 원인은 이 공동체의 구성원들이 물질적 풍요로움에 힘입어 사치와 쾌락에 빠져들었기 때문이 아닌가 싶다. 일곱 교회 가운데 가장 심한 단죄를 받은 것도 라오디케이아 교회이다.

19) 히브리어 또는 아람어로 "아멘"은 '사실이다, 참되다'는 뜻이다. 유다교에 이어서 그리스도교에서도 하느님의 말씀에 대한 믿음의 응답으로 이 말을 사용하였다. 그리스도는 당신의 말씀에 충실하신 분, 아멘 그 자체이시다. '성실하고 참된 증인'(1,5; 3,7)은 아멘을 설명하는 표현이다. 이 칭호는 이사 65,16의 "신실하신 하느님", 더 정확하게 직역하면 '아멘(성실, 신실)의 하느님'과 연관된다. 하느님과 그리스도의 또 다른 동화同化이다. 그분은 신실하신 하느님의 완벽한 아멘이다. 그리스도의 증언은 결코 진리, 곧 하느님의 말씀(요한 17,17)에서 벗어나는 일이 없다. "창조의 근원"은 창조의 시작을 뜻한다. 그러나 하느님께서 맨 처음에 그리스도를 창조하셨다는 말이 아니라 모든 것을 그리스도를 통하여 창조하셨다는 뜻이다(요한 1,3; 콜로 1,16-17). 곧 그리스도는 창조의 한 부분이 아니라 모든 피조물을 있게 만든 창조의 원천이시다. 콜로새서는 라오디케이아 교회에 친숙한 서간이다. 라오디케이아 교회 공동체는 이 서간에서 다섯 번이나 언급된다(콜로 2,1; 4,13.15.16⟨2번⟩). 라오디케이아와 콜로새는 리쿠스 골짜기를 두고 서로 인접해 있었다.

하면 좋으련만! 16 네가 이렇게 미지근하여 뜨겁지도 않고 차지도 않으니, 나는 너를 입에서 뱉어 버리겠다.[20] 17 '나는 부자로서 풍족하여 모자람이 없다.' 하고 네가 말하지만, 사실은 비참하고 가련하고 가난하고 눈멀고 벌거벗은 것을 깨닫지 못한다.[21] 18 내가 너에게 권한다. 나에게서 불로 정련된 금을 사서 부자가 되고, 흰옷을 사 입어 너의 수치스러운 알몸이 드러나지 않게 하고, 안약을 사서 눈에 발라 제대로 볼 수 있게 하여라.[22] 19 내가 사랑하는 사람들을 나는 책망도 하고 징계도 한다. 그러므로 열성을 다하고 회개하여라.[23] 20 보라, 내가 문 앞에 서서 문을 두드리고 있다.[24] 누구든지 내 목소리를 듣고 문을 열면, 나는 그의 집에

20) 라오디케이아의 상수도는 근처 히에라폴리스의 뜨거운 온천수나 콜로새의 맑고 찬 물과는 달리 미지근하였다. 남쪽으로 8Km 떨어진 뜨거운 광천수가 상수도를 통해 이곳까지 오는 동안 천천히 식기 때문이다. 영어로 Laodicean은 '열의 없는, 냉담한' 이라는 뜻의 형용사이다. 라오디케이아의 미지근한 신앙을 고발하는 "너는 차지도 않고 뜨겁지도 않다"(15절)는 표현은 이 물을 염두에 둔 것이다. 찬 물은 찬 대로 뜨거운 물은 뜨거운 대로 특별한 용도가 있지만 미지근한 물은 별 쓸모가 없다. 이 질책은 아무런 선택도 하지 않는 태도를 두고 하는 말이다. 예수님도 이런 무선택과 무심함을 질책하신다. "아무도 두 주인을 섬길 수 없다"(마태 6,24). "나와 함께하지 않는 자는 나를 반대하는 자고, 나와 함께 모아들이지 않는 자는 흩어 버리는 자다"(마태 12,30).

21) 라오디케이아 교회 신자들은 물질적인 부와 더불어 스스로 영적인 부도 갖추었다고 착각하지만(1코린 4,7-8 참조), 가난하고(금과는 반대) 눈멀고(안약과 반대) 벌거벗었다(옷과 반대). 금과 안약과 옷은 라오디케이아의 주요 생산품이었다.

3,17 ← 1코린 4,7-8: 누가 그대를 남다르게 보아 줍니까? 그대가 가진 것 가운데에서 받지 않은 것이 어디 있습니까? 모두 받은 것이라면 왜 받지 않은 것인 양 자랑합니까? 여러분은 벌써 배가 불렀습니다. 벌써 부자가 되었습니다. 여러분은 우리를 제쳐 두고 이미 임금이 되었습니다. 여러분이 정말 임금이 되었으면 좋겠습니다. 우리도 여러분과 함께 임금이 될 수 있게 말입니다.

3,18 ← 1베드 1,7: 그러나 그것은 불로 단련을 받고도 결국 없어지고 마는 금보다 훨씬 값진 여러분의 믿음의 순수성이 예수 그리스도께서 나타나실 때에 밝혀져, 여러분이 찬양과 영광과 영예를 얻게 하려는 것입니다.

3,20-21 ← 요한 10,3-4: 문지기는 목자에게 문을 열어 주고, 양들은 그의 목소리를 알아듣는다. 그리고 목자는 자기 양들의 이름을 하나하나 불러 밖으로 데리고 나간다. 이렇게 자기 양들을 모두 밖으로 이끌어 낸 다음, 그는 앞장서 가고 양들은 그를 따른다. 양들이 그의 목소리를 알기 때문이다.

---

22) "불로 정련된 금"은 순수한 신앙을 가리킨다(1베드 1,7). 그리스도만이 이런 순수한 신앙과 깨끗한 흰옷(묵시 3,5)과 영적으로 눈먼 이를 치유할 수 있는 안약을 주실 수 있다.

23) 에페소 교회는 사랑이 부족했는데 라오디케이아 교회는 열성이 부족하다. 그러나 작지만 충실한 필라델피아 교회를 사랑하시는 그분께서는 이 자만자족하고 미지근한 라오디케이아 교회도 사랑하신다. 그분의 사랑에 응답하여 이곳 그리스도인들은 무기력에서 깨어나야 한다.

24) 사랑하는 이는 이제 각 지역 교회에서 그리스도인 개개인에게 돌아서서 마음의 문을 열고 들어가려고 하신다(아가 5,2). 참제자는 목자의 목소리를 들을 것이다(요한 10,3-4). 홀만 헌트Holman Hunt가 그린 "세상의 빛"이라는 제목의 그림을 보면 예수님이 문 밖에 서서 문을 두드리고 계시는데, 문손잡이가 없다. 우리 마음의 문은 그분이 강제로 여실 수 없다. 그 문을 열 수 있는 사람은 우리 자신뿐이다.

들어가 그와 함께 먹고 그 사람도 나와 함께 먹을 것이다.²⁵⁾ 21 승리하는 사람은, 내가 승리한 뒤에 내 아버지의 어좌에 그분과 함께 앉은 것처럼, 내 어좌에 나와 함께 앉게 해 주겠다.²⁶⁾ 22 귀 있는 사람은 성령께서 여러 교회에 하시는 말씀을 들어라.'"

---

25) 우리가 그분을 맞아들이면 그분은 우리의 삶에 들어오시어 우리와 함께 먹고 마시면서 풍요로운 메시아 잔치를 벌이실 것이다.

26) 승리자는 그리스도의 승리에 동참한 사람을 가리킨다(5,5.9). 곧 그분과 함께 승리의 길인 십자가의 길을 걸어간 사람이다(루카 22,28-30). 두 사람이 함께 앉는 '이중 어좌'는 고대 그리스-로마 세계에서 잘 알려져 있었다. 하느님과 어린양의 어좌는 22,1.3을 보라. 두 분의 동일화가 묵시록에서 자주 나타난다.

◆ **2—3장의 맺음말**: 묵시록의 저자가 편지를 써 보낸 일곱 교회는 주 예수 그리스도에게서 다양한 평가를 받았다. 스미르나와 필라델피아는 회개하라는 충고를 받을 필요가 없을 만큼 그리스도의 가르침에 충실한 반면, 사르디스와 라오디케이아는 심각한 경고와 강한 질책을 받았다. 에페소와 티아티라와 페르가몬은 칭찬과 질책을 동시에 받았다. 이처럼 다양한 평가와 상관없이 일곱 교회에 모두 공통점이 있다. 첫째, 모든 교회는 불완전하고 나름대로 어떤 형태로든지 어려움에 봉착해 있다. 에페소는 처음에 지녔던 사랑을 잃을 위험에 처해 있고, 스미르나는 환난에 대한 두려움에 휩싸여 있으며, 페르가몬은 교의적 혼란을, 티아티라는 도덕적 혼란을, 사르디스는 영적 죽음을, 필라델피아는 견고함의 상실을, 그리고 라오디케이아는

3,20 ← 아가 5,2: 나는 잠들었지만 내 마음은 깨어 있었지요. 들어 보셔요, 내 연인이 문을 두드려요. "내게 문을 열어 주오, 나의 누이, 나의 애인, 나의 비둘기, 나의 티 없는 이여! 내 머리는 이슬로, 내 머리채는 밤이슬로 흠뻑 젖었다오."

3,21 ← 루카 12,35-37: 너희는 허리에 띠를 매고 등불을 켜 놓고 있어라. 혼인 잔치에서 돌아오는 주인이 도착하여 문을 두드리면 곧바로 열어 주려고 기다리는 사람처럼 되어라. 행복하여라, 주인이 와서 볼 때에 깨어 있는 종들! 내가 진실로 너희에게 말한다. 그 주인은 띠를 매고 그들을 식탁에 앉게 한 다음, 그들 곁으로 가서 시중을 들 것이다.

3,21 ← 루카 22,28-30: 너희는 내가 여러 가지 시련을 겪는 동안에 나와 함께 있어 준 사람들이다. 내 아버지께서 나에게 나라를 주신 것처럼 나도 너희에게 나라를 준다. 그리하여 너희는 내 나라에서 내 식탁에 앉아 먹고 마실 것이며, 옥좌에 앉아 이스라엘의 열두 지파를 심판할 것이다.

냉담을 겪고 있다. 둘째, 어느 교회도, 죽었다는 평가를 받는 사르디스조차도 그리스도의 구원 계획에서 제외되지 않는다. 셋째, 모든 교회는 회개하기 위해서 또는 어려움을 극복하기 위해서 성령의 말씀에 귀를 기울여야 한다. 개별 교회에 전해진 편지이지만, 후렴처럼 반복하는 마지막 당부는 "여러 교회"에게 해당된다. "귀 있는 사람은 성령께서 여러 교회에 하시는 말씀을 들어라." 초대 그리스도인들과 우리는 믿음에서 아무런 차이가 없다. 그들 역시 우리처럼 온갖 어려움과 적대적인 환경에서 자신들의 믿음을 지켜 나가야 했다. 그들도 우리처럼 의심과 두려움을 갖고 있었고 그리스도에게서 격려의 말씀을 들어야 했으며(요한 16,33), 성령의 도움이 절실히게 필요하였다. 그리스도와 더불어 우리가 가야 할 승리의 길은 십자가의 길 외에는 없다.

천상 예배[1]

4 1 그 뒤에 내가 보니 하늘에 문이 하나 열려 있었습니다. 그리고 처음에 들었던 그 목소리, 곧 나팔 소리같이 울리며 나에게 말하던 그 목소리가, "이리 올라오너라. 이다음에 일어나야 할 일들을 너에게 보여 주겠다." 하고 말하였습니다.[2] 2 나는 곧바로 성령께 사로잡히게 되었습니다. 하늘에는 또 어좌 하나가 놓여 있고 그 어좌에는 어떤 분이 앉아 계셨습니다.[3] 3 거기에 앉아 계신 분은 벽옥과 홍옥같이 보이셨고, 어좌 둘레에

---

1) 1장의 인사말과 소명 대목에 이어 2—3장에는 일곱 교회에 보내는 경고와 권고의 편지가 나온다. 여기서 묵시록 저자의 현 위치는 지상이다. 그러나 4장부터는 천상으로 장소가 옮겨지고 그 내용도 환시와 더불어 본격적인 묵시가 된다. 4장의 환시는 창조에 관한 것이고, 5장의 환시는 구원에 관한 것이다. 이 환시의 기록은 여러 예언서 본문, 그 가운데서도 특히 에제 1—10장에서 영감을 받았다. 천상 성전과 예배에 관한 4장의 묘사는 에제 1장에서 따왔다.

2) 요한은 1,10-11에 묘사된 "나팔 소리처럼 울리는 큰 목소리"를 또다시 듣는다. 그 소리는 예수 그리스도의 목소리다. 1장에서처럼 여기서도 요한은 이 소리를 들으며 성령께 사로잡힌다. 요한은 자기 앞에 열린 하늘의 문을 통해 천상 어전의 모습을 본다(에제 1,1; 외경 1에녹 14,15). "이리 올라오너라"는 지상에 있는 환시가에게 천상으로 올라오라는 초대이다(2코린 12,2). 천상 여행은 묵시문학에서 빼놓을 수 없는 소재이다(외경 1에녹 1—36장).

4,1 ← 에제 1,1: 제삼십년 넷째 달 초닷샛날이었다. 나는 유배자들과 함께 크바르 강 가에 있었다. 그때 하늘이 열리면서 나는 하느님께서 보여 주시는 환시를 보았다.

4,1 ← 2코린 12,2: 나는 그리스도를 믿는 어떤 사람을 알고 있는데, 그 사람은 열네 해 전에 셋째 하늘까지 들어 올려진 일이 있습니다. 나로서는 몸째 그리되었는지 알 길이 없고 몸을 떠나 그리되었는지 알 길이 없지만, 하느님께서는 아십니다.

3) 통치권을 상징하는 하느님의 어좌는 구약성경과 유다교와 그리스도교 전통에서 천상의 개념을 이해하는 데 가장 핵심이 되는 요소다. 구약성경의 저자들은 지상 임금들의 어전 모습에 비추어 천상 어전을 상상하고 묘사하였다. '어좌에 앉아 계신 분'은 묵시록에서 열두 번 나오는데(4,2.9.10; 5,1.7.13; 6,16; 7,10.15; 19,4; 20,11; 21,5), 하느님의 이름을 에둘러 표현한 것이다. 하느님의 천상 어좌는 구약성경에서 자주 나온다(1열왕 22,19; 이사 6,1; 에제 1,26; 다니 7,9). 하늘 성전의 묘사(2-8절)는 에제 1장의 환시 대목에서 영감을 받은 것으로 보인다. 요한은 하느님께 대해 '어좌에 앉아 계신 분'이라고만 하고 세부 묘사는 생략한다. 유다교 저자들은 하느님을 묘사하는 데 극도로 신중하다. 하느님을 거론하는 것조차 조심스러워한다.

는 취옥같이 보이는 무지개가 있었습니다.[4] 4 그 어좌 둘레에는 또 다른 어좌 스물네 개가 있는데, 거기에는 흰옷을 입고 머리에 금관을 쓴 원로 스물네 명이 앉아 있었습니다.[5] 5 그 어좌에서는 번개와 요란한 소리와 천둥이 터져 나왔습니다.[6] 그리고 어좌 앞에서는 일곱 횃불이 타고 있었

---

4) 천상 어좌에 어떤 분이 앉아 계시는데, 그분의 모습이 벽옥과 홍옥처럼 보이고 어좌 둘레에는 취옥 같은 무지개가 드리워져 있다. 벽옥, 홍옥, 취옥은 이스라엘 열두 지파를 상징하여 대사제의 제복 가슴받이에 매단 열두 보석 가운데 셋이다(탈출 28,17-21). 벽옥은 투명한 보석으로 하느님의 거룩함을 상징한다. 홍옥은 붉은 보석으로 이것을 들고 있으면 손이 붉은 숯불을 쥐고 있는 듯하여 죄에 대한 하느님의 진노와 심판, 하느님의 정의를 상징한다. 무지개 빛깔이 도는 취옥은 노아의 계약을 떠올리게 하여 하느님의 자애를 상징한다. 이 세 보석은 새 예루살렘을 묘사할 때 다시 나온다(묵시 21,11.18-20). 요한은 어좌에 앉아 계신 분이 어떤 모습인지를 구체적으로 밝히지 않는다. 그리하여 창세 2장에서 엿볼 수 있는 하느님의 의인화(擬人化, anthropomorphism)를 철저히 배제한다. 다만 하느님은 빛으로 당신의 속성, 곧 거룩함과 자애와 정의를 드러내실 따름이다. 에제키엘서에 따르면 벽옥과 홍옥과 취옥 같은 무지개는 하느님이 내뿜는 광채를 가리킨다(에제 1,26-28).

5) 최고 어른의 어좌 둘레에는 흰옷을 입고 금관을 쓴 스물네 원로가 저마다 다른 어좌에 앉아 있었다. 스물넷이라는 수는 성전에서 차례로 예배를 담당하는 사제들의 스물네 조(1역대 24,3-19)를 가리킬 수도 있고, 열두 지파와 열두 사도를 가리킬 수도 있다. 묵시록의 원로들은 성전에서 봉직하는 사제들처럼 하느님을 예배하는 역할을 맡는다(묵시 5,8-11; 11,16-18; 19,4). 이들은 승

4,3 ← 에제 1,26-28: 그들의 머리 위 궁창 위에는 청옥처럼 보이는 어좌 형상이 있고, 그 어좌 형상 위에는 사람처럼 보이는 형상이 앉아 있었다. 내가 또 바라보니, 그의 허리처럼 보이는 부분의 위쪽은 빛나는 금붙이와 같고, 사방이 불로 둘러싸인 것 같았다. 그리고 그의 허리처럼 보이는 부분의 아래쪽은 불처럼 보였는데, 사방이 광채로 둘러싸여 있었다. 사방으로 뻗은 광채의 모습은, 비 오는 날 구름에 나타나는 무지개처럼 보였다. 그것은 주님 영광의 형상처럼 보였다. 그것을 보고 나는 얼굴을 땅에 대고 엎드렸다. 그때 나는 말씀하시는 분의 소리를 들었다.

4,4 ← 1베드 2,9: 여러분은 "선택된 겨레고 임금의 사제단이며 거룩한 민족이고 그분의 소유가 된 백성입니다. 그러므로 여러분은" 여러분을 어둠에서 불러내어 당신의 놀라운 빛 속으로 이끌어 주신 분의 "위업을 선포하게 되었습니다."

리를 뜻하는 흰옷을 입고 임금처럼 머리에 금관을 쓰고 어좌에 앉아 있다. 그리스 임금이나 로마 황제의 사절들은 흔히 흰옷을 입고 금관을 쓰고 나타났다. 묵시록에 나오는 원로들의 모습은 사제들의 왕국인 하느님 백성(묵시 1,6; 탈출 19,6)에 딱 들어맞는다. 그들이 입고 있는 흰옷은 거룩한 사제복이요, 그들이 쓰고 있는 금관은 통치권을 가리키기 때문이다. 하느님 백성의 역할에 대해서는 베드로 1서의 저자가 잘 알려 준다(2,9). 묵시록의 저자 요한은 열두 사도의 기초 위에 세워진 신약의 그리스도 교회야말로 이스라엘의 열두 지파를 계승하는 참된 하느님 백성임을 암시한다. 그리고 이 하느님 백성을 대표하는 이들이 바로 친싱의 스물네 원로들인 셈이다.

6) 주님의 어좌에서 터져 나오는 "번개와 요란한 소리와 천둥"은 하느님의 현현(神現, theophany)에 수반되는 요소들이다(탈출 19,16; 에제 1,13-14).

습니다. 그것은 하느님의 일곱 영이십니다.[7] 6 또 그 어좌 앞에는 수정처럼 보이는 유리 바다 같은 것이 있었습니다.[8]

그리고 어좌 한가운데와 그 둘레에는 앞뒤로 눈이 가득 달린 네 생물이 있었습니다. 7 첫째 생물은 사자 같고 둘째 생물은 황소 같았으며, 셋

---

7) "일곱 영"에 관해서는 1,4 각주 9번을 참조하라. 요한은 어좌 앞에서 타오르는 "일곱 횃불"을 하느님의 일곱 영과 동일시하는데(즈카 4,2.10), 이 일곱 영은 사람들에게 충만한 은총을 내리시는 한 분 성령을 가리킬 수도 있고 하느님을 모시는 최고위 일곱 천사를 가리킬 수도 있다. 여기서는 일곱 천사가 더 어울린다. 유다교 전승에서 타오르는 횃불은 하느님 앞에서 시중드는 일곱 대천사, 곧 미카엘, 가브리엘, 라파엘, 우리엘, 라구엘, 사리엘, 르미엘을 가리킨다(외경 1에녹 20,1-8). 이 천사들의 이름에 하느님의 이름 '엘'이 들어간 데에 주목하라.

8) 이 "유리 바다"는 궁창 위의 윗물을 가리킨다(창세 1,7; 시편 104,3). 고대 신화에서 큰 바다는 혼돈이나 심연을 뜻한다. 묵시 15,2에서는 바다에서 올라온 첫째 짐승을 무찌르고 승리한 이들이, 불이 섞인 유리 바다 위에 서서 수금을 들고 하느님께 찬미와 경배의 노래를 부른다. 그러나 새 하늘에는 바다가 없다(21,1).

4,6 ← 탈출 24,10: 그들은 그곳에서 이스라엘의 하느님을 뵈었다. 그분의 발밑에는 청옥으로 된 바닥 같은 것이 있었는데, 맑기가 꼭 하늘 같았다.

4,7 ← 에제 1,10-25: 그들의 얼굴 형상은 사람의 얼굴인데, 넷이 저마다 오른쪽은 사자의 얼굴이고 왼쪽은 황소의 얼굴이었으며 독수리의 얼굴도 있었다. 이것이 그들의 얼굴이었다. 그들의 날개는 위로 펼쳐진 채, 저마다 두 날개는 서로 닿고 다른 두 날개는 몸을 가리고 있었다. 그들은 저마다 곧장 앞으로 나아가는데, 몸을 돌리지 않고 어디로든 영이 가려는 곳으로 갔다. 그 생물들 가운데에는 불타는 숯불 같은 것이 있었는데, 생물들 사이를 왔다 갔다 하는 횃불의 모습 같았고, 그 불은 광채를 낼 뿐만 아니라, 그 불에서는 번개도 터져 나왔다. 그리고 생물들은 번개가 치는 모습처럼 나왔다 들어갔다 하였다. 내가 그 생물들을 바라보니, 생물들 옆 땅바닥에는 네 얼굴에 따라 바퀴가 하나씩 있었다. 그 바퀴들의 모습과 생김새는 빛나는 녹주석 같은데, 넷의 형상이 모두 같았으며, 그 모습과 생김새는 바퀴 안에 또 바퀴가 들어 있는 것 같았다. 그것들이 나아갈 때에는, 몸을 돌리지 않고 사방 어디로든 갔다. 바퀴 테두리는 모두 높다랗고 보기에 무서운 데다, 그 네 테두리 사방에 눈이 가득하였다. 그 생물들이 나아가면 그 곁에서 바퀴들도 나아가고, 생물들이 땅에서 떠오르면 바퀴들도 떠올랐다. 어디로든 영이 가려고 하면, 생물들은 영이 가려는 그곳으로 가고, 바퀴들도 그들과 함께 떠올랐다. 그 바퀴들 안에 생물의 영이 있었기 때문이다. 생물들이 나아가면 바퀴들도 나아가고, 생물들이 멈추면 바퀴들도 멈추었다. 또 생물들이 땅에서 떠오르면 바퀴들도 그들과 함께 떠올랐다. 그 바퀴들 안에 생물의 영이 있었기 때문이다. 그 생물들 머리 위에는 빛나는 수정 같은 궁창의 형상이 무섭게 자리 잡았는데, 그들 머리 위로 펼쳐져 있었다. 그 궁창 밑에서 생물들은 두 날개를 서로 맞닿게 펴고, 나머지 두 날개로는 몸을 가리고 있었다. 그들이 나아갈 때에는 날갯소리가 들리는데, 마치 큰 물이 밀려오는 소리 같고 전능하신 분의 천둥소리 같았으며, 군중의 고함 소리, 진영의 고함 소리 같았다. 그러다가 멈출 때에는 날개를 접었다. 그들 머리 위에 있는 궁창 위에서도 소리가 들려왔다. 그러다가 멈출 때에는 날개를 접었다.

째 생물은 얼굴이 사람 같고 넷째 생물은 날아가는 독수리 같았습니다.[9] 8 그 네 생물은 저마다 날개를 여섯 개씩 가졌는데, 사방으로 또 안으로 눈이 가득 달려 있었습니다.[10] 그리고 밤낮 쉬지 않고 외치고 있었습니다.

"거룩하시다, 거룩하시다, 거룩하시다,
전능하신 주 하느님
전에도 계셨고 지금도 계시며 또 앞으로 오실 분!"[11]

9 어좌에 앉아 계시며 영원무궁토록 살아 계신 그분께 생물들이 영광과 영예와 감사를 드릴 때마다,[12] 10 스물네 원로는 어좌에 앉아 계신 분 앞

---

9) 네 생물은 저마다 사자, 황소, 사람 얼굴, 독수리 같다. 사자는 고고함, 황소는 강함, 사람 얼굴은 슬기로움, 독수리는 빠름을 상징한다. 이 네 생물은 또 저마다 여섯 개의 날개를 가졌다. 리옹의 이레네우스는 이 네 생물을 네 복음서 저자 또는 복음서 자체로 여겼다. 사자는 마르코, 황소는 루카, 사람 얼굴은 마태오, 독수리는 요한이다. 마르코 복음은 사자가 머무는 광야에서 외치는 이의 소리로 시작하고, 루카 복음은 황소를 제물로 바치는 경신례 중에 즈카르야가 아들의 잉태 소식을 듣는 이야기로 시작하며, 마태오 복음은 사람의 족보로 시작한 데서 이런 해석이 나온 것으로 보인다. 그리고 요한 복음은 그 고고孤高한 내용 때문에 독수리로 표현된다. 그러나 네 생물은 에제 1,10-25의 커룹 환시에서 가져온 표상이다. 에제키엘은 고대 근동의 날개 달린 스핑크스에서 영감을 받아, 하느님의 발판 또는 그분을 모시는 천상 존재로서의 커룹을 상세하게 묘사한다. 요한은 에제 1장에서 네 생물의 묘사뿐 아니라 햇불과 번개(에제 1,13), 천둥, 수정 같은 궁창(1,22-23), 큰 소리와 천둥소리(1,24) 등도 빌려온다.

4,8 ← 이사 6,2-3: 그분 위로는 사랍들이 있는데, 저마다 날개를 여섯씩 가지고서, 둘로는 얼굴을 가리고 둘로는 발을 가리고 둘로는 날아다녔다. 그리고 그들은 서로 주고받으며 외쳤다. "거룩하시다, 거룩하시다, 거룩하시다, 만군의 주님! 온 땅에 그분의 영광이 가득하다."

10) 요한은 에제키엘의 커룹 환시를 단순화하지만 이사 6,2의 영향을 받아 커룹의 날개를 네 개에서 여섯 개로 늘린다. 네 생물의 눈이 안팎으로 사방에 달렸다(묵시 4,6 참조)는 것은 하느님의 깨어 계심과 전지하심, 곧 온 세상을 항시 꿰뚫어 보시는 능력을 나타낸다. 묵시록에서 열네 번이나 언급되는 네 생물의 구실은 천상의 공적 예배를 주도하는 것이다.

11) 먼저 네 생물이 이사 6,3의 사람들처럼 "거룩하시다, 거룩하시다, 거룩하시다" 하고 창조주 하느님의 거룩하심을 삼중으로 찬양한다(외경 1에녹 39,12; 외경 2에녹 19,6). 삼중 찬양은 최상급을 가리킨다: '그분은 가장 거룩하신 분이다.' 이사 6,3에서는 삼중 찬양에 이어 "만군의 주님! 온 땅에 그분의 영광이 가득하다"는 말이 나오는 데 비해, 묵시 4,8에서는 "전능하신 주 하느님 전에도 계셨고 지금도 계시며 또 앞으로 오실 분!"이라면서 하느님의 전능하심과 영원하심을 노래한다(집회 1,4.8; 11,17; 16,5; 다니 4,31; 6,27).

12) 영광과 영예(참조: 시편 29,1; 96,7)는 하느님의 완전한 속성에, 감사는 창조와 구원 사업을 위해 보내 주신 그분의 은총에 바쳐진다.

에 엎드려, 영원무궁토록 살아 계신 그분께 경배하였습니다.[13] 그리고 자기들의 금관을 어좌 앞에 던지며 외쳤습니다.[14]

    11 "주님, 저희의 하느님[15]

        주님은 영광과 영예와 권능을 받기에 합당한 분이십니다.

        주님께서는 만물을 창조하셨고

        주님의 뜻에 따라 만물이 생겨나고 창조되었습니다."

---

13) 네 생물과 더불어 스물네 원로들도 영원히 살아 계신 하느님께 경배하며 그분의 창조 대업을 찬양한다. 그들이 주님께는 영광과 영예와 권능의 찬가를 불러 드리는 것은, "주님께서는 만물을 창조하셨고 주님의 뜻에 따라 만물이 생겨나고 창조되었"기(묵시 4,11) 때문이다.

14) 황제가 나타나면 제후들이 쓰고 있던 관을 벗는 것처럼 이 원로들은 자신들의 주님 앞에서 승리의 화관을 벗는다. 그들의 승리와 영광은 그분에게서 왔기 때문에 그분을 예배할 때 당연히 그분께 되돌려드려야 한다.

15) 도미티아누스가 찬탈한 신적 칭호(주님이요 우리 하느님, Dominus et Deus noster)는 마땅히 하느님께 되돌려드려야 한다.

◆ **4장의 맺음말**: 이제까지 요한은 지상에서 이야기를 풀어나갔으나, 이제부터는 천상으로 자리를 옮긴다. 하지만 어려움을 겪는 지상의 교회가 요한의 주요 관심사에서 멀어진 적은 결코 없다. 요한이 목격한 천상 어전은 어좌를 중심으로 네 생물과 원로들과 천사들이 하느님과 어린양께 끊임없이 최상의 예배를 드리는 모습으로 드러난다. 천상 예배가 강조하는 것은 창조주 하느님과 구세주 어린양이 세상의 역사와 인간의 삶을 주도하신다는 사실이다. 4장에서는 천상 예배자들이 하느님의 위대한 창조 사업을 찬양하는데, 지상의 교회도 이에 화답해야 한다. 묵시록에서 천상 어전은 늘 새로운 이야기를 전개시켜 나가는 무대이다: 일곱 봉인(6,1─8,1), 일곱 나팔(8,2-5), 일곱 대접(15,1-8). 4─5장은 이어지는 내용 전체의 입문 구실도 한다.

봉인된 두루마리와 어린양 [1]

5 1 그리고 나는 어좌에 앉아 계신 분의 오른손에, 안팎으로 글이 적힌 두루마리 하나가 들려 있는 것을 보았습니다. 그 두루마리는 일곱 번 봉인된 것이었습니다.[2] 2 나는 또 큰 능력을 지닌 천사 하나가 큰 소리로, "이 봉인을 뜯고 두루마리를 펴기에 합당한 자 누구인가?" 하고 외치는 것을 보았습니다.[3] 3 그러나 하늘에도 땅 위에도 땅 아래에도[4] 두루마리를 펴거나 그것을 들여다볼 수 있는 이가 하나도 없었습니다. 4 두루마리를 펴거나 그것을 들여다보기에 합당하다고 인정된 이가 아무도 없었기 때문에, 나는 슬피 울었습니다. 5 그런데 원로 가운데 하나가 나에게 말하였습니다. "울지 마라. 보라, 유다 지파에서 난 사자, 곧 다윗의 뿌리가 승리하여 일곱 봉인을 뜯고 두루마리를 펼 수 있게 되었다."[5]

---

1) 묵시 4장의 창조 환시에 이어 5장에는 구원의 환시가 나온다. 이 대목 역시 저자가 구약성경의 예언서들, 특히 에제 2,1—3,9를 거룩한 독서로 새롭게 이해하고 해석하여 얻어 낸 결실이다.

2) 고대 근동의 책은 파피루스 낱장들이나 양가죽 조각들을 꿰매어 이은 기다란 천처럼 되어 있었다. 그 한쪽 또는 양쪽 끝에는 원통 막대를 달아 길게 이어진 필사본을 둘둘 말아서 보관하였고, 읽을 때에는 두루마리를 양손에 들고 펼치면서 낭독하였다. '봉인'은 필사본 두루마리를 원통 막대 하나에 달아 만 다음 밀초로 끝부분을 마감하고 거기에 인장을 찍은 것을 말한다. 공식 문서에는 이런 봉인이 반드시 필요하였다. 로마 시대의 어떤 규정을 보면 유언장은 반드시 봉인되어야 했다. 여기에 언급된 두루마리는 두 가지 특징을 지닌다. 곧 안팎으로 글이 적혀 있고 (에제 2,10 참조) 일곱 번 봉인

거룩한 독서를 위한 요한 묵시록 주해 **71**

5,1 ← 에제 2,10: 그분께서 그것을 내 앞에 펴 보이시는데, 앞뒤로 글이 적혀 있었다. 거기에는 비탄과 탄식과 한숨이 적혀 있었다.

5,1 ← 외경 1에녹 81,1-3: 나는 천상의 토판문서들을 보고 거기에 적힌 모든 글을 읽고서 모든 것을 이해하게 되었다. 나는 그 책에서 인간의 모든 행위, 이 세상 모든 세대에 걸쳐 땅 위에서 사는 육신의 모든 자녀들의 행위들을 전부 읽어 냈다.

5,5 ← 창세 49,9-10: 유다는 어린 사자. 내 아들아, 너는 네가 잡은 짐승을 먹고 컸다. 유다가 사자처럼, 암사자처럼 웅크려 엎드리니 누가 감히 그를 건드리랴? 유다에게 조공을 바치고 민족들이 그에게 순종할 때까지 왕홀이 유다에게서, 지휘봉이 그의 다리 사이에서 떠나지 않으리라.

5,5 ← 이사 11,1.10(← 로마 15,12): 이사이의 그루터기에서 햇순이 돋아나고 그 뿌리에서 새싹이 움트리라. … 그날에 이러한 일이 일어나리라. 이사이의 뿌리가 민족들의 깃발로 세워져 겨레들이 그에게 찾아들고 그의 거처는 영광스럽게 되리라.

되었다는 것이다. '글이 안팎으로 적혀 있다'는 것은 계시의 내용이 충만하고 결정적이라는 뜻이요, '일곱 번 봉인되었다'는 것은 그 내용이 완전히 감추어져 있다는 뜻이다. 이 두루마리는 어좌에 앉아 계신 분의 오른손에 들려 있으므로 그분의 소유이다. 거기에는 세상에 대한 그분의 정해진 계획이 적혀 있다(외경 1에녹 81,1-3).

3) 그는 단순히 봉인을 푸는 물리적 권한과 자격만이 아니라 거기에 적힌 내용을 실현시킬 수 있는 능력까지 갖춘 분이어야 한다.

4) 천상과 지상과 지하, 곧 고대인들이 생각하던 세상 전체이니.

5) 창세 49,9-10; 이사 11,1.10(= 로마 15,12)을 참조하라. 이 성경 본문들은 다윗의 자손이 민족들을 통치할 것임을 지적한다.

6 나는 또 어좌와 네 생물과 원로들 사이에, 살해된 것처럼 보이는 어린양이 서 계신 것을 보았습니다.⁶⁾ 그 어린양은 뿔이 일곱이고 눈이 일곱이셨습니다. 그 일곱 눈은 온 땅에 파견된 하느님의 일곱 영이십니다.⁷⁾ 7 그 어린양이 나오시어, 어좌에 앉아 계신 분의 오른손에서 두루마리를 받으셨습니다.⁸⁾ 8 어린양이 두루마리를 받으시자, 네 생물과 스물네 원로

---

6) 5절에 나오는 원로의 말대로라면 백수의 왕인 힘센 사자가 나타나야 하는데, 연약한 어린양이 나타난다. 묵시록의 저자는 '유다 지파 다윗 가문에서 난 사자'를 어린양과 동일시한다. 이제부터 어린양은 명시적으로 그리스도를 가리키는 칭호로 통한다. 요한은 환시에서 "어좌와 네 생물과 원로들 사이에, 살해된 것처럼 보이는 어린양이 서 계신 것"을 보았다. 이 환시는 파스카 신비를 계시한다. 살해되셨다는 것은 예수 그리스도의 십자가 죽음을 가리키고, 서 계신다는 것은 죽음을 이기고 일어서심, 곧 부활을 가리킨다. '유다 지파 다윗 가문에서 난 사자'로 표현된 하느님의 권능은, 십자가에서 살해되셨다가 죽음을 이기고 부활하신(마태 28,18) 어린양에게서 가장 뚜렷하게 드러난다. 이는 로마 제국의 멍에를 부수고 이스라엘을 압제에서 해방시켜 줄 강력한 군주로서의 메시아를 고대하고 있었던 유다인들의 메시아 사상과 정면으로 배치된다.

5,6 ← **신명 33,17**: 그는 맏이로 난 소, 그에게 영예가 있어라. 그의 뿔은 들소의 뿔. 그 뿔로 민족들을 땅 끝까지 모두 들이받으리라. 에프라임의 수만 명이 그러하고 므나쎄의 수천 명이 그러하리라.

5,6 ← **이사 11,2**: 그 위에 주님의 영이 머무르리니, 지혜와 슬기의 영, 경륜과 용맹의 영, 지식의 영과 주님을 경외함이다.

7) 어린양은 일곱 뿔과 일곱 눈을 지닌다. 성경에서 뿔은 힘을 상징하고(신명 33,17; 다니 7,7.24) 눈은 보살핌과 통찰력을 상징하며 일곱은 완전수이니, 일곱 뿔은 완전한 권능을 뜻하고 일곱 눈은 완벽한 통찰력을 뜻한다. 요한은 일곱 눈을 "온 땅에 파견된 하느님의 일곱 영"이라고 풀이한다. 일곱 눈과 일곱 영의 연결은 주님의 일곱 눈이 온 세상을 두루 살피신다고 한 즈카 4,10과, 다윗의 후손 메시아에게 일곱 영(지혜, 슬기, 경륜, 용맹, 지식, 경외함의 영에 칠십인역과 불가타가 추가한 자비의 영)이 내리리라고 한 이사 11,2의 영향일 것이다.

8) 완전한 권능과 완벽한 통찰력을 갖춘 어린양은 어좌에 앉아 계신 분의 오른손에서 두루마리를 받으신다. 어린양이 그분에게서 권위와 더불어 소명을 받는다는 뜻이다(요한 17,2). 어린양은 두루마리에 적힌 하느님의 영원한 구원 계획을 십자가에 못박혀 죽기까지 그분께 철저히 순종하면서 아무런 수정 없이 그대로 펼쳐나갈 것이다. 에제키엘서의 '사람의 아들'에게는 맡기진 소명이 이스라엘 집안으로 한정되는 반면(3,4 6), 살해된 어린양의 소명은 다음 대목의 새 노래에서 밝혀지겠지만 온 세상 모든 피조물, 특히 인류 전체를 겨냥한다.

가 그 앞에 엎드렸습니다. 그들은 저마다 수금과, 또 향이 가득 담긴 금 대접을 가지고 있었습니다. 향이 가득 담긴 금 대접들은 성도들의 기도입니다.[9] 9 그들이 새 노래를 불렀습니다.[10]

    "주님께서는 두루마리를 받아
    봉인을 뜯기에 합당하십니다.
    주님께서 살해되시고
    또 주님의 피로 모든 종족과 언어와 백성과 민족 가운데에서[11]

---

    9) 4장의 해설에서 네 생물은 하느님을 모시는 커룹들로, 스물네 원로들은 사제들의 왕국인 하느님 백성, 곧 그리스도 교회를 대표하는 것으로 보았다. 네 생물과 스물네 원로들은 수금과, 향이 가득 담긴 금 대접들을 가지고 있었는데, 요한의 설명으로는 향이 담긴 이 금 대접들이 그리스도 교회 성도들의 기도이다(시편 141,2). 유다교 전승에서 하느님께 성도들의 기도를 올려 드리는 임무는 미카엘과 다른 대천사들이 맡는다(토빗 12,12.15; 외경 레위의 유언 3,5-6; 외경 3바룩 11). 이 대목에서는 네 생물과 스물네 원로들이 이 임무를 맡는다. 묵시록에서 처음으로 지상 교회의 천상 예배 동참을 언급한다. 지상의 교회가 천상 예배에 동참한다는 것은 사도신경의 한 조목, "성인들의 통공을 믿으며"를 떠올리게 한다. 신구약 성경 전통에서 "성도들"οἱ ἅγιοι은 하느님 백성을 가리킨다.

5,8 ← **시편 141,2**: 저의 기도 당신 면전의 분향으로 여기시고 저의 손 들어올리오니 저녁 제물로 여겨 주소서.

5,8 ← **토빗 12,12.15**: 자 이제 보라, 너와 사라가 기도할 때에 너희의 기도를 영광스러운 주님 앞으로 전해 드린 이가 바로 나다. 네가 죽은 이들을 묻어 줄 때에도 그러하였다. … 나는 영광스러운 주님 앞에서 대기하고 또 그분 앞으로 들어가는 일곱 천사 가운데 하나인 라파엘이다.

10) 여기서 "그들"은 커룹들과 스물네 원로들로 대표되는 하느님 백성이다. 묵시록은 '새로움'을 강조하는데, 이 새로움은 시간적 새로움이 아니라 본질적 새로움이다. 곧 새 이름(2,17; 3,12), 새 하늘과 새 땅(21,1), 새 예루살렘(21,10) 등이다.

11) "종족과 언어와 백성과 민족"은 조상과 언어와 혈통과 나라 등으로 구분되는 온갖 인간 집단을 가리키는데, 요한이 다니엘서(3,4; 5,19; 6,26; 7,14)에서 영감을 받아 자주 사용하는(묵시 5,9; 7,9; 11,9; 13,7; 14,6) 표현이다. 다니엘서는 '민족과 나라와 언어' 셋만 언급한다. 다니 3,4의 칠십인역은 히브리어 본문의 셋을 위와 같이 넷으로 확장하였는데, 요한이 이를 이용한 것으로 보인다. 요한은 이 표현으로 온 세상 모든 민족 가운데서 구원을 이루신다는 구원의 보편성을 시사한다.

사람들을 속량하시어 하느님께 바치셨기 때문입니다.[12]
10 주님께서는 그들이
　　우리 하느님을 위하여
　　한 나라를 이루고 사제들이 되게 하셨으니
　　그들이 땅을 다스릴 것입니다."

11 나는 또 어좌와 생물들과 원로들을 에워싼 많은 천사들을 보고 그들의 목소리도 들었습니다. 그들의 수는 수백만 수억만이었습니다. 12 그들이 큰 소리로 말하였습니다.

"살해된 어린양은
권능과 부와 지혜와 힘과 영예와 영광과
찬미를 받기에 합당하십니다."[13]

---

12) 새 노래의 내용을 보면 어린양은 여러 가지 이유에서 두루마리를 받아 봉인을 열기에 합당한 분이다. 그분은 파스카(과월절) 어린양이 살해된 뒤 자기 피로 히브리인 맏아들들의 생명을 구했듯이, 십자가상 죽음을 통하여 당신의 피로 몸값을 치르시고 사람들을 속량하여 하느님께 바치셨으며, 속량된 그들을 사제들의 나라(탈출 19,6)로 만드시어 땅을 다스리게 하셨기 때문이다. 성도들이 하느님 나라의 통치에 참여할 것이라는 기대는, 힘없던 거룩한 백성에게 막강한 통치권이 주어지리라고 예언한 다니 7,18.27에 근거하여 유다교와 그리스도교의 묵시문학 주제 가운데 하나가 되었다(참조: 묵시 20,6; 22,5). 4장에서는 하느님이 창조주이시기 때문에 영광과 영예와 권능이 그분에게 합당하다고 했는데, 여기서는 당신 피로 인류를 구원하셨기 때문

5,9 ← 레위 17,11: 생물의 생명이 그 피에 있기 때문이다. 나는 너희 자신을 위하여 속죄 예식을 거행할 때에 그것을 제단 위에서 쓰라고 너희에게 주었다. 피가 그 생명으로 속죄하기 때문이다.

5,10 ← 탈출 19,6: 너희는 나에게 사제들의 나라가 되고 거룩한 민족이 될 것이다.

5,11 ← 다니 7,10: 불길이 강물처럼 뿜어 나왔다. 그분 앞에서 터져 나왔다. 그분을 시중드는 이가 백만이요 그분을 모시고 선 이가 억만이었다. 법정이 열리고 책들이 펴졌다.

에 어린양이 아버지에게 하느님의 계획에 대한 권능을 부여받았다고 한다. 창조와 구원은 아버지 하느님과 어린양이 함께 이루신 두 가지 가장 두드러진 위업이다. 피가 속죄와 정화의 힘을 지닌다는 생각은 고대 근동과 그리스·로마의 제사 의식에서는 찾아보기 힘들고 이스라엘의 제사 의식에서 두드러지게 드러난다(탈출 29,12-20). 이 생각을 더 발전시켜 성경 전통은 피를 통한 속량을 강조한다(레위 17,11; 히브 9,22; 참조: 요한 1,29).

13) 헤아릴 수 없이 많은 천사들("수백만 수억만": 다니 7,10; 외경 1에녹 40,1)도 큰 소리로, 살해되심으로써 사람들을 구원하신 어린양을 찬양한다. 천사들의 찬양은 9-10절의 새 노래에 대한 응답이다. 이 찬양은 스물네 원로가 어좌에 앉아 계신 분께 드리던 찬양(4,11)보다 더 길다. '권능과 영예와 영광'에 '부, 지혜, 힘, 찬미'가 덧붙어 일곱 찬양이 됨으로써 완전한 찬양이 되었다. 묵시 7,12에서는 '부'만 '감사'로 바뀌어 하느님께 바쳐진다.

13 그리고 나는 하늘과 땅 위와 땅 아래와 바다에 있는 모든 피조물, 그 모든 곳에 있는 만물이 외치는 소리를 들었습니다.[14)]

"어좌에 앉아 계신 분과 어린양께
찬미와 영예와 영광과 권세가
영원무궁하기를 빕니다."

14 그러자 네 생물은 "아멘!" 하고 화답하고 원로들은 엎드려 경배하였습니다.[15)]

---

14) 천사들의 합창에 이어 요한은 어좌에 앉아 계신 분과 어린양을 다같이 찬양하는 모든 피조물의 외치는 소리를 듣는다. 천상과 지상과 지하, 그리고 여기에 바다까지 포함한 우주의 모든 영역에서 피조물 전체가 두 분을 찬양한다.

15) 이 찬가에 네 생물, 곧 창조된 세상을 천상에서 대표하는 네 커룹이 "아멘" 하고 화답하며, 원로들은 묵시 4,9-10에서처럼 엎드려 경배한다.

◆ **5장의 맺음말**: 전능하신 하느님은 당신이 창조하신 세상을 위해 처음부터 구원의 계획을 갖고 계셨다. 그런데 그분은 그 계획을 실현하시기 위해 대리자를 찾으셨다. 요한은 그 대리자가 바로 다윗의 후손 메시아로서 자기 목숨을 바치신 '살해된 어린양'이라고 밝힌다. 하느님은 십자가 위에서 당신의 권능을 드러내신다. 십자가에서 어린양의 피로 죄의 노예가 된 모든 이를 속량하시고 그들에게 구원을 베푸신다. 구원 사업을 계획하시고 주도하신 하느님과 그 사업을 온몸으로 실현하신 어린양은, 천상천하 모든 피조물에게서 최상의 찬미와 흠숭을 받아 마땅하다. 천상 전례를 장황하게 묘사하는 목적은 투쟁 중에 있는 지상의 그리스도인들에게 희망과 개선 의식을 심어주기 위함이다. 세상과 인간을 창조하신 하느님은 당신의 피조물을 악의 세력이 지배하는 것을 결코 용납하지 않으실 것이다. 오히려 어린양을 보내시어 세상의 완성과 인간의 구원을 반드시 성취하실 것이다.

처음 여섯 봉인[1]

6 1 나는 어린양이 일곱 봉인 가운데 하나를 뜯으시는 것을 보았습니다. 그리고 네 생물 가운데 하나가 천둥 같은 소리로 "오너라." 하고 말하는 것을 들었습니다.[2] 2 내가 또 보니, 흰말 한 마리가 있는데 그 위에 탄 이는 활을 가지고 있었습니다. 그는 화관을 받자, 승리자로서 더 큰 승리를 거두려고 나갔습니다.[3]

---

1) 6—11장은 크게 두 가지 주제를 다룬다. 하나는 갈등과 박해에 직면한 교회의 투쟁이고, 다른 하나는 교회의 적들에 대한 하느님의 심판이다. 5장에서 일곱 봉인을 풀고 안팎으로 글이 적힌 두루마리를 열 수 있을 뿐 아니라, 거기에 적힌 내용을 실현시킬 자격과 능력을 갖춘 유일한 분은 어린양으로 드러났다. 어린양은 유다 지파 다윗 가문에서 난 사자로서 일곱 뿔과 일곱 눈, 곧 완전한 힘과 통찰력을 갖추신 분이다. 6장에는 이 어린양이 처음 여섯 봉인을 여는 이야기가 나온다. 어린양이 처음 네 봉인을 열 때는 네 생물과 네 기사가 함께 등장한다. 네 생물은 4장에서 사자, 황소, 사람 얼굴, 독수리의 모습을 지닌 채 하느님의 어좌를 지키는 커룹들로 밝혀졌지만, 네 기사 환시 이야기는 묵시록에서 여기에 처음 나온다. 저자가 즈카 1,8; 6,1-8을 거룩한 독서로 재해석한 결과이다. 즈카르야서에서 네 병거를 끄는 말들은 이 세상을 살피고 민족들을 심판하는 임무를 띠고 파견된 하느님의 천사들이었다. 즈카 6,1-8에 묘사된 네 병거의 시찰은 바빌로니아 멸망의 전조였다. 그리고 네 병거를 끄는 말들의 색깔은 저마다 붉은색, 검은색, 흰색, 그리고 점박이였다. 묵시 6장에서는 즈카르야서의 병거가 말로 대체되고 말은 기사로 대체되었다. 그리고 말들의 색깔들이 일부 바뀌고 또 그 의미가 더욱 구체적으로 드러난다.

6,1 ← 즈카 6,1-8: 내가 다시 눈을 들어 보니, 두 산 사이에서 병거 넉 대가 나오고 있었다. 그 산들은 청동 산이었다. 첫째 병거는 붉은 말들이, 둘째 병거는 검은 말들이 끌고, 셋째 병거는 흰말들이, 넷째 병거는 점박이 말들이 끌고 있었다. 모두 건장한 말들이었다. 내가 나와 이야기하던 천사에게, "나리, 저것들은 무엇입니까?" 하고 물었다. 그러자 천사가 나에게 대답하였다. "이것들은 온 세상의 주님을 뵙고 나서 이제 길을 나서는 하늘의 네 바람이다. 검은 말들이 끄는 병거는 북쪽 땅으로 떠나고, 흰말들이 끄는 병거는 서쪽 땅으로 떠나고, 점박이 말들이 끄는 병거는 남쪽 땅으로 떠날 것이다." 건장한 말들이 그곳을 떠나 세상을 두루 돌아다니고 싶어 하자, 그 천사가 말하였다. "가서 세상을 두루 돌아다녀라." 그리하여 병거들은 세상을 두루 돌아다녔다. 천사가 나에게 소리쳐 말하였다. "보아라, 북쪽 땅으로 떠난 말들이 나의 영을 북쪽 땅에 편안히 자리 잡게 하였다."

6,2-7 ← 즈카 1,8: 내가 밤에 보니, 붉은 말을 탄 사람이 골짜기의 도금양나무 사이에 서 있었다. 그 사람 뒤에는 붉은 말들과 검붉은 말들과 흰말들이 서 있었다.

2) 어린양이 일곱 봉인 가운데서 첫째 봉인을 뜨으셨을 때 네 생물 가운데 하나가 천둥 같은 소리로 "오너라" 하고 말한다. "천둥 같은 소리"는 첫째 생물로 묘사된 사자의 포효를 떠올리게 하고, "오너라"는 재앙을 부르는 소리이다.

3) 먼저 흰말을 탄 기사가 활을 가지고 나타난다. 이 첫째 기사의 출현은 궁사들로 유명한 파르티아족의 침략을 뜻할 수 있다. 파르티아족은 로마 제국의 동쪽 경계를 위협하던 민족이있다. 첫째 기사는 화관을 받고 더 큰 승리를 거두려고 나간다. 흰색과 화관은 승리를 가리킨다. 흰색은 파르티아인들에게 신성한 색깔로 통했다.

3 어린양이 둘째 봉인을 뜯으셨을 때, 나는 둘째 생물이 "오너라." 하고 말하는 것을 들었습니다. 4 그러자 다른 붉은 말이 나오는데, 그 위에 탄 이는 사람들이 서로 살해하는 일이 벌어지도록 땅에서 평화를 거두어 가는 권한을 받았습니다. 그리하여 그는 큰 칼을 받았습니다.[4]

5 어린양이 셋째 봉인을 뜯으셨을 때, 나는 셋째 생물이 "오너라." 하고 말하는 것을 들었습니다. 내가 또 보니, 검은 말 한 마리가 있는데 그 위에 탄 이는 손에 저울을 들고 있었습니다.[5] 6 나는 또 네 생물 한가운데에서 나오는 어떤 목소리 같은 것을 들었습니다. "밀 한 되가 하루 품삯이며 보리 석 되가 하루 품삯이다. 그러나 올리브 기름과 포도주에는 해를 끼치지 마라."[6]

7 어린양이 넷째 봉인을 뜯으셨을 때, 나는 넷째 생물이 "오너라." 하고 말하는 것을 들었습니다. 8 내가 또 보니, 푸르스름한 말 한 마리가 있는데 그 위에 탄 이의 이름은 죽음이었습니다.[7] 그리고 그 뒤에는 저승이 따르고 있었습니다.[8] 그들에게는 땅의 사분의 일에 대한 권한이 주어졌으니, 곧 칼과 굶주림과 흑사병과 들짐승으로 사람들을 죽이는 권한입니다.[9]

---

[4] 어린양이 둘째 봉인을 뜯으셨을 때 둘째 생물이 똑같이 "오너라" 하고 말하자, 이번에는 붉은 말의 기사가 나타나 큰 칼을 받는다. 그에게는 땅에서 평화를 거두어 가는 권한이 주어지는데, 붉은색과 칼은 전쟁과 파괴를 뜻한다. 첫째 재앙과 이 둘째 재앙은 다같이 전쟁과 파괴를 나타내며 둘 사이에 분명한 구별이 없다.

6,5 ← **레위 26,26:** 내가 너희 양식을 끊어 버리면, 여자 열 명이 너희가 먹을 빵을 가마 하나에서 구워 낼 것이다. 그들이 그 빵을 저울에 달아 너희에게 나누어 주면, 그것을 먹어 보아야 너희가 배부르지 않을 것이다.

6,8 ← **에제 14,21:** 주 하느님이 이렇게 말한다. 그러니 내가 예루살렘에 네 가지 해로운 심판, 곧 칼과 굶주림과 사나운 짐승들과 흑사병을 보내어 사람과 짐승을 잘라 낼 때에는 어떻게 되겠느냐!

5) 어린양이 셋째 봉인을 뜯으셨을 때 셋째 생물이 "오너라" 하고 말하자, 검은 말의 기사가 손에 저울을 들고 나타난다. 검은색은 기근을 뜻한다. 저울은 양식이 조금밖에 남지 않았을 때 일정한 양을 재어서 먹거나 배급하기 위해서 필요하다(레위 26,26; 에제 4,16).

6) 하루 품삯은 한 데나리온인데, 밀 한 되, 보리 석 되가 한 데나리온이라면 물가가 평상시보다 여덟 배 이상 비싸다는 뜻이다. 올리브와 포도는 밀이나 보리 같은 곡식과는 달리 다년생 작물이다. 완전한 기근으로 징벌하지는 않겠다는 뜻이다. 다른 한편, 올리브 기름과 포도주는 새 세상의 행복을 상징하는 음식이므로(창세 8,11; 신명 8,8-9; 2열왕 18,31-32; 즈카 3,8-10) 기근에서 제외시켜 보존해 두어야 한다.

7) 푸르스름한 색은 주검과 죽을 병의 빛깔이다. "죽음"으로 옮긴 그리스어 '타나토스' θάνατος는 흑사병이라는 뜻도 있다(묵시 2,23; 18,8).

8) "저승"으로 옮긴 그리스어 '하데스' ᾅδης는 히브리어의 '셔올' שְׁאוֹל처럼 죽은 자들의 거처이다. 저승은 흑사병으로 죽은 자들을 삼킨다.

9) 이 네 기사들에게는 지상 주민의 사분의 일을 칼·굶주림·흑사병·들짐승으로 죽일 수 있는 권한이 주어졌다. 죽음을 가져오는 이 네 가지 재앙은 에세 14,21에서 따온 것이다. 이 재앙들은 세상과 인간 역사에 대한 하느님의 주권과 통치에 사람들이 반기를 든 결과이지, 하느님이 끌어들이신 것이 결코 아니다.

9 어린양이 다섯째 봉인을 뜯으셨을 때, 나는 하느님의 말씀과 자기들이 한 증언 때문에 살해된 이들의 영혼이 제단 아래에 있는 것을 보았습니다.[10] 10 그런데 그들이 큰 소리로 외쳤습니다. "거룩하시고 참되신 주님, 저희가 흘린 피에 대하여 땅의 주민들을 심판하고 복수하시는 것을 언제까지 미루시렵니까?"[11] 11 그러자 그들 각자에게 희고 긴 겉옷이 주어졌습니다. 그리고 그들은 자기들처럼 죽임을 당할 동료 종들과 형제들의 수가 찰 때까지 조금 더 쉬고 있으라는 분부를 받았습니다.[12]

12 어린양이 여섯째 봉인을 뜯으셨을 때에 나는 보았습니다. 큰 지진이 일어나고, 해는 털로 짠 자루옷처럼 검게 되고 달은 온통 피처럼 되었습니다.[13] 13 하늘의 별들은 무화과나무가 거센 바람에 흔들려 설익은

---

10) 다섯째 봉인의 개봉은 하느님의 말씀에 순종하고 예수님의 죽음과 부활을 증언하기 위해 자신들의 목숨을 바친 순교자들의 운명과 관련 있다. 그들의 영혼은 하느님의 현존을 가리키는 천상 제단 밑에 있으니 더없이 안전하다. 레위 4,7; 17,11에 보면 성전의 제단 위에서는 희생 제물을 태워 바치고 제단 밑에는 제물의 생명인 피를 뿌리도록 되어 있다. 묵시록 당대의 라삐들은 천상에서 의인들의 영혼이 제단 밑에 있을 것이라고 믿었다.

11) 순교자들은 자신들에게 피를 흘리게 한 땅의 주민들을 심판하고 복수하는 일을 미루지 마시라고 외친다(참조: 루카 11,50-51; 히브 12,24). 이는 하느님의 정의에 대한 호소이다. 그들은 개인적 복수심에서가 아니라 하느님의 정의로운 심판에 대한 믿음에서 이런 호소를 하는 것이다(로마 12,19).

12) 순교자들에게는 승리와 영광을 상징하는 흰옷이 주어진다(다니 7,9). 유다교와 초기 그리스도교 문헌에 따르면, 순교자들에게 흰옷은 순교하자마자 곧바로 주어지는 영적인 몸을 말한다. 다른 믿는 이들에게는 이 흰옷이 마지막 심판 이후에야 주어지는 것으로 되어 있다. 순교자들에게는 또

6,9 ← 레위 4,7: 사제는 또 그 피에서 얼마를 만남의 천막 안 주님 앞에 있는, 향기로운 향을 피우는 분향 제단의 뿔들에 바르고, 황소의 나머지 피는 모두 만남의 천막 어귀에 있는 번제 제단 밑바닥에 쏟는다.

6,10 ← 로마 12,19: 사랑하는 여러분, 스스로 복수할 생각을 하지 말고 하느님의 진노에 맡기십시오. 성경에서도 "복수는 내가 할 일, 내가 보복하리라"(신명 32,35의 자유로운 인용) 하고 주님께서 말씀하십니다.

6,12 ← 요엘 3,4: 그 크고 두려운 주님의 날이 오기 전에 해는 어둠으로, 달은 피로 바뀌리라.

동료 순교자들의 수가 찰 때까지 조금 더 안식을 누리라는 분부가 내려진다. 묵시록 곳곳에서 순교자들은 순교하는 그 순간부터 곧바로 평화로운 안식을 누린다는 말이 나온다(7,9-17; 12,10-11; 14,1-5.13-14; 15,2-4; 19,4; 20,4-6). 후기 유다이즘에서는 의인들의 수가 완전히 채워질 때 비로소 종말이 올 것이라는 견해가 있었다. 묵시록의 저자는 여기서 구원된 이들의 수가 미리 정해졌다는 예정론을 제시하려는 것이 아니라 아직도 더 많은 순교자들이 나올 것이라는 사실을 지적할 따름이다.

13) 여섯째 봉인의 개봉에 맞추어 묵시문학의 전형적 특징인 우주적 재앙이 일어난다. 이 대목은 내용상 공관 복음의 묵시 대목(마르 13장; 마태 24장; 루카 21장)과 병행하지만, 그 표상들은 구약성경의 예언서들, 특히 이사야서에서 따왔다. 큰 지진은 전통적 묵시문학의 단골 메뉴이다(에제 38,19; 참조: 이사 2,19). 아시아 속주에는 지진이 잦았다. 기원후 17년에 일어난 대지진은 아시아 속주의 열두 도시를 피괴히였다. 해 달 별들의 변화도 마찬가지다. 해는 검은 염소의 털로 짠 자루옷처럼 검게 되고 달은 핏빛으로 물든다(참조: 요엘 3,4).

열매가 떨어지듯이 땅으로 떨어졌습니다. 14 하늘은 두루마리가 말리듯 사라져 버리고, 산과 섬은 제자리에 남아 있는 것이 하나도 없었습니다.[14] 15 그러자 땅의 임금들과 고관들과 장수들과 부자들과 권력가들, 또 종과 자유인도 모두 동굴과 산 바위틈에 몸을 숨기고, 16 산과 바위를 향하여 말하였습니다. "우리 위로 무너져, 어좌에 앉아 계신 분의 얼굴과 어린양의 진노를 피할 수 있도록 우리를 숨겨 다오.[15] 17 그분들의 진노가 드러나는 중대한 날이 닥쳐왔는데, 누가 견디어 낼 수 있겠느냐?"[16]

---

14) 하늘은 두루마리가 말리듯 사라져 버린다(이사 34,4 참조). 산과 섬도 사라진다(묵시 16,20).

15) 사회 각계 각층의 지도자들과 권력가들, 그리고 종이건 자유인이건 그리스도인들을 박해하던 자들은 누구나 동굴과 바위 틈에 몸을 숨기고(이사 2,10.19) 산과 바위를 향하여 자기네 위로 무너져 어좌에 앉으신 하느님의 얼굴과 어린양의 진노를 피할 수 있도록 해 달라고 요청한다. 하느님의 진노를 대면하기보다는 차라리 죽는 게 낫다. 이 같은 생각은 호세 10,8(루카 23,30에 인용됨)에도 나온다.

16) 어좌에 앉으신 분과 어린양의 "진노가 드러나는 중대한 날"은 일곱 봉인의 개봉과 맞추어 이렇게 닥친다. 이 '진노의 날'은 하느님께서 개입하시어 집행하실 정의로운 심판의 때(시편 110,5; 에제 7,1-9; 요엘 2,11; 스바 1,14-15; 2,2-3; 로마 2,5)를 가리키며, 이는 앞에서 순교자들이 요청한 바이기도 하다.

◆ **6장의 맺음말**: 어린양이 일곱 봉인을 하나하나 열 때마다 재앙이 터져 나온다. 저자는 6장에서 여섯 봉인의 개봉에 맞추어 쏟아져 나오는 재앙들을 소개한 다음, 한숨 돌리고 나서 8장에 가서야 일곱째 봉인과 일곱째 재

6,13-14 ← 이사 34,4: 하늘의 군대는 모두 없어지고 하늘은 두루마리처럼 말리며 그 군대는 모두 시들리니 포도 잎이 시들 듯, 무화과나무에서 열매가 시들 듯하리라.

6,13 ← 하까 2,6: 머지않아 나는 다시 하늘과 땅 바다와 뭍을 뒤흔들리라.

6,16 ← 이사 2,10.19: 너희는 주님에 대한 공포와 그분의 영광스러운 위엄을 피하여 바위 속으로 들어가고 먼지 속에 몸을 숨겨라. … 주님께서 세상을 경악케 하시려 일어나실 때 너희는 그분에 대한 공포와 그분의 영광스러운 위엄을 피하여 바위 굴 속으로, 땅굴 속으로 들어가거라.

6,16 ← 호세 10,8: 그때에 그들은 산들에게 "우리를 덮쳐 다오!", 언덕들에게 "우리 위로 무너져 다오!" 하고 말하리라.

6,17 ← 시편 110,5-6: 주님께서 당신의 오른쪽에 계시어 진노의 날에 임금들을 쳐부수시리이다. 그분께서 민족들을 심판하시어 온통 주검들로 채우시고 넓은 들 위에서 머리를 쳐부수시리이다.

6,17 ← 요엘 2,11: 주님께서 당신 군대 앞에서 크게 소리를 지르신다. 정녕 그분의 군대는 많기도 하고 그분의 명령을 수행하는 이는 막강하기도 하구나! 정녕 주님의 날은 큰 날 너무도 무서운 날 누가 그날을 견디어 내랴?

6,17 ← 로마 2,5: 그대는 회개할 줄 모르는 완고한 마음으로, 하느님의 의로운 재판이 이루어지는 진노와 계시의 날에 그대에게 쏟아질 진노를 쌓고 있습니다.

앙에 대해 묘사하기 시작한다. 6장의 마지막 질문, "누가 견디어 낼 수 있겠느냐?"에 대한 답변은 7장에서 주어진다. 6장의 재앙들은 대체로 공관복음의 묵시 대목(마르 13,3-27; 마태 24,3-31; 루카 21,7-28)에 나오는 사건들을 순서에 맞추어 나열한 것이다: 전쟁, 민족들끼리의 분쟁, 지진, 기근, 전염병, 천체의 동요 등. 그러면서도 그 재앙들을 묘사할 때 이용한 기본 골격과 표상들은 구약성경의 예언서들에서 끌어낸 것이다.

하느님의 백성인 교회[1]

7 1 그다음에 나는 네 천사가 땅의 네 모퉁이에 서서 땅의 네 바람을 붙잡고서는 땅에도 바다에도 그 어떤 나무에도 바람이 불지 못하게 하는 것을 보았습니다.[2] 2 나는 또 다른 한 천사가 살아 계신 하느님의 인장을 가지고 해 돋는 쪽에서 올라오는 것을 보았습니다.[3] 그가 땅과 바다를 해칠 권한을 받은 네 천사에게 큰 소리로 외쳤습니다. 3 "우리가 우리 하느님의 종들의 이마에 인장을 찍을 때까지 땅도 바다도 나무도 해치지 마라."[4]

---

1) 6장에서 어린양은 처음 여섯 봉인을 뜯고, 마지막 일곱째 봉인은 8장에서 뜯는다. 두 봉인의 개봉 사이에 요한은 두 가지 환시, 곧 네 천사의 환시(1-8절)와 개선한 무리의 환시(9-17절)를 끼워넣는다. 두 환시는 주님께서 당신 백성을 닥쳐올 재앙과 심판에서 안전하게 보호하시겠다는 구원 의지를 명백하게 드러내신 것으로 볼 수 있다. 첫째 환시에는 결정적 심판과 구원의 때를 알리는 마지막 봉인을 열기 직전에, 하느님께서 당신 백성인 교회를 구성하는 당신 종들의 이마에 구원의 인장을 찍어 주시는 내용이 나온다(1-8절). 둘째 환시는 하느님의 종들이 구원의 인장을 받기 위해 무슨 일을 했는가를 밝힌다(9-17절).

2) 요한은 네 천사가 땅의 네 모퉁이에 서서 네 바람을 붙잡고 있는 환시를 본다. 네 천사는 하느님의 명을 받아 곧 세상에 재앙을 내리려 하고 있었다. 당대의 우주관에 따라 저자는 지구를 네 귀퉁이가 있는 정사각형으로 생각한다(참조: 이사 11,12; 에제 7,2). 유다교 전승에 따르면 땅의 네 귀퉁이에서 불어오는 바람은 측면에서 불어오는 바람과는 달리 큰 피해를 입힌다.

3) 네 천사가 네 모퉁이에서 재앙의 바람을 붙잡고 있을 때 또 다른 천사

7,1 ← 이사 11,12: 그분께서는 민족들에게 깃발을 올리시어 사방의 땅으로부터 쫓겨난 이스라엘 사람들을 모으시고 흩어진 유다 사람들을 모아들이시리라.

7,2 ← 에제 43,2: 보라, 이스라엘 하느님의 영광이 동쪽에서 오는 것이었다. 그 소리는 큰 물이 밀려오는 소리 같았고, 땅은 그분의 영광으로 빛났다.

7,3 ← 2코린 1,21-22: 우리를 여러분과 함께 그리스도 안에서 굳세게 하시고 우리에게 기름을 부어 주신 분은 하느님이십니다. 하느님께서는 또한 우리에게 인장을 찍으시고 우리 마음 안에 성령을 보증으로 주셨습니다.

7,3 ← 에제 9,4.6: 너는 저 도성 가운데로, 예루살렘 가운데로 돌아다니면서, 그 안에서 저질러지는 그 모든 역겨운 짓 때문에 탄식하고 괴로워하는 사람들의 이마에 표를 해 놓아라. … 늙은이도 젊은이도, 처녀도 어린아이도 아낙네도 다 죽여 없애라. 그러나 이마에 표가 있는 사람은 아무도 건드리지 마라. 내 성전에서부터 시작하여라.

가 하느님의 인장을 가지고 해 돋는 쪽에서 올라온다. 이는 하느님의 영광이 동쪽에서 온다고 말하는 에제 43,2을 일깨워 준다. 메시아도 동쪽에서 올 것으로 여겼다(마태 2,1-2). "하느님의 인장"은 두 가지를 표시한다. 하나는 하느님께 속한다는 것이고, 다른 하나는 그분에게 구원받는다는 것이다. 그러나 이 두 가지는 서로 배제되지 않는다. 2코린 1,21-22에 나오는 것처럼 초대 교회에서는 세례를 가리킬 때 인장 또는 인호라는 말을 사용하였다. 세례로써 그리스도인은 하느님의 자녀가 되어 그분에게 소속되는 동시에 구원의 보증을 받는다.

 4) 이 새로운 천사는 하느님의 뜻을 큰 소리로 알린다. 하느님 종들의 이마에 구원의 인장을 찍을 때까지 재앙이 땅과 바다를 덮쳐서는 안 된다는 것이다(에제 9,4.6; 참조: 묵시 3,12; 22,4). 고동의 임금들은 반지에 세긴 인장을 문서나 물건에 찍어 그것들을 자기 소유로 만들었다. 이마에 하느님의 인장을 받은 이들은 하느님께 속하고 그분의 권능과 보호 아래에 있게 된다.

4 나는 인장을 받은 이들의 수가 십사만 사천 명이라고 들었습니다. 인장을 받은 이들은 이스라엘 자손들의 모든 지파에서 나온 사람들이었습니다.[5]

5 이렇게 인장을 받은 이들은
유다 지파에서 만 이천 명[6]
르우벤 지파에서 만 이천 명
가드 지파에서 만 이천 명
6 아세르 지파에서 만 이천 명
납탈리 지파에서 만 이천 명
므나쎄 지파에서 만 이천 명
7 시메온 지파에서 만 이천 명
레위 지파에서 만 이천 명
이사카르 지파에서 만 이천 명

---

5) 144,000 = 12×12×1,000. 앞의 12는 이스라엘의 열두 지파, 뒤의 12는 열두 사도를 가리킨다. 초대 그리스도교에서 교회는 옛 이스라엘을 계승하는 새 이스라엘이다(참조: 로마 9—11장; 갈라 6,16; 에페 2,11-22; 1베드 2,9). 완전 수 12의 제곱은 열두 사도의 기초 위에 세워진 그리스도 교회가 열두 지파로 구성된 옛 이스라엘을 완벽하게 계승한다는 뜻이다. 1,000은 하느님께 속한 숫자이면서 상상을 초월하는 큰 수를 가리킨다. 따라서 144,000(묵시 14,1-5 참조)은 교회를 통하여 엄청나게 많은 무리가 하느님께 소속되어 구원받게 될 것이라는 뜻이지, 사이비 종파에서 주장하듯 구원받을 사람들이 144,000으로 한정된다는 뜻이 아니다. 천지 창조부터 종말까지 구원받을 인간의 숫자가 겨우 144,000뿐이라면 하느님의 구원 사업은 완전히 실패한 것이 되고 만다.

7,4 ← 갈라 6,16: 이 법칙을 따르는 모든 이들에게, 그리고 하느님의 백성 이스라엘에게 평화와 자비가 내리기를 빕니다.

7,4 ← 1베드 2,9: 그러나 여러분은 "선택된 겨레고 임금의 사제단이며 거룩한 민족이고 그분의 소유가 된 백성입니다. 그러므로 여러분은" 여러분을 어둠에서 불러내어 당신의 놀라운 빛 속으로 이끌어 주신 분의 "위업을 선포하게 되었습니다."

6) 이집트를 탈출한 이스라엘 백성이 약속의 땅을 향하여 광야를 행진하는 모습을 장엄하게 묘사하기 위해 민수기 저자는 열두 지파 목록을 일곱 번이나 소개한다(민수 1,5-15; 1,20-43; 2,3-29; 7,12-83; 13,4-15; 26,5-50; 34,19-28). 묵시록의 저자가 열두 지파를 숫자와 더불어 일일이 열거하는 이유도 마찬가지다. 이 열거는 단순하고 의미 없는 반복이 아니다. 저자는 출애굽 공동체를 계승하는 새 이스라엘이 이마에 구원의 인장을 받고 한님의 늪을 통과하여 영원한 생명을 누릴 천상 예루살렘에 모여드는 모습을 장엄하게 그리려 한 것이다.

8   즈불룬 지파에서 만 이천 명
    요셉 지파에서 만 이천 명이었고
    벤야민 지파에서도 만 이천 명이 인장을 받았습니다.[7]

선택된 이들의 무리인 교회[8]

9 그다음에 내가 보니, 아무도 수를 셀 수 없을 만큼 큰 무리가 있었습니다. 모든 민족과 종족과 백성과 언어권에서 나온 그들은, 희고 긴 겉옷을 입고 손에는 야자나무 가지를 들고서 어좌앞에 또 어린양 앞에 서 있었습니다.[9] 10 그들이 큰 소리로 외쳤습니다.

---

[7] 인장을 받은 이들의 수는 이스라엘 각 지파에서 만 이천 명씩 모두 십사만 사천 명이다. 이들은 이스라엘의 열두 지파에서 그리스도를 받아들인 유다인들이다. 요한이 나열한 지파의 목록을 보면 두 가지가 특이하다. 하나는 메시아가 나오기로 된 유다 지파가 첫째 자리를 차지한다는 것이고(참조: 창세 49,9-10; 묵시 5,5), 다른 하나는 하느님께 불충한 단 지파(판관 18장)가 빠진 대신(1역대 4—7장에도 빠짐) 요셉 지파와 더불어 므나쎄 지파가 따로 들어선다는 것이다. 본디 므나쎄는 요셉의 아들이므로 논리적으로 요셉 지파와 므나쎄 지파가 함께 들어가서는 안 된다. 단 지파가 빠진 이유는 이 지파에서 반그리스도가 나타나리라는 묵시문학적 속설 때문일 것이다. 한편 요셉의 다른 아들 에프라임이 이 목록에서 빠져 있는데, 에제 37,16.19에 보면 에프라임 지파와 요셉 지파가 동일시되고 있다. 이 전통에 따라 위의 목록에서 므나쎄 지파와 요셉 지파가 같이 나온 것 같다.

7,9 ← 1마카 13,51: 백칠십일년 둘째 달 스무사흗날에 유다인들은 야자나무 가지를 들고서 찬미를 드리고, 비파와 자바라와 수금에 맞추어 찬미가와 노래를 부르며 그 안으로 들어갔다. 큰 적이 망하여 이스라엘에서 쫓겨났기 때문이다.

7,9 ← 즈카 14,16: 그러면 예루살렘을 치러 온 모든 민족들 가운데에서 살아남은 자들이 모두, 임금이신 만군의 주님을 경배하러 해마다 올라와서 초막절을 지낼 것이다.

---

8) 9절의 "큰 무리"는 십사만 사천과 다른 무리인가 아니면 같은 무리인가? 학자들 사이에서 이 문제를 두고 논란이 많았으나, 같은 무리로 보는 견해가 우세하다. 이 경우에도 두 가지를 생각할 수 있는데, 하나는 유다인들과 이방인들로 구성된 초대 그리스도 교회이고, 다른 하나는 순교자들이다. 또는 둘을 합하여 순교자들을 포함한 그리스도인들로 볼 수도 있다. 그들은 이제 하느님과 어린양에게 소속되어 그분들 앞에서 행복한 천상 전례에 참여하고 있다.

9) "야자나무 가지"는 흰옷과 더불어 승리와 기쁨을 상징한다(1마카 13,51; 2마카 10,7). 또한 야자나무 가지는 초막절을 떠올리게 한다. 이스라엘은 마지막 수확물인 포도와 올리브를 거두는 음력 9월에 야자나무 가지로 초막을 짓고 가장 대중적 축제인 초막절을 성대하게 지냈다. 즈카 14,16-19에서 이 초막절은 메시아 시대의 축제로 자리 잡는다. 요한이 본 환시는 하느님 백성의 참대표자들인 순교자들이 천상에서 승리의 기쁨의 축제를 지내는 광경이다. "모든 민족과 종족과 백성과 언어권"은 5,9 각주 11번을 참조하라.

"구원은 어좌에 앉아 계신 우리 하느님과
어린양의 것입니다."[10)]
11 그러자 모든 천사가 어좌와 원로들과 네 생물 둘레에 서 있다가, 어좌 앞에 얼굴을 땅에 대고 엎드려 하느님께 경배하며 12 말하였습니다.
"아멘.
우리 하느님께
찬미와 영광과 지혜와
감사와 영예와 권능과 힘이
영원무궁하기를 빕니다. 아멘."[11)]

13 그때에 원로 가운데 하나가, "희고 긴 겉옷을 입은 저 사람들은 누구이며 어디에서 왔느냐?" 하고 나에게 물었습니다. 14 "원로님, 원로님께서 알고 계시지 않습니까?" 하고 내가 대답하였더니, 그가 나에게 말하였습니다. "저 사람들은 큰 환난을 겪어 낸 사람들이다. 저들은 어린양의 피로 자기들의 긴 겉옷을 깨끗이 빨아 희게 하였다.[12)]
15 그래서 그들은 하느님의 어좌 앞에 있고
그분의 성전에서 밤낮으로 그분을 섬기고 있다.
어좌에 앉아 계신 분께서 그들을 덮는 천막이 되어 주실
것이다.[13)]

---

10) 유다인들은 초막절에 손에 야자나무 가지를 들고 시편 118편을 노래하면서 성전 안으로 행렬을 지어 들어간다. 순교자들이 외치는 소리, "구원은 어좌에 앉아 계신 우리 하느님과 어린양의 것입니다"는 시편 118,25의 간청, "아, 주님, 구원을 베푸소서"에 대한 응답으로 이해할 수 있다. 이 응답에서 순교자들은 구원과 승리의 원천과 주체가 자신들이 아니라 하느님과 어린양이심을 분명히 밝힌다.

7,14 ← 다니 12,1: 그때에 네 백성의 보호자 미카엘 대제후 천사가 나서리라. 또한 나라가 생긴 이래 일찍이 없었던 재앙의 때가 오리라. 그때에 네 백성은, 책에 쓰인 이들은 모두 구원을 받으리라.

11) 5,11에 언급된 수없이 많은 천사들도 천상 전례에 동참한다. 그들은 먼저 순교자들의 기도에 아멘으로 응답하고 자기네 기도도 덧붙인다. 천사들이 덧붙인 12절의 찬송 기도는 어린양을 찬미했던 5,12의 기도와 대동소이하다. 이 천상 전례는 봉인들의 개봉 과정에서 정점을 이룬다.

12) '희고 긴 겉옷을 입은 사람들'은 누구인가? 그들은 큰 환난을 겪어낸 사람들로서 어린양의 피로 자기네 긴 겉옷을 깨끗이 빨아 희게 하였다. "큰 환난"은 종말의 전주곡으로(3,10; 다니 12,1; 마태 24,21; 마르 13,19) 그리스도인들에게 박해라는 시련으로 다가온다. 붉은 피로 옷을 빨아 희게 만든다는 것은 모순이요 역설이다. 그러나 이 역설은 신약성경의 일관된 신학사상을 표현한다. 하느님 앞에 설 수 있는 사람들은 그리스도의 희생적 십자가 죽음으로 속량된 사람들이지만, 그들 편에서도 노력이 필요하다. 어린양의 피로 자기 옷을 빨아야 한다. 여기서 옷은 자신의 죄스런 삶을 가리킬 수 있다. 신약성경에서 "어린양의 피"나 "그리스도의 피"(1코린 10,16; 에페 1,7; 2,13; 히브 9,14; 1베드 1,19), 또는 "예수님의 피"(히브 10,19; 1베드 1,2; 1요한 1,7)는 그리스도의 속죄 죽음을 가리킨다. 생명이 서려 있는 피는 속죄의 능력이 있다(레위 17,11; 묵시 5,9). 하느님과 어린양의 편에서 본 승리의 개념은 우리의 그것과 완전히 다르다. 하느님과 어린양의 승리는 수난과 죽음을 감수함으로써 얻는 것이지 남을 해치고 죽임으로써 얻는 것이 아니다.

13) 천상 초막절 축제에서 순교자들은 자신들의 초막을 지을 필요가 없다. 하느님이 그들의 초막이 되어 그들을 덮어 주실 것이기 때문이다.

16[14)] 그들이 다시는 주리지도 목마르지도 않을 것이며
     해도 그 어떠한 열기도 그들에게 내리쬐지 않을 것이다.
17   어좌 한가운데에 계신 어린양이 목자처럼 그들을 돌보시고
     생명의 샘으로 그들을 이끌어 주실 것이며
     하느님께서는 그들의 눈에서 모든 눈물을 닦아 주실 것이다."[15)]

---

14) 16-17절은 유배에서 풀려난 행복한 귀환자들을 두고 노래하는 이사 49장에서 끌어온 내용이다(49,10; 참조: 25,8). '어린양이 목자가 되신다' 는 표현도 또 다른 아름다운 역설이다.

15) 마침내 "하느님께서는 모든 사람의 얼굴에서 눈물을 닦아 내"실 것이다(이사 25,8). 이 말씀은 이 책의 마지막 부분(21,4)에 다시 나온다.

7,17 ← **이사 49,10**: 그들은 배고프지도 않고 목마르지도 않으며 열풍도 태양도 그들을 해치지 못하리니 그들을 가엾이 여기시는 분께서 그들을 이끄시며 샘터로 그들을 인도해 주시기 때문이다.

7,17 ← **이사 25,8**: 그분께서는 죽음을 영원히 없애 버리시리라. 주 하느님께서는 모든 사람의 얼굴에서 눈물을 닦아 내시고 당신 백성의 수치를 온 세상에서 치워 주시리라.

◆ **7장의 맺음말**: 엄청난 재앙을 예고하는 일곱째 봉인을 열기에 앞서 요한은 어린양의 희생적 죽음에 힘입어 박해와 시련을 이겨내고 승리한 이들에 관한 환시를 소개한다. 그들은 옛 이스라엘을 계승한 그리스도 교회의 수많은 성도들, 특히 어린양의 피로 자기 삶을 정화시킨 순교자들이다. 성도들은 밤낮으로 계속되는 천상 예배에 완전히 동참하는데(3,12; 4,8) 하느님 친히 그들의 눈에서 모든 눈물을 닦아 주시며 그들을 위로하신다.

일곱째 봉인과 금 향로[1]

8 1 어린양이 일곱째 봉인을 뜯으셨을 때, 하늘에는 반 시간가량 침묵이 흘렀습니다.[2] 2 그리고 나는 하느님 앞에 일곱 천사가 서 있는 것을 보았는데,[3] 그들에게 일곱 나팔이 주어졌습니다.

3 다른 천사 하나가 금 향로를 들고 나와 제단 앞에 서자, 많은 향이 그에게 주어졌습니다.[4] 모든 성도의 기도와 함께 어좌 앞 금 제단에 바치라는 것이었습니다. 4 그리하여 천사의 손에서 향 연기가 성도들의 기도와 함께 하느님 앞으로 올라갔습니다.[5] 5 그 뒤에 천사는 향로를 가져다가 제단의 숯불을 가득 담아 땅에 던졌습니다. 그러자 천둥과 요란한 소리와 번개와 지진이 일어났습니다.[6]

---

1) 일곱째 봉인은 종말을 시사한다. 어린양이 일곱째 봉인을 뜯자 하느님 앞에 서 있는 일곱 천사가 차례로 나팔을 불기 시작한다. 나팔은 하느님의 심판을 예고한다(이사 27,13; 요엘 2,1; 스바 1,16; 마태 24,31; 1코린 15,52; 1테살 4,16). 나팔을 불 때마다 재앙이 터져 나온다.

2) "침묵"의 의미는 여러 가지다. ① 성도들의 기도(3-5절)가 어전에 들리도록 하기 위해, ② 유다교 전승은 창조 이전에 태초의 침묵만 있었다고 하는데 이 침묵의 재현, ③ 하느님 현현顯現의 전조前兆(욥 4,16; 스바 1,7; 즈카 2,17), ④ 천상 전례 중의 침묵, ⑤ 하느님의 위대하심은 침묵으로 선포된다는 사실을 강조하기 위해서 등이다. 그러나 단순하게, 폭풍 전야의 고요함처럼 대 재앙에 앞서 공포 분위기를 고조시키는 고요함으로 볼 수 있다.

3) 1에녹 20,1의 그리스어 본문(에티오피아 본문은 여섯)을 보면 하느님을 모시는 일곱 대천사의 이름이 우리엘, 라파엘, 라구엘, 미카엘, 사리엘, 가브리

8,2 ← 요엘 2,1: 너희는 시온에서 뿔 나팔을 불고 나의 거룩한 산에서 경보를 울려라. 땅의 모든 주민이 떨게 하여라. 주님의 날이 다가온다. 정녕 그날이 가까웠다.

8,2 ← 스바 1,16: 견고한 성읍과 드높은 망대를 향하여 뿔 나팔 소리와 전쟁의 함성이 터지는 날이다.

8,2 ← 1테살 4,16: 명령의 외침과 대천사의 목소리와 하느님의 나팔 소리가 울리면, 주님께서 친히 하늘에서 내려오실 것입니다. 그러면 먼저 그리스도 안에서 죽은 이들이 다시 살아나고 …

엘, 그리고 르미엘로 소개된다(4,5 각주 7 참조). 이름 안에 엘(하느님)이 들어간 것에 유의해야 한다. 여기서는 하느님의 '일곱 영'(1,4; 4,5)과 '일곱 교회의 천사들'(1,20)을 가리킬 수 있다. 유다교 전승에서는 천사들이 다리가 없기 때문에 서 있을 수밖에 없다. 또 유다인들의 사고 방식으로는 하느님 앞에서 앉아 있는 것은 큰 불경이다.

4) 다른 천사(7,2; 10,1; 14,6.8-9; 18,1)의 자리는 제단 앞이다. 여기서는 번제 제단(6,9)이 아니라 분향 제단 앞이다. 그러나 요한의 환시에서 한 제단이 이중 구실을 한다. 번제도 바치고 분향기도도 올린다. 이 천사에게 향이 주어졌다는 것은 그에게 사제 역할이 맡겨졌다는 뜻이다. 14,18에서 이 천사는 "불에 대한 권한을 지닌" 천사이다.

5) 이 천사는 6,10의 순교자들의 기도를 분향과 함께 하느님께 올린다.

6) 순교자들의 기도는 응답이 되어 땅에 돌아온다. "천둥과 요란한 소리와 번개와 지진"이 심판의 징조들이다. 하느님은 지체하지 않으시고 응답하신다. 그런데 그분의 응답은 왜 늦게만 느껴질까? 우리의 시간과 그분의 시간이 다르기 때문이다(2베드 3,8).

처음 네 나팔[7]

6 그때에 나팔을 하나씩 가진 일곱 천사가 나팔을 불 준비를 하였습니다.

7 첫째 천사가 나팔을 불자, 피가 섞인 우박과 불이 생겨나더니 땅에 떨어졌습니다. 그리하여 땅의 삼분의 일이 타고 나무의 삼분의 일이 타고 푸른 풀이 다 타 버렸습니다.[8]

8 둘째 천사가 나팔을 불자, 불타는 큰 산과 같은 것이 바다에 던져졌습니다. 그리하여 바다의 삼분의 일이 피가 되고,[9] 9 생명이 있는 바다 피조물의 삼분의 일이 죽고 배들의 삼분의 일이 부서졌습니다.

---

[7] 하느님 앞의 일곱 천사는 천상의 신호를 기다리고 있다가, 천둥, 번개, 지진이 일어나자 저마다 차례로 자기 나팔을 불기 시작한다. 그리고 나팔 소리와 더불어 재앙이 터져 나온다. 이 재앙은 모세가 일으킨 이집트 재앙들과 엇비슷하다(101쪽 표 참조).

[8] 첫째 재앙은 피가 섞인 우박과 불인데 이집트의 일곱째 재앙에 해당한다(탈출 9,13-35). 이 재앙으로 땅과 나무 삼분의 일과 푸른 풀이 다 타 버렸다. 넷째 봉인을 개봉할 때는 땅의 사분의 일이 파괴되었다(6,8).

[9] 둘째 재앙은 불타는 큰 산과 같은 것이 바다에 던져져 바다가 피로 변하여 죽는 것이다. 이는 이집트의 첫째 재앙(탈출 7,14-25)에 해당한다. "불타는 큰 산"은 외경 에녹 1서에서 영감을 받은 것 같다(외경 1에녹 18,13; 21,3). 예레미야서에 보면 주님께서는 '파괴적인 산' 이던 바빌론을 "불에 탄 산"으로 만드신다(예레 51,25). 새 이스라엘에 적대적인 로마는 옛 이스라엘을 괴롭히던 이집트도 되고 바빌론도 된다. 79년 베수비우스 화산이 폭발하자 용암이 폼페이를 삼켜버렸고 나폴리의 배들을 불태웠다.

8,8 ← 외경 1에녹 18,13: 나는 불타는 큰 산과 같은 일곱 별들이 깊은 구덩이에 있는 것을 보았다.

8,8 ← 외경 1에녹 21,3: 나는 그 안에서 큰 산과 같고 불에 타고 있는 것 같은 하늘의 일곱 별을 보았다.

8,8 ← 예레 51,25: 온 세상을 무너뜨리는 파괴자 산아 내가 너에게 맞서리라. 주님의 말씀이다. 내 팔을 네 위에 펼쳐 너를 바위에서 굴려 내리고 너를 불에 탄 산으로 만들리라.

나팔 재앙	이집트 재앙	대접 재앙
나팔 1: 묵시 8,6-7 우박·불	재앙 7: 탈출 9,13-35 우박·번개	대접 7: 묵시 16,17-21 천둥·우박
나팔 2: 묵시 8,8-9 피바다	재앙 1: 탈출 7,17-25 모든 물 → 피	대접 2: 묵시 16,3 피바다
나팔 3: 묵시 8,10-11 쓴 물	재앙 1: 탈출 7,17-25 모든 물 → 피	대접 3: 묵시 16,4-7 피의 물
나팔 4: 묵시 8,12 어둠	재앙 9: 탈출 10,21-23 어둠	대접 5: 묵시 16,10 어둠
나팔 5: 묵시 9,1-11 메뚜기	재앙 8: 탈출 10,12-20 메뚜기 (요엘 1,6—2,5)	
	재앙 6: 탈출 9,8-12 종기	대접 1: 묵시 16,2 종기
	재앙 2: 탈출 7,26—8,11 개구리	대접 6: 묵시 16,12-16 개구리
나팔 6: 묵시 9,13-21 (유프라테스 적군)		대접 6: 묵시 16,12-16 (유프라테스 적군)
		대접 4: 묵시 16,8-9 태우는 불
	재앙 3: 모기	
	재앙 4: 등에	
나팔 7: 묵시 11,15-19 천상 예배	재앙 5: 가축병	

10 셋째 천사가 나팔을 불자, 횃불처럼 타는 큰 별이 하늘에서 떨어져 강들의 삼분의 일과 샘들을 덮쳤습니다. 11 그 별의 이름은 '쓴흰쑥'이었습니다. 그리하여 물의 삼분의 일이 쓴흰쑥이 되어, 많은 사람이 그 물을 마시고 죽었습니다. 쓴 물이 되어 버렸기 때문입니다.[10]

12 넷째 천사가 나팔을 불자, 해의 삼분의 일과 달의 삼분의 일과 별들의 삼분의 일이 타격을 받아 그것들의 삼분의 일이 어두워졌습니다. 그리하여 낮의 삼분의 일이 빛을 잃고 밤도 그렇게 되었습니다.[11]

13 나는 또 독수리 한 마리가 하늘 높이 나는 것을 보고 그것이 큰 소리로 말하는 것을 들었습니다.[12] "불행하여라, 불행하여라, 불행하여라, 땅의 주민들! 아직도 세 천사가 불려고 하는 나팔 소리가 남아 있다."[13]

---

10) 셋째 재앙은 "쓴흰쑥"이라 불리는 별이 하늘에서 떨어져 강물을 쓰게 만든다. 쓴흰쑥은 하느님의 징벌을 가리킨다(예레 9,14; 23,15; 애가 3,15.19). 이 재앙 역시 이집트의 첫째 재앙에 해당한다(탈출 7,14-25). 이 재앙은 마라의 기적과는 반대이다(탈출 15,23-25). 쓴흰쑥은 우상 숭배로 자신의 생명의 샘들을 중독시킨 새 바빌론(로마)의 징벌로 볼 수 있다.

11) 넷째 재앙은 해·달·별의 삼분의 일이 빛을 잃고 어두워지는 것으로 이집트의 아홉째 재앙에 해당한다(탈출 10,21-23). 이 재앙으로 낮과 밤의 삼분의 일이 빛을 잃는다.

12) 독수리는 다가오는 심판을 알리는 전령이다(호세 8,1).

13) 불행 선언을 세 번 하는 것은 앞으로 남은 세 번의 나팔 재앙을 가리킨다. 이제까지는 재앙이 자연을 덮쳤지만, 이제부터는 사람들을 덮친다. 그런 다음 14,6에서 "땅에서 사는 사람들"이 영원한 복음을 듣게 될 것이다.

8,11 ← 예레 9,14: – 그러므로 만군의 주 이스라엘의 하느님께서 이렇게 말씀하신다. – 이제 내가 이 백성에게 쓴흰쑥을 먹이고 독이 든 물을 마시게 하겠다.

8,13 ← 호세 8,1: 네 입에 뿔 나팔을 대어라. 원수가 독수리처럼 주님의 집에 들이닥친다. 이스라엘이 나의 계약을 어기고 나의 가르침을 거역하였기 때문이다.

◆ **8장의 맺음말**: 일곱째 봉인의 개봉과 더불어 종말의 재앙이 펼쳐진다. 일곱째 봉인은 일곱 나팔 재앙으로 이어지고, 일곱 나팔 재앙 가운데 마지막 일곱째 나팔 재앙은 일곱 대접 재앙으로 이어진다. 나팔 재앙과 대접 재앙은 모세가 파라오 앞에서 펼쳐 보인 열 재앙을 반영한다. 유다교 묵시문학에서는 이집트 재앙을 종말에 일어날 재앙과 연결한다. 예를 들어 외경 『아브라함 묵시록』에서는 이 재앙들이 종말에 하느님께서 나팔 소리와 더불어 당신 백성을 불러 모으시고 악인들을 심판하기 시작하실 때 일어난다. 8장에서는 일곱째 봉인의 개봉과 터져 나오는 나팔 재앙들 가운데, 처음 네 가지 나팔 재앙을 묘사한다. 이 재앙들로 땅, 바다, 강과 샘물, 천체 등 자연의 상당 부분이 파괴된다. 8장 마지막에 독수리가 심판이 전령으로 나타나 자연을 덮친 이제까지의 재앙들과는 달리, 남은 세 재앙은 땅의 주민들을 덮칠 것임을 예고한다.

다섯째 나팔[1]

9 1 다섯째 천사가 나팔을 불었습니다. 그때에 나는 하늘에서 땅으로 떨어진 별 하나를 보았는데, 그 별에게 지하로 내려가는 구렁의 열쇠가 주어졌습니다.[2] 2 그 별이 지하로 내려가는 구렁을 열자, 그 구렁에서 연기가 올라오는데 큰 용광로의 연기 같았습니다.[3] 해와 대기가 그 구렁에서 나온 연기로 어두워졌습니다. 3 그리고 그 연기 속에서 메뚜기들이 나와 땅에 퍼졌습니다. 그 메뚜기들에게 권한이 주어졌는데, 땅의 전갈들이 가진 권한과 같았습니다.[4] 4 그것들은 땅의 풀과 푸성귀나 나무는 하나도 해치지 말고, 이마에 하느님의 인장이 찍히지 않은 사람들만 해치라는 명령을 받았습니다.[5] 5 그러나 그 사람들을 죽이지는 말고 다섯 달 동안 괴롭히기만 하도록 허락되었습니다. 그 괴로움은 사람이 전갈에게 쏘였을 때와 같은 괴로움이었습니다.[6] 6 그 기간에 사람들은 죽음을 찾지만 찾

---

1) 처음 네 봉인의 경우처럼 처음 네 나팔이 가져오는 재앙은 간단하게 묘사되었지만 다섯째와 여섯째 나팔 재앙에 관한 언급은 매우 장황하고 세밀하다. 이 나팔 재앙들은 이제 자연을 해치는 데 그치지 않고 사람을 겨냥한다. 다섯째 나팔 재앙은 메뚜기의 공격인데, 이집트의 여덟째 재앙에 해당한다(탈출 10,12—20; 요엘 1,6—2,5).

2) 초기 유다교에서 별들은 흔히 천사를 가리킨다(판관 5,20; 욥 38,7; 다니 8,10). "떨어진 별"은 악한 천사나 악마와 사탄을 가리킨다(외경 1에녹 6—13장; 86장; 루카 10,18). "지하"(아비쏘스 ἄβυσσος)는 바닥 없는 심연을 뜻하는 히브리어 '터홈' תְּהוֹם의 번역(창세 1,2; 7,11; 시편 106,9; 107,26)이다. 또한 이곳은 죽은 이들의 나라인 "지하" 곧 '셔올' שְׁאוֹל을 가리킬 수도 있다. 묵시록에서 이 말이 일

9,1 ← 루카 10,18: 그러자 예수님께서 그들에게 이르셨다. "나는 사탄이 번개처럼 하늘에서 떨어지는 것을 보았다."

9,2 ← 탈출 19,18: 그때 시나이 산은 온통 연기가 자욱하였다. 주님께서 불 속에서 그 위로 내려오셨기 때문이다. 마치 가마에서 나오는 것처럼 연기가 솟아오르며 산 전체가 심하게 뒤흔들렸다.

9,3 ← 탈출 10,14: 메뚜기 떼가 이집트 온 땅에 몰려와, 이집트 온 영토에 내려앉았다. 이렇게 엄청난 메뚜기 떼는 전에도 없었고 앞으로도 없을 것이었다.

9,3 ← 루카 10,19: 보라, 내가 너희에게 뱀과 전갈을 밟고 원수의 모든 힘을 억누르는 권한을 주었다.

곱 번 나오는데, 사탄과 떨어진 천사들의 임시 거처 또는 감옥을 뜻한다(9,1-2.11; 11,7; 17,8; 20,1.3). 묵시록의 저자는 이 대목에서 지하로 내려가는 갱도의 입구가 열쇠로 잠겨 있으나 떨어진 천사에게 들어가도록 허락되었다고 묘사한다.

3) 탈출 19,18의 묘사와 같다.

4) 메뚜기들은 뱀과 전갈처럼 해를 끼치는 악마적 세력이다(루카 10,19).

5) 이 메뚜기들은 자연의 메뚜기들이 아니므로 식물에게는 해를 끼치지 않고 하느님의 인장을 받지 않은(묵시 7,2-3) 땅의 주민들에게만 해를 끼친다.

6) 진갈에게 쏘이면 엄청나게 고통스럽지만 그 독이 치명적이지는 않다. 다섯 달은 2,10의 열흘처럼 짧은 세월을 가리킨다. 아마도 메뚜기의 생존 기간을 가리키는 것 같다(9,10 참조).

아내지 못하고, 죽기를 바라지만 죽음이 그들을 피해 달아날 것입니다.[7]

7 그 메뚜기들의 모습은 전투 준비를 갖춘 말들과 같았는데, 머리에는 금관 같은 것을 쓰고 있었습니다.[8] 그것들의 얼굴은 사람 얼굴 같았고,[9] 8 머리털은 여자의 머리털 같았으며[10] 이빨은 사자 이빨 같았습니다. 9 갑옷도 입었는데 쇠 갑옷 같았고, 날갯소리는 싸움터로 내닫는 수많은 전투 마차들의 소리 같았습니다. 10 또 전갈 같은 꼬리에다 침을 가지고 있었는데, 그 꼬리에 다섯 달 동안 사람들을 해칠 권한이 있었습니다. 11 그것들은 지하의 사자를 임금으로 모시고 있었습니다.[11] 그 이름은 히브리 말로는 아바똔이고 그리스 말로는 아폴리온입니다.[12]

---

7) 이 지독한 고통보다는 차라리 죽음이 낫다. 그래서 죽음을 찾는다(욥 3,20-21; 예레 8,3; 참조: 묵시 6,15-17).

8) 이 대목은 요엘 2,1-11에서 영감을 받은 것 같다. 메뚜기 머리는 말 대가리처럼 생겼다. 금관은 그것들의 막강한 힘을 과시한다(요엘 2,3-5.8-11).

9) 그 얼굴이 사람의 얼굴과 같다는 말은 하느님을 거슬러 반역한 인간의 죄 때문에 이런 재앙이 일어난다는 것을 표현하기 위해서이다.

10) 머리가 긴 파르티아인들을 염두에 두었는지도 모른다(묵시 6,2의 각주 3 참조).

11) 메뚜기 떼에게는 임금이 없지만(잠언 30,27), 이 악마적 존재들은 임금(그리스어로 '바실레우스' βασιλεύς는 보통 로마 황제를 가리킨다)을 모시고 있다. "지하의 사자"는 지하의 천사이다. 히브리어에서 '사자'는 천사로도 번역된다.

9,6 ← 욥 3,20-21: 어찌하여 그분께서는 고생하는 이에게 빛을 주시고 영혼이 쓰라린 이에게 생명을 주시는가? 그들은 죽음을 기다리건만, 숨겨진 보물보다 더 찾아 헤매건만 오지 않는구나.

9,6 ← 예레 8,3: 내가 이 사악한 족속을 몰아낸 곳곳에서, 그 족속의 남은 자들은 모두 죽음을 삶보다 더 낫게 여길 것이다.

9,7 ← 요엘 2,3-5.8-11: 그들 앞에서는 불이 삼켜 버리고 그들 뒤에서는 불꽃이 살라 버린다. 그들이 오기 전에는 이 땅이 에덴동산 같았지만 그들이 지나간 뒤에는 황량한 광야만 남는다. 그들 앞에서는 살아남는 것이 하나도 없다. 그들의 모습은 말과 같고 달리는 것도 군마처럼 달린다. 산꼭대기를 뛰어 달리는 병거들의 소리 같고 검불을 삼켜 버리는 불꽃 소리와 같다. 그들은 전열을 갖춘 막강한 군대 같다. … 그들은 서로 밀치지 않고 저마다 제 길로 나아간다. 무기 사이를 뚫고 지나가며 열을 흩뜨리지 않는다. 그들은 성읍으로 쳐들어가 성벽 위를 뛰어다니고 집 위로 올라가며 도둑처럼 창문으로 들어간다. 그 앞에서 땅은 떨고 하늘은 뒤흔들린다. 해와 달은 어두워지고 별들은 제 빛을 거두어들인다. 주님께서 당신 군대 앞에서 크게 소리를 지르신다. 정녕 그분의 군대는 많기도 하고 그분의 명령을 수행하는 이는 막강하기도 하구나! 정녕 주님의 날은 큰 날 너무도 무서운 날 누가 그날을 견디어 내랴?

---

12) 히브리어로 "아바똔"אֲבַדּוֹן은 거의 대부분 지혜문학에 나오며 죽은 이들의 나라인 셔올이나 하데스를 가리킨다. 그런데 칠십인역에서는 이 낱말을 '파괴'를 뜻하는 아폴레이아 ἀπώλεια로 옮긴다(테오도티온역 욥 26,6; 28,22; 31,12; 칠십인역 잠언 15,11; 27,20; 칠십인역 시편 87,12). 그리스어 "아폴리온" Ἀπολλύων은 아바똔의 그리스어 번역으로 '파괴자'를 뜻하지만 파괴하는 신으로 통하는 아폴로와 비슷한 이름을 가리킬 수 있다. 이는 외도적인 말놀이로 보인다. 도미티아누스 황제는 아폴로 신을 특히 좋아했는데 요한은 그를 아폴리온, 곧 '작은 아폴로'로 부른 것이다.

12 첫째 불행이 지나갔습니다. 그러나 아직도 두 가지 불행이 더 닥칠 것입니다.[13]

여섯째 나팔[14]

13 여섯째 천사가 나팔을 불었습니다. 그때에 나는 하느님 앞에 있는 금 제단의 네 모퉁이 뿔에서 나오는 한 목소리를 들었는데,[15] 14 나팔을 가진 여섯째 천사에게 "큰 강 유프라테스에 묶여 있는 네 천사를 풀어 주어라." 하고 말하는 것이었습니다.[16] 15 그리하여 사람들의 삼분의 일을 죽이려고 이 해, 이 달, 이 날, 이 시간을 위하여 준비를 갖추고 있던 그 네 천사가 풀려났습니다.[17] 16 그 기병대의 수는 이억이었습니다.[18] 나는 그 수를 들었습니다. 17 이러한 환시 중에 나는 말들과 그 위에 탄 사람들을 보았는데, 그들은 붉은색과 파란색과 노란색 갑옷을 입고 있었습니다.[19] 말들의 머리는 사자 머리 같았으며, 그 입에서는 불과 연기와 유황이 나왔습니다. 18 이렇게 그 입에서 나오는 불과 연기와 유황, 이 세 가지 재앙으로 사람들 삼분의 일이 죽임을 당하였습니다. 19 그 말들은 권

---

13) 세 가지 불행에 관해서는 8,13; 9,12; 11,14; 12,12; 16,17을 보라.

14) 여섯째 나팔 재앙은 적군의 침입이다. 여기서 저자는 요엘서에서처럼 메뚜기 떼의 공격과 연결하여 이민족의 침입을 묘사한다. 이 묘사는 말을 타고 활을 쏘면서 공격해 오던 파르티아인들의 침입을 떠올리게 한다.

15) 금 제단은 분향 제단(8,3)을 말한다. 이 대목에서 저자는 8,2-5로 다시 돌아간다.

9,17-18 ← 지혜 11,17-18: 당신의 전능하신 손, 무형의 물질로 세상을 창조하신 그 손이 곰의 무리나 사나운 사자들을 보내는 것은 어려운 일이 아니었습니다. 새로 창조되어 알려지지 않은 포악한 야수들도, 입김 대신에 불을 뿜어 대는 야수들도, 악취 가득한 연기를 내뿜는 야수들도, 눈에서 무서운 불꽃을 내쏘는 야수들도 보내실 수 있었습니다.

16) 네 천사는 하느님의 진노를 전달하는 도구로서(참조: 외경 1에녹 66,1) 7,1의 네 천사와 비슷하다. 유프라테스는 이스라엘을 괴롭히던 바빌론과 아시리아 제국의 큰 강이었고, 묵시록이 쓰일 당시에는 로마 제국의 동쪽 경계로서 그 너머에는 무서운 파르티아인들이 살고 있었다. 요한은 파르티아인들에 대한 로마의 공포를 이용한다.

17) 진노의 도구들은 하느님의 계획에 따라 정확하게 제 구실을 한다. 하느님의 계획 밖에서 일어나는 일은 아무것도 없다. 이 구절은 16,12-16을 미리 예고한다. 9,4처럼 하느님의 인장을 이마에 지니지 않은 사람들의 삼분의 일이 죽는다.

18) 이억의 기병대(메뚜기 떼를 가리킴)는 엄청난 수를 가리킨다(탈출 10,14; 요엘 2,2-11에서는 정확한 숫자는 안 나오고 수수미디는 것만 강조된다).

19) 기병대가 입고 있는 가슴방패의 세 가지 색은 그들의 말들이 입으로 뿜어내는 세 가지 재앙, 불·연기·유황의 색깔과 같다.

한이 입에도 있었고 꼬리에도 있었습니다. 뱀과 같은 그 꼬리에 머리가 달려 그 머리로 사람을 해쳤습니다.[20]

20 이 재앙으로 죽임을 당하지 않은 나머지 사람들도 저희 손으로 만든 작품들을 단념하지 않았습니다.[21] 오히려 마귀들을 숭배하고, 또 보지도 듣지도 걸어 다니지도 못하는, 금이나 은이나 구리나 돌이나 나무로 만든 우상들을 숭배하기를 그치지 않았습니다. 21 그들은 또한 자기들이 저지른 살인과 마술과 불륜과 도둑질을 회개하지도 않았습니다.

---

[20] 파르티아인들은 말을 타고 가면서 앞 대열이 활을 쏘고 뒤로 물러서면 뒷 대열이 앞으로 나와 활을 쏘았다. 저자가 이 모습을 연상한 것일 수 있다. 다른 한편 뱀과 같은 말들은 "옛날의 뱀"(12,9)인 사탄의 하수인들을 가리킨다.

[21] 하느님의 인장을 이마에 받지 않고서도 삼분의 이나 재앙에서 살아남게 된 이유는 회개의 가능성 때문이다. 그런데도 그들은 회개하지 않았다.

◆ **9장의 맺음말**: 일곱 봉인 대목(4—6장)과 일곱 대접 대목(15—16장)처럼 나팔 대접 대목(8—9장)도 천상 어전에 관한 환시로 시작된다. 일곱 재앙도 일곱 봉인 재앙처럼 4+2+1의 구조를 보인다. 처음 네 가지 재앙은 짧게, 두 가지는 약간 길게, 나머지 하나는 아주 장황하게 묘사한다. 인간의 회개(메타노이아 $\mu\epsilon\tau\acute{a}\nu o\iota a$), 곧 하느님을 향해 철저하게 돌아서는 일은 언제나 하느님의 최대 관심사이자 구원 사업의 최종 목표이다. 바오로 사도가 로마 1장에서도 지적했듯이 모든 악의 근원은 우상 숭배이다. 인간은 자기 자신을 하느님처럼 내세우지 말고 그분이 원하시는 길을 그분과 함께 걸어야 한다.

천사와 작은 두루마리[1]

10 1 나는 또 큰 능력을 지닌 천사 하나가 구름에 휩싸여 하늘에서 내려오는 것을 보았습니다.[2] 그의 머리에는 무지개가 둘려 있고 얼굴은 해와 같고 발은 불기둥 같았습니다.[3] 2 그는 손에 작은 두루마리를 펴 들고 있었습니다. 오른발로는 바다를 디디고 왼발로는 땅을 디디고서,[4] 3 사자가 포효하듯이 큰 소리로 외쳤습니다. 그가 외치자 일곱 천둥도 저마다 소리를 내며 말하였습니다.[5] 4 그렇게 일곱 천둥이 말하자 나는 그것을

---

1) 여섯째 나팔 재앙을 언급한 저자는 갑자기 두 가지 환시(10,1-11; 11,1-14)를 끼워넣음으로써 일곱째 재앙을 연기시킨다. 일곱째 봉인(8장)을 뜯기 전에 7장의 두 환시를 끼워넣은 것과 똑같은 기법이다. 10장에서 환시의 초점은 두 가지에 맞추어져 있다. 첫째는 종말이 임박해 있다고 말하는 천사의 맹세이고, 다른 하나는 요한에게 맡겨진 예언의 소명이다.

2) 요한은 이제 하늘에(4,1) 있지 않고 지상에 있다. 여기에 나오는 천사는 나팔을 부는 일곱 천사나 9,14의 네 천사가 아닌 '다른 천사'(7,2; 14,6.8-9.15.17-18)이다. 묵시록에서 "큰 능력을 지닌 천사"는 셋뿐이다(5,2; 10,1; 18,21). 천사와 두루마리가 다같이 나오는 5장과 10장을 비교해 볼 때, 10장의 천사가 더 크게 묘사된다. 그의 메시지가 모든 인류에게 주어지기 때문이다. "구름"은 하늘의 운송 수단이다(다니 7,13; 시편 104,3; 묵시 1,7; 11,12; 14,14).

10,1-6 ← 다니 12,5-7: 그때에 나 다니엘이 바라보니 다른 두 사람이 서 있는데, 한 사람은 이쪽 강가에, 다른 한 사람은 저쪽 강가에 있었다. 그 가운데 한 사람이 아마포 옷을 입고 강물 위쪽에 있는 분에게 물었다. "이 놀라운 일들이 언제 끝이 납니까?" 아마포 옷을 입고 강물 위쪽에 있는 사람이 오른손과 왼손을 하늘로 쳐들고서는, 영원히 살아 계신 분을 두고 이렇게 맹세하는 것을 나는 들었다. "일 년과 이 년과 반년이 지나야 합니다. 거룩한 백성의 세력이 산산이 부서져야 이 모든 일이 끝날 것입니다."

10,1 ← 다니 7,13: 내가 이렇게 밤의 환시 속에서 앞을 보고 있는데 사람의 아들 같은 이가 하늘의 구름을 타고 나타나 연로하신 분께 가자 그분 앞으로 인도되었다.

10,1 ← 시편 104,3: 물 위에 당신의 거처를 세우시는 분. 구름을 당신 수레로 삼으시고 바람 날개 타고 다니시는 분.

10,3 ← 시편 29,3: 주님의 목소리가 물 위에 머물고 영광의 하느님께서 천둥 치시네. 주님께서 크나큰 물 위에 계시네.

---

3) "무지개"는 노아에게 하신 하느님의 약속을 연상시킨다(참조: 창세 9,12-16; 묵시 4,3). 1,16에서 사람 같은 이의 얼굴이 해처럼 빛났다. 이 천사는 하느님의 속성을 지닌 사자인 동시에 예수 그리스도의 천사이기도 하다. "불기둥"은 하느님의 영광을 드러내는 표지이다(탈출 14,19.24). 한마디로 이 천사는 하느님의 영광을 드러내면서 그분의 구원 계획을 전하는 대변인이다.

4) 그의 메시지는 온 천하에 전하는 메시지이므로 그를 일컬어 "큰 능력을 지닌 천사"라고 하는 것이다. '바다와 땅을 딛고 서 있다'는 표현은 온 천하를 압도한다는 뜻이다.

5) 이 천사의 소리는 사자의 포효처럼 컸고, 그에 일곱 천둥이 응답한다. 천둥은 곧잘 하느님의 소리로 여겨진다(시편 29,3; 예레 25,30; 요한 12,28-29).

기록하려고 하였습니다. 그때에 하늘에서 울려오는 어떤 목소리를 들었습니다. "일곱 천둥이 말한 것을 기록하지 말고 봉인해 두어라."⁶⁾ 5 그러자 내가 본 천사 곧 바다와 땅을 디디고 서 있던 천사가 오른손을 하늘로 쳐들고서, 6 영원무궁토록 살아 계신 분을 두고, 하늘과 그 안에 있는 것들, 땅과 그 안에 있는 것들, 바다와 그 안에 있는 것들을 창조하신 분을 두고 맹세하였습니다.⁷⁾ "시간이 얼마 남지 않았다.⁸⁾ 7 일곱째 천사가 불려고 하는 나팔 소리가 울릴 때, 하느님께서 당신의 종 예언자들에게 선포하신 대로 그분의 신비가 완전히 이루어질 것이다."⁹⁾

8 하늘에서 들려온 그 목소리가 다시 나에게 말하였습니다. "가서 바다와 땅을 디디고 서 있는 그 천사의 손에 펼쳐진 두루마리를 받아라."¹⁰⁾ 9 그래서 내가 그 천사에게 가서 작은 두루마리를 달라고 하자, 그가 나에게 말하였습니다. "이것을 받아 삼켜라. 이것이 네 배를 쓰리게 하겠지만 입에는 꿀같이 달 것이다."¹¹⁾ 10 그래서 나는 그 천사의 손에서 작은

---

6) "일곱 천둥이 말한 것"은 재앙의 선포일 수 있다. 그 내용을 기록하지 말고 그대신 그것을 봉인해 두라는 명령은 하느님이 그 재앙을 유보하셨다는 뜻이다.

7) 천사는 하늘을 향하여 오른손을 들고 맹세한다. 맹세할 때의 의례적인 자세이다. 그는 우주의 세 부분(하늘, 땅, 바다)을 언급하면서 맹세한다. 그것들을 만드신 하느님을 두고 맹세할 것이기 때문이다(참조: 다니 12,7; 신명 32,40).

8) 다니 12,7에서는 삼 년 반(안티오코스 4세의 박해 기간)의 시간이 주어지는데, 여기서는 회개를 위한 기다림의 시간이 끝나서 바로 하느님의 숨은 계획이 실현되리라고 경고한다.

10,9 ← 에제 2,10: 그분께서 그것을 내 앞에 펴 보이시는데, 앞뒤로 글이 적혀 있었다. 거기에는 비탄과 탄식과 한숨이 적혀 있었다.

10,9 ← 에제 3,3: (그분께서) 나에게 말씀하셨다. "사람의 아들아, 내가 너에게 주는 이 두루마리로 배를 불리고 속을 채워라." 그리하여 내가 그것을 먹으니 꿀처럼 입에 달았다.

9) 하느님의 숨은 계획은 신비이다(묵시 1,20; 17,5.7). 일곱째 나팔 소리는 종말을 알릴 것이다(11,15-19). 이 신비는 14,6에 나오는 복음과 같다. 하느님의 종 예언자들은 요한 공동체에서 순교자들과 동일시된다.

10) 일곱 천둥의 메시지를 봉인해 두라는 하늘의 목소리가 이번에는 천사의 손에 펼쳐진 두루마리를 받아 삼키라고 명령한다.

11) 에제 3,3에서 영감을 받은 구절이다. 두루마리를 먹는다는 것은 예언자가 전달해야 할 메시지를 완벽하게 소화시키는 것을 상징한다. 에제키엘서에서 두루마리는 입에 달았지만 이스라엘과 관련된 내용은 비탄과 탄식과 한숨으로 가득 차 있었다(에제 2,10). 요한의 경우도 마찬가지다. 하느님의 모든 말씀은 심지어 심판의 선포조차도 은총인 동시에 도전이다.

두루마리를 받아 삼켰습니다. 과연 그것이 입에는 꿀같이 달았지만 먹고 나니 배가 쓰렸습니다.[12] 11 그때에, "너는 많은 백성과 민족과 언어와 임금들에 관하여 다시 예언해야 한다." 하는 소리가 나에게 들려왔습니다.[13]

---

12) 이 메시지는 달면서도 쓰다. 단 이유는 교회의 승리를 선포하기 때문이고, 쓴 이유는 그 안에 그리스도인들의 고통을 포함하기 때문이다.

13) "많은 백성과 민족과 언어와 임금들"에 따르면, 요한의 예언자 소명은 에제키엘(3,4-5)처럼 이스라엘 집안에만 국한되지 않고 오히려 예레미야(1,10)처럼 모든 민족들에게로 확대된다.

10,11 ← 예레 1,10: 보라! 내가 오늘 민족들과 왕국들을 너에게 맡기니, 뽑고 허물며 없애고 부수며 세우고 심으려는 것이다.

◆ **10장의 맺음말**: 이 대목은 다니 12,5-7과 에제 2,8—3,3에서 영감을 받아 작성된 것으로 보인다. 여기서 저자는 두 가지를 강조한다. 첫째, 하느님께서는 당분간 유보하신 비밀스런 계획을 머지않아 반드시 실행에 옮기실 것이다. 둘째, 요한은 많은 민족과 임금들에게 예언할 소명을 받았다. 그 예언의 내용이 그들을 고발하고 심판하는 메시지를 담고 있어서 듣기에 거북하거나 괴로운 것이라 할지라도 그 예언을 선포해야 한다.

두 증인[1]

11 1 그리고 나에게 지팡이 같은 잣대가 주어지면서 이런 말씀이 들려왔습니다.[2] "일어나 하느님의 성전과 제단을 재고 성전 안에서 예배하는 이들을 세어라.[3] 2 성전 바깥뜰은 재지 말고 내버려 두어라. 그것은 이민족들에게 주어진 것이다. 그들이 거룩한 도성을 마흔두 달 동안 짓밟을 것이다.[4] 3 나는 나의 두 증인을 내세워 천이백육십 일 동안 자루옷을 걸치고 예언하게 할 것이다."[5] 4 그들은 땅의 주님 앞에 서 있는 두 올리브

---

1) 이 대목은 묵시 20장의 내용을 앞당겨 시사한다(11,5: 20,9; 11,7: 20,7-8; 11,18: 20,11-15). 세말의 전조를 다루는 6—11장의 말미(11,15-18)와 선악의 대격돌을 다루는 12—21장의 끝(20,11-15)은 거의 같은 메시지를 전한다.

2) "지팡이 같은 잣대"에 관해서는 에제 40,3; 즈카 2,5-6을 참조하라. 에제키엘서에 나오는 측량 잣대는 6암마, 약 2.5미터 정도나 된다.

3) 잣대로 잰 것은 재앙에서 보호를 받는다. 여기서 성전은 그리스도 교회를 상징한다(1코린 3,16; 2코린 6,16; 1베드 2,5; 에페 2,21). 저자가 살던 시대에 예루살렘 성전은 이미 파괴되어 사라진 상태였다. 묵시록에서 보호란 수난과 죽음을 겪는 동안 받게 되는 도움을 뜻한다(7,1-8). 그러나 그리스도인들은 스승 그리스도처럼 수난과 죽음을 반드시 거쳐 개선할 수밖에 없다.

4) "거룩한 도성" 예루살렘은 양면성을 지닌다. 하나는 그 안의 성전 때문에 교회의 상징이기도 하고, 다른 하나는 예언자들과 그리스도를 살해한, 그래서 하느님을 거부한 현세의 상징이기도 하다. 여기서는 지상의 교회로

11,1 ← **에제 40,3**: 그분께서 나를 그곳으로 데리고 가셨을 때, 거기에 어떤 사람이 있었는데, 그 모습은 빛나는 구리 같았다. 그는 아마 줄과 측량 장대를 손에 들고 대문에 서 있었다.

11,1 ← **즈카 2,5-6**: 내가 눈을 들어 보니, 손에 측량줄을 쥔 사람이 하나 있었다. 내가 "어디로 가십니까?" 하고 묻자, 그가 나에게 "예루살렘을 측량하여, 그 너비와 길이가 얼마나 되는지 알아보러 간다" 하고 대답하였다.

이곳도 천상 예루살렘처럼(21,2-4) 잴 것이다(21,15). "마흔두 달"은 다니 7,25; 12,7에서 말하는 삼 년 반 동안을 말한다. 삼 년 반은 어림잡아 안티오코스 4세의 박해 기간(기원전 167-164년)과 같으며 시련의 시기를 상징한다(11,3; 12,6.14; 13,5).

5) 여기서 말하는 이는 그리스도시다(참조: 2,13; 21,6). 그리고 "두 증인"(신명 19,15)은 10절에서 두 예언자로 드러난다. 그들의 사명은 예언하는 것이고 그 사명 안에는 죽음도 포함된다(7절). "천이백육십 일"은 앞에서 언급한 마흔두 달, 곧 삼 년 반의 세월로 교회가 시련을 겪으면서 지상에 머무르는 기간이다(12,6.14). 엘리야 시대의 가뭄 기간을 1열왕 18,1에서는 삼 년이라고 하는 반면 루카 4,25과 야고 4,17, 그리고 몇몇 라삐 문헌에서는 삼 년 반이라고 늘려 잡는다. 원시 교회의 사도들도 증인의 소명을 수행했다(사도 1,8.22; 2,32). 자루옷은 옛 예언자들이 입던 거친 옷으로서(참조: 2열왕 1,8; 마르 1,6) 증인들이 회개의 메시지를 선포해야 한다는 표시이다.

나무이며 두 등잔대입니다.[6] 5 누가 그들을 해치려고 하면 그들의 입에서 불이 나와 그 원수들을 삼켜 버립니다.[7] 누가 그들을 해치려고 하면, 그는 반드시 이렇게 죽임을 당하고 맙니다. 6 그들은 자기들이 예언하는 동안 비가 내리지 않게 하늘을 닫는 권한을 가지고 있습니다.[8] 또한 물을 피로 변하게 하고, 원할 때마다 온갖 재앙으로 이 땅을 치는 권한을 가지고 있습니다.[9]

7 그러나 그들이 증언을 끝내면, 지하에서 올라오는 짐승이 그들과 싸워 이기고서는 그들을 죽일 것입니다.[10] 8 그들의 주검은 그 큰 도성의 한길에 내버려질 것입니다.[11] 그 도성은 영적으로 소돔이라고도 하고 이

---

6) 즈카르야서에서 영감을 받았다(4,2-3.11-14). 즈카르야서에서 등잔대는 이스라엘이고, 올리브 나무들은 다윗 가문의 제후 즈루빠벨과 대사제 예수아다.

7) 모세와 엘리야를 염두에 둔다. 후기 유다이즘에서 엘리야와 모세는 종말 시대에 나타나게 될 예언자다(신명 18,15-18). 초기 그리스도교에서도 같은 견해를 가졌다(마르 9,11-13; 루카 1,15-17; 4,25-26; 7,11-17; 요한 1,21). "그들의 입에서 불이 나와"는 민수 16,35; 2열왕 1,10; 예레 5,14을 참조하라. 그런데 예수님은 엘리야처럼 하늘에서 불을 내려 예수 일행을 받아들이지 않는 사마리아인들을 없애 버리라고 주문하는 야고보와 요한을 꾸짖으신다(루카 9,51-56).

8) 엘리야의 경우는 1열왕 17,1을 참조하라.

9) 모세의 경우는 탈출 7,14-25을 참조하라.

10) 갑자기 "지하에서 올라오는 짐승"이 등장하고 이에 대해서는 나중에 (묵시 13,1-8) 설명한다. 이 짐승은 사탄의 도구로 이용되는 큰 박해 세력이다. 먼저 상징이나 표상을 등장시키고 나중에 그것에 대해 설명하는 것은 요한

11,4 ← 즈카 4,2.11-14: 그가 나에게 "무엇이 보이느냐?" 하고 물었다. 내가 대답하였다. "온통 금으로 된 등잔대가 보입니다. 등잔대 머리에는 기름 그릇이 있고, 그 그릇에는 등잔이 일곱 개 있습니다. 그 머리에 등잔 부리가 일곱 개 있는 것입니다." … 나는 그 천사에게 물었다. "등잔대 오른쪽과 왼쪽에 있는 올리브 나무 두 그루는 무엇입니까?" 나는 다시 그에게 물었다. "두 금 대롱으로 금빛 기름을 흘려보내는 저 올리브 나무 가지 두 개는 무엇입니까?" 그 천사가 나에게 "너는 이것들이 무엇을 뜻하는지 모르느냐?" 하고 물었다. 내가 "나리, 모릅니다" 하고 대답하자, 천사가 "이것들은 온 세상의 주님 곁에 서 있는 성별된 두 사람을 뜻한다" 하고 말하였다.

11,5 ← 예레 5,14: 그러므로 주 만군의 하느님께서 이렇게 말씀하신다. "그들이 이런 말을 했으니 나 이제, 내 말이 너의 입에서 불이 되게 하고 이 백성은 장작이 되게 하여 그 불이 그들을 삼키게 하리라."

11,5 ← 집회 48,1: 엘리야 예언자가 불처럼 일어섰는데 그의 말은 횃불처럼 타올랐다.

만의 독특한 문체이다. "두 증인"은 일곱 등잔대, 곧 일곱 교회를 대표한다 (1,20). 그들은 왕직(즈루빠벨)과 사제직(예수아)을 성실하게 수행하는 모범적인 그리스도인들이다. 그들의 충성은 순교로 이어지겠지만 결국 어린양처럼 승리할 것이다. 그들의 유일한 무기는 어린양의 경우처럼 말씀이다.

11) 조상들과 함께 묻히지 못한 예수님의 불명예스러운 장례(마르 15,46)를 연상할 수도 있다. 예루살렘에서 두 증인이 살해되리라는 예언은, 예언자들은 예루살렘에서 죽어야 한다는 전통적 견해와 부합한다(참조: 2역대 24,20-22; 예레 26,20-23; 루카 13,33). 여기서 "큰 도성"은 예루살렘을 가리키지만 묵시록의 다른 곳에서는 로마(바빌론)를 가리킨다(묵시 16,19; 18,10.16.18-19.21; 참조: 14,8; 17,5; 18,2).

집트라고도 하는데, 그곳에서 그들의 주님도 십자가에 못 박히셨습니다.[12] 9 모든 백성과 종족과 언어와 민족에 속한 사람들이 사흘 반 동안 그들의 주검을 바라보면서, 무덤에 묻히지 못하게 할 것입니다.[13] 10 땅의 주민들은 죽은 그들 때문에 기뻐하고 즐거워하며 서로 선물을 보낼 것입니다.[14] 그 두 예언자가 땅의 주민들을 괴롭혔기 때문입니다.[15]

---

12) 이 도성은 소돔의 악과 이집트의 파라오 폭정과 예루살렘의 불충을 고스란히 상속받았다. 이사 1,10; 3,9에서 예루살렘은 소돔이라 불리고 지혜 19,14에서 소돔은 이집트와 연결된다. 저자가 여기서 고발하고자 하는 것은 소돔·이집트·예루살렘의 과거 악행들이 아니라 그것들을 이어받은 로마의 악행이다.

13) 그 도성 안에 있던 "모든 백성과 종족과 언어와 민족에 속한 사람들"이 두 증인의 주검을 바라볼 것이다. 메트로폴리탄 로마에 모인 이들은 지상의 모든 민족을 대표한다. 그리고 여기서 로마는 온 세상을 상징할 수 있다. 오순절에 예루살렘에 모인 디아스포라 유다인들도 온 세상 모든 민족을 대표한다(사도 2장). 두 증인의 활동은 사악한 도성에서 펼쳐지고 그들의 주검도 도성의 주민들만이 목격하는 것으로 되어 있으나, 증언의 파급 효과는 온 세상으로 퍼져나간다. 사흘 반은 두 증인이 예언을 하는 삼 년 반을 연상시킨다. 악의 세력이 용약하는 시간은 삼 년 반에 비해 짧은 사흘 반이다. 이 시일은 동시에 그리스도의 죽음과 부활을 떠올리게 한다(묵시 11,11).

11,8 ← **이사 1,10**: 소돔의 지도자들아, 주님의 말씀을 들어라. 고모라의 백성들아, 우리 하느님의 가르침에 귀를 기울여라.

11,8 ← **이사 3,9**: 그들의 얼굴 표정이 자기들의 죄를 증언하고 그들은 소돔처럼 자기들의 죄악을 감추지 않고 드러낸다. 그들은 불행하여라! 스스로 재앙을 불러들였다.

11,8 ← **지혜 19,14**: 다른 자들은 자기들에게 온 낯선 이들을 받아들이지 않았지만 저들은 자기들의 은인인 이방인들을 종으로 삼았습니다.

11,10 ← **요한 16,20**: 내가 진실로 진실로 너희에게 말한다. 너희는 울며 애통해하겠지만 세상은 기뻐할 것이다. 너희가 근심하겠지만, 그러나 너희의 근심은 기쁨으로 바뀔 것이다.

11,10 ← **1열왕 18,17**: 아합은 엘리야를 보자 이렇게 말하였다. "당신이 바로 이스라엘을 불행에 빠뜨리는 자요?"

11,10 ← **지혜 2,12**: 의인에게 덫을 놓자. 그자는 우리를 성가시게 하는 자, 우리가 하는 일을 반대하며 율법을 어겨 죄를 지었다고 우리를 나무라고 교육받은 대로 하지 않아 죄를 지었다고 우리를 탓한다.

---

14) 예수님의 죽음에 대해 세상은 기뻐할 것이다(요한 16,20). 요한 복음과 요한 서간에 나오는 예수님과 제자들에게 적대적인 '세상'은 묵시록에서 "땅의 주민들"과 동의어이다.

15) 이합은 엘리야를 "이스라엘을 불행에 빠뜨리는 자"로 부른다(1열왕 18,17; 21,20). 옳은 말과 행동만 하는 의인은 악인들에게 성가신 존재, 부담스런 존재이다(지혜 2,12-20).

11 그러나 사흘 반이 지난 뒤에 하느님에게서 생명의 숨이 나와 그들에게 들어가니, 그들이 제 발로 일어섰습니다.[16] 그들을 쳐다본 사람들은 큰 두려움에 사로잡혔습니다. 12 그 두 예언자는 하늘에서부터, "이리 올라오너라." 하고 외치는 큰 목소리를 들었습니다.[17] 그리하여 그들은 원수들이 쳐다보고 있는 가운데, 구름을 타고 하늘로 올라갔습니다.[18] 13 바로 그때 큰 지진이 일어나 도성 십분의 일이 무너졌습니다.[19] 그 지진으로 사람도 칠천 명이 죽었습니다. 남은 사람들은 두려움에 싸여 하늘의 하느님께 영광을 드렸습니다.[20]

14 둘째 불행이 지나갔습니다. 그러나 셋째 불행이 곧 닥칠 것입니다.[21]

---

[16] 에제 37,10을 떠올리게 하는 구절이다. 동시에 이 구절은 두 증인의 운명을 어린양의 부활하신 모습과 연결한다(묵시 1,5; 5,6; 20,4-6; 1테살 4,16-17). 지하에서 올라오는 짐승은 증인들을 이겨 낼 수 없다. 용이 두 증인의 주님을 당해 낼 수 없는 것과 마찬가지다(묵시 12,7-9).

[17] 천상 큰 목소리의 주인은 그들의 주님이시다.

[18] 주님처럼 증인들도 부활에 이어 승천을 체험한다. 그들은 주님처럼 구름을 타고 하늘로 올라갔다(사도 1,9). 엘리야는 회오리바람에 실려 하늘로 올라갔고(2열왕 2,11), 유다교 전승에 따르면 모세는 추종자들이 보는 앞에서 구름을 타고 사라졌다(요세푸스 「유다고대사」, 6.8.48).

11,11 ← 에제 37,10: 그분께서 분부하신 대로 내가 예언하니, 숨이 그들 안으로 들어갔다. 그러자 그들이 살아나서 제 발로 일어서는데, 엄청나게 큰 군대였다.

11,12 ← 사도 1,9: 예수님께서는 이렇게 이르신 다음 그들이 보는 앞에서 하늘로 오르셨는데, 구름에 감싸여 그들의 시야에서 사라지셨다.

11,12 ← 2열왕 2,11: 그들이 이야기를 하면서 계속 걸어가는데, 갑자기 불 병거와 불 말이 나타나서 그 두 사람을 갈라놓았다. 그러자 엘리야가 회오리바람에 실려 하늘로 올라갔다.

11,13 ← 에제 38,19-20: 나는 내 질투 속에, 타오르는 진노 속에, 그날 이스라엘 땅에 큰 지진이 일어나리라고 선언한다. 그때에 바다의 물고기, 하늘의 새, 들짐승, 땅 위를 기어 다니는 모든 것, 땅 위에 있는 모든 사람이 내 앞에서 떨 것이다. 또 산들은 허물어지고 절벽은 내려앉으며, 성벽도 모두 땅바닥으로 내려앉을 것이다.

19) 두 증인의 죽음을 예수님의 죽음과 연결하면 지진에 관한 언급도 의미가 있다(마태 27,51 참조). 묵시록에서 지진은 신현神現에 동반되는 현상인(8,5; 11,19) 동시에 징벌의 도구로 드러나기도 한다(6,12; 11,13; 16,18). "큰 지진"은 하느님의 징벌을 상징하는 대표적 표상으로(에제 38,19-20), 여기서의 징벌(도성의 십분의 일 파괴)은 6,12-14보다 덜 가혹하다.

20) 두려움이 회개로 이어졌다. "하늘의 하느님께 영광을" 드린다는 표현은 구약성경에서 곧잘 회개를 시사한다. 14,7과 15,4에서는 더욱 분명한 회개를 가리킨다.

21) 둘째 불행은 여섯째 나팔로 시작되었다(9,13-21). 그러나 셋째 불행은 분명하게 드러나지 않는다.

일곱째 나팔[22]

15 일곱째 천사가 나팔을 불었습니다. 그러자 하늘에서 큰 목소리가 울렸습니다.
"세상 나라가
우리 주님과 그분께서 세우신 그리스도의 나라가 되었다.[23]
주님께서 영원무궁토록 다스리실 것이다."[24]
16 그때에 하느님 앞에서 자기들의 어좌에 앉아 있던 스물네 원로가 얼굴을 땅에 대고 하느님을 경배하며 17 말하였습니다.[25]
"지금도 계시고 전에도 계시던
전능하신 주 하느님
큰 권능을 쥐시고 친히 다스리기 시작하셨으니[26]
저희가 하느님께 감사드립니다.
18 민족들이 분개하였지만
오히려 하느님의 진노가 닥쳤습니다.[27]
이제 죽은 이들이 심판받을 때가 왔습니다.[28]
하느님의 종 예언자들과 성도들에게,
그리고 낮은 사람이든 높은 사람이든
하느님의 이름을 경외하는 모든 이에게 상을 주시고[29]
땅을 파괴하는 자들을 파멸시키실 때가 왔습니다."[30]

---

22) 일곱째 나팔에는 일곱째 봉인을 개봉할 때 있었던 침묵과는 달리(8,1), 하늘에서 큰 목소리가 화답한다. 이 큰 목소리의 주인공은 원로들과 생물들과 천사들뿐 아니라(4,8; 5,11-12) 헤아릴 수 없는 큰 무리(7,9-10)다. 이

소리는 천상 전례에서 부르는 찬가 소리이다.

23) 요한 14,30에서 세상의 지배자는 사탄이다. 이 세상은 잠시 사탄과 그 추종자들이 다스렸지만 이제는 주님과 그리스도께서 다스리신다.

24) 어린양과 하느님을 동일시하는 또 다른 예로서 저자는 하느님의 통치와 그리스도의 통치를 하나로 본다. '주님이 다스리신다'는 선언이 바로 우리 그리스도인들의 확신으로 자리 잡아야 한다. 히브리서(히브 10,19)나 묵시록에서나 이 확신은 '살해된 어린양'에 바탕을 둔다.

25) 11,17-18의 찬가는 스물네 원로들의 입에서 나왔다.

26) 하느님은 이제 "지금도 계시고 전에도 계셨으며 또 앞으로 오실 분"(1,4.8; 4,8; 16,5)이 아니라 이미 오신 분으로서 큰 권능으로 통치를 시작하셨다.

27) 인간의 부질없는 폭력은 하느님의 심판을 부를 것이다(시편 2,1).

28) 15-18절의 심판 예고는 최후 심판을 준비한다(20,11-15).

29) 종말은 의인들이 보상을 받는 때이다. 보상을 받는 세 계층은 예언자들, 성도들, 하느님을 경외하는 이들(13절의 회개한 이들도 이 부류에 포함)이다.

30) "땅을 파괴하는 자들"에 관해서는 19,15-21; 20,9-10을 참조하라. 마귀들의 임금이 아바똔אבדון, 곧 파괴자이다(9,11). 최후의 파괴자들은 짐승과 용으로서 그들 역시 마지막에는 파괴될 것이다(19,17-21; 20,7-10). 그들이 완전히 제거되고 나서야 인류는 비로소 평안을 누릴 수 있다.

19 그러자 하늘에 있는 하느님의 성전이 열리고 성전 안에 있는 하느님의 계약 궤가 나타나면서,[31] 번개와 요란한 소리와 천둥과 지진이 일어나고 큰 우박이 떨어졌습니다.[32]

---

[31] 지성소를 포함하여 하늘 성전이 열리고, 계약 궤가 모든 이에게 드러난다(15,8). 지상의 성전과 계약 궤는 하늘에 그 원형이 있다. 하느님의 현존을 상징하는 계약 궤는 기원전 587년 예루살렘 성전이 파괴될 때 사라졌다. 2마카 2,4-8에 반영된 유다교 전설에 따르면, 예레미야가 이스라엘이 회복될 날을 대비하여 계약 궤와 분향 제단을 숨겨둔 것으로 되어 있다. 예레미야는 언제 그 물건들이 드러나게 될지에 대해 말한다(2마카 2,7-8).

[32] 번개, 요란한 소리, 천둥, 지진, 큰 우박 등의 위협적인 자연 현상은 하느님의 현현顯現에 동반된다. 재앙마다 이런 자연 현상이 그 끝에 곧잘 일어난다(묵시 8,5; 11,19; 16,17-21).

11,19 ← 2마카 2,7-8: 그 장소는 하느님께서 백성을 다시 한데 모으시어 자비를 보이실 때까지 알려지지 않은 채로 남아 있어어야 한다. 그때에 가서야 주님께서는 저 물건들을 드러내실 것이다. 그리고 모세 위에 나타났듯이, 솔로몬이 그 장소가 특별히 성화되도록 청하였을 때에 나타났듯이, 주님의 영광과 구름도 나타날 것이다.

◆ **11장의 맺음말**: 묵시록에서 11장은 매우 당혹스런 대목이다. 여기에는 역사서와 예언서에 나오는 수많은 일화와 표상과 상징들이 뒤얽혀 있다: 성전과 제단의 측정, 모세와 엘리야의 활약상, 야생 올리브와 등잔대, 파라오에게 닥친 재앙, 다니엘을 박해한 폭군, 소돔과 이집트와 예루살렘의 악행 등. 11장 전반부에 등장하는 두 증인은 누구일까? 그들을 어떤 특정한 인물로 구체화시키는 것은 저자의 의도에서 멀어진다. 두 증인은 어린양의 모범을 따라 세상의 악을 거슬러 증언하다 고통을 당하지만 결국 승리하게 될 교회 공동체나 그곳에 속한 그리스도인들을 상징하는 것으로 이해하면 무난하다. 그들은 순교와 죽음으로부터 구원받는 것이 아니라, 순교와 죽음을 통해서 영광스러운 부활로 넘어간다. 11장 후반부(15-19절)는 세상에 대한 하느님과 그리스도의 주권을 확인한다. 먼저 일곱째 나팔 소리와 함께 하늘에서 큰 목소리가 터져 나왔다. 사탄의 지배 아래에 있던 세상 나라가 하느님의 영원한 통치에 맡겨졌다는 외침이다. 이는 하느님이 이제까지는 임금으로서 다스리지 않으셨다는 뜻이 아니라, 이제 그분의 주권이 명백하게 드러나고 온 세상이 그분의 통치를 받아들이게 되었다는 뜻이다. 그러자 스물네 원로가 큰 권능으로 통치를 온전히 받아들으신 하느님께 감사의 찬가를 바친 다음 하느님의 심판이 닥쳤다고 선언한다.

여인과 용[1]

12 1 그리고 하늘에 큰 표징이 나타났습니다.[2] 태양을 입고 발밑에 달을 두고 머리에 열두 개 별로 된 관을 쓴 여인이 나타난 것입니다.[3] 2 그 여인은 아기를 배고 있었는데, 해산의 진통과 괴로움으로 울부짖고 있었습니다.[4] 3 또 다른 표징이 하늘에 나타났습니다. 크고 붉은 용인데,

---

1) 이 대목의 배경은 그리스-로마 신화의 한 토막이다. 레토가 제우스의 아이를 임신하여 낳으려 하자 피톤이라는 이름의 용이 아이를 낳을 때 죽이려고 한다. 이 아이가 그를 대신하여 델피의 신탁을 주재하는 통치자가 될 것이기 때문이다. 제우스는 북녘 바람과 바다의 신 포세이돈에게 레토를 도와주라고 명령한다. 그들의 도움으로 레토는 무사히 아폴로와 아르테미스를 낳고 나중에 아폴로가 적대자 피톤을 죽인다. 요한은 이런 신화적 배경을 이용하여 창세 3장의 내용을 새롭게 해석한다. 여기서 해산의 진통을 겪는 여인은 메시아를 낳아 준 구약의 하느님 백성이요 신약의 그리스도 교회이다.

2) "표징"이라는 말은 묵시 12—20장에 자주 나오는 용어이다(12,1.3; 13,13-14; 15,1; 16,14; 19,20).

3) 이 여인은 누구를 가리키는가? 메시아를 낳는 여인은 셋으로 추정할 수 있다. 이스라엘 백성, 성모 마리아, 교회이다. 이 대목이 묘사하는 여인

12,1 ← 아가 6,10: 새벽빛처럼 솟아오르고 달처럼 아름다우며 해처럼 빛나고 기를 든 군대처럼 두려움을 자아내는 저 여인은 누구인가?

12,2 ← 미카 4,10: 딸 시온아 해산하는 여인처럼 몸부림치며 신음하여라.

12,3 ← 시편 74,13-15: 당신께서는 바다를 당신 힘으로 뒤흔드시고 물 위에서 용들의 머리를 부수셨습니다. 레비아탄의 머리들을 깨뜨리시어 바다의 상어들에게 먹이로 주셨습니다. 샘과 개울을 터뜨리시고 물 많은 강들을 말리셨습니다.

12,3 ← 다니 7,7: 그 뒤에 내가 계속 밤의 환시 속에서 앞을 보고 있었는데, 끔찍하고 무시무시하고 아주 튼튼한 네 번째 짐승이 나왔다. 커다란 쇠 이빨을 가진 그 짐승은 먹이를 먹고 으스러뜨리며 남은 것은 발로 짓밟았다. 그것은 또 앞의 모든 짐승과 다르게 생겼으며 뿔을 열 개나 달고 있었다.

은 일차적으로 지상의 탕녀인 로마(17,15; 18,16)와 대적하는 천상의 신부, 곧 천상 예루살렘(19,7-8; 21,9-10)을 말한다. 아시아 속주의 도시들은 하늘 여왕신을 섬겼다. 이 묵시록의 여인은 참 하늘 여왕이다. 열두 별은 이스라엘의 열두 지파나 열두 사도를 가리킬 수 있다. 그런데 아래 17절에 보면 "여인의 나머지 후손들"에 관해 언급한다. 여기서 여인은 교회로, 그의 자녀들은 교회의 성도들을 가리키는 것으로 드러난다.

4) "해산의 진통과 괴로움"은 창세 3,16; 이사 66,7-8; 요한 16,21을 참조하고, 이스라엘의 산고에 대해서는 특히 미카 4,10을 주목하라. 시온은 히느님의 백성을 상징히는 도성으로서 메시아의 성도들을 탄생시킨다. 결국 세상에 끊임없이 그리스도와 그리스도인들을 낳아 주는 교회를 가리킨다. 라삐 문헌에서 '메시아 진통'(메시아를 낳기 위한 진통)은 흔한 표현이다.

머리가 일곱이고 뿔이 열이었으며 일곱 머리에는 모두 작은 관을 쓰고 있
었습니다.[5] 4 용의 꼬리가 하늘의 별 삼분의 일을 휩쓸어 땅으로 내던졌
습니다.[6] 그 용은 여인이 해산하기만 하면 아이를 삼켜 버리려고, 이제
막 해산하려는 그 여인 앞에 지켜 서 있었습니다.[7] 5 이윽고 여인이 아들
을 낳았습니다. 그 사내아이는 쇠 지팡이로 모든 민족들을 다스릴 분입니
다.[8] 그런데 그 여인의 아이가 하느님께로, 그분의 어좌로 들어 올려졌습
니다.[9] 6 여인은 광야로 달아났습니다. 거기에는 여인이 천이백육십 일

---

5) 동양에서는 용이 임금에 비유되지만, 고대 근동에서는 용이나 큰 뱀
은 혼돈과 파괴, 카오스의 상징이다. 바빌론과 가나안 문헌에는 일곱 머리
를 달고 있는 뱀 같은 괴물이 곧잘 등장한다(시편 74,13-15). 열 뿔은 다니 7,7
에서 넷째 짐승도 가지고 있었다. 저자는 어휘 선택에서 용이 쓴 관을 여인
이 쓴 관보다 작은 것으로 표현하였다. 요한은 이 용을 창세 3장의 뱀과 연
결시킨다. 이 뱀은 악마이다(지혜 2,24).

6) "하늘의 별 삼분의 일"은 다니 8,10을 원용한 것이다. 하늘의 군대나
별들은 신격화한 별이나 천사들이라기보다 하느님의 거룩한 백성(다니 7,25;
필리 2,15)을 가리킨다. 요한은 물론 박해받는 그리스도인들을 염두에 둔다.

7) 여인이 아이를 낳는 순간에 용은 그를 파괴하려 한다. 그래서 여인은
광야로 달아났다. 예수님이 탄생하셨을 때 헤로데가 그분을 죽이려고 하자
성모님은 아기를 데리고 이집트로 피신하였다(마태 2,13-15). 대표적 메시아
군왕 시편인 2편에서 임금은 탄생 때가 아니라 등극 때에 하느님의 아들로
채택된다(시편 2,6-7). 요한에게 메시아가 탄생하는 순간은 십자가 죽음과 부

12,4 ← 다니 8,10: 그것(안티오코스 4세)은 하늘의 군대에 미칠 만큼 커지더니, 그 군대와 별들 가운데에서 일부를 땅에 떨어뜨려 짓밟았다.

12,5 ← 시편 2,9: 너는 그들을 쇠 지팡이로 쳐부수고 옹기장이 그릇처럼 바수리라.

12,5 ← 창세 3,15: 나는 너와 그 여자 사이에, 네 후손과 그 여자 후손 사이에 적개심을 일으키리니 여자의 후손은 너의 머리에 상처를 입히고 너는 그의 발꿈치에 상처를 입히리라.

12,6 ← 탈출 2,15: 파라오는 그 일을 전해 듣고 모세를 죽이려 하였다. 그래서 모세는 파라오를 피하여 도망쳐서, 미디안 땅에 자리 잡기로 하고 어떤 우물가에 앉아 있었다.

활이다(참조: 사도 13,33; 로마 1,4). 예수님은 십자가에서 돌아가심으로써 용을 쳐 이기고 하느님 오른편에 오르셨다. 예수님의 죽음은 곧바로 그분의 영광이며 사탄의 공격이자 패배이다. 요한 복음에는 악마의 유혹 장면이 없다. 사탄은 공생활의 마지막에 예수님을 공격한다(요한 13,2.27; 참조: 루카 4,13; 22,3.53). 요한 복음은 공관 복음에서 루카 복음을 가장 많이 참조한 것 같다(요한 14,30).

8) 그리스어로 '다스리다' $\pi o\iota\mu\alpha\acute{\iota}\nu\epsilon\iota\nu$는 본디 '목자가 되다'인데, '쳐부수다'의 의미도 있다(시편 2,9). 요한에게 어린양의 통치는 목자가 되어 돌보는 것이다(묵시 7,17).

9) 그리스도의 승천(사도 1,9 참조)과 개선을 말한다. 이는 용의 패배를 가져온다. 창세 3,15의 실현이기도 하다.

동안 보살핌을 받도록 하느님께서 마련해 주신 처소가 있었습니다.[10]

7 그때에 하늘에서 전쟁이 벌어졌습니다. 미카엘과 그의 천사들이 용과 싸운 것입니다.[11] 용과 그의 부하들도 맞서 싸웠지만 8 당해 내지 못하여, 하늘에는 더 이상 그들을 위한 자리가 없었습니다.[12] 9 그리하여 그 큰 용, 그 옛날의 뱀, 악마라고도 하고 사탄이라고도 하는 자, 온 세계를 속이던 그자가 떨어졌습니다.[13] 그가 땅으로 떨어졌습니다. 그의 부하들도 그와 함께 떨어졌습니다. 10 그때에 나는 하늘에서 큰 목소리가 이

---

10) 구약성경에서 광야는 전통적으로 박해받는 이들의 도피처이지만(탈출 2,15; 1열왕 17,2-3; 19,3-4; 1마카 2,29-30), 출애굽 시절에는 하느님이 직접 당신 백성을 먹여 주시고 돌보아 주신 곳이기도 하다. 여인이 광야에서 지낸 1260일은 마흔두 달, 곧 삼 년 반이다(다니 7,25; 12,7; 묵시 11,2). 요한에게 교회는 메시아를 잉태한 여인으로 나타난다. 이 여인은 어린양의 신부가 될 것이다. 지금 이곳에서 교회는 악마의 사악한 공격을 받지만 하느님께서 지켜 주실 것이다(마태 16,18).

11) 대천사 "미카엘"(유다 9)은 천사 군단의 대장이자 하느님 백성의 보호자이다(다니 10,21; 12,1). 유다교 전승에서 미카엘은 하느님 다음으로 가장 강력한 존재이다. 미카엘מיכאל의 이름 뜻은 '누가 하느님과 같으냐?' 이다.

12) 여기서 "용"은 고발자 사탄이다. 지금까지는 그들의 자리가 하늘에 있었지만(욥 1,6-12; 2,1-6; 즈카 3,1-5), 이제는 없다. 첫 하늘에는 있었으나 "새 하늘"(묵시 21,1)에는 없다.

12,7 ← 다니 10,21: 이제 나는 진리의 책에 적힌 것을 너에게 일러 주려고 한다. 너희의 제후 천사 미카엘 말고는 나를 도와 그들을 대적할 이가 없다.

12,7 ← 다니 12,1: 그때에 네 백성의 보호자 미카엘 대제후 천사가 나서리라. 또한 나라가 생긴 이래 일찍이 없었던 재앙의 때가 오리라. 그때에 네 백성은, 책에 쓰인 이들은 모두 구원을 받으리라.

12,9 ← 2테살 2,9-12: 그 무법자가 오는 것은 사탄의 작용으로, 그는 온갖 힘을 가지고 거짓 표징과 이적을 일으키며, 멸망할 자들을 상대로 온갖 불의한 속임수를 쓸 것입니다. 그들이 진리를 사랑하여 구원받는 것을 거부하였기 때문입니다. 그러므로 하느님께서는 그들에게 사람을 속이는 힘을 보내시어 거짓을 믿게 하십니다. 진리를 믿지 않고 불의를 좋아한 자들이 모두 심판을 받게 하시려는 것입니다.

12,9 ← 요한 8,44: 너희는 너희 아비인 악마에게서 났고, 너희 아비의 욕망대로 하기를 원한다. 그는 처음부터 살인자로서, 진리 편에 서 본 적이 없다. 그 안에 진리가 없기 때문이다. 그가 거짓을 말할 때에는 본성에서 그렇게 말하는 것이다. 그가 거짓말쟁이이며 거짓의 아비이기 때문이다.

---

13) 본디 "악마"로 옮긴 디아볼로스 $\Delta\iota\acute{a}\beta o\lambda o\varsigma$는 '이간질하는 자, 유혹자, 원수'를 뜻하고 "사탄" $\Sigma a\tau a\nu\tilde{a}\varsigma$은 '중상자'를 가리킨다. 그런데 칠십인역은 역대기 상권, 욥기, 즈카르야서에서 히브리어 사탄שָׂטָן을 $\Delta\iota\acute{a}\beta o\lambda o\varsigma$로 옮겼다. 용을 옛 뱀·악마·사탄 등과 동일시함으로써 요한은 에덴에서부터 지금까지 하느님 반대 세력들을 총동원한다. 하늘에서 땅으로 떨어진 사탄은 땅 위에서 온 세상을 속이는 구실을 한다. 사탄과 그 졸개들이 세상에서 하는 일은 16,14; 20,7-8; 요한 8,44; 2테살 2,9-12을 참조하라.

렇게 말하는 것을 들었습니다.[14]

    "이제 우리 하느님의 구원과 권능과 나라와
    그분께서 세우신 그리스도의 권세가 나타났다.
    우리 형제들을 고발하던 자,
    하느님 앞에서 밤낮으로 그들을 고발하던 그자가 내쫓겼다.[15]

11 우리 형제들은 어린양의 피와 자기들이 증언하는 말씀으로
    그자를 이겨 냈다.[16]
    그들은 죽기까지 목숨을 아끼지 않았다.

12 그러므로 하늘과 그 안에 사는 이들아, 즐거워하여라.
    그러나 너희 땅과 바다는 불행하다.[17]
    시간이 얼마 남지 않은 것을 깨달은 악마가
    큰 분노를 품고서[18]
    너희에게 내려갔기 때문이다."

13 용은 자기가 땅으로 떨어진 것을 알고, 그 사내아이를 낳은 여인을 쫓아갔습니다. 14 그러나 그 여인에게 큰 독수리의 두 날개가 주어졌습니다.[19] 그리하여 그 여인은 광야에 있는 자기 처소로 날아가, 그 뱀을 피하여 그곳에서 일 년과 이 년과 반 년 동안 보살핌을 받았습니다.[20] 15 그 뱀은 여인의 뒤에다 강물 같은 물을 입에서 뿜어내어 여인을 휩쓸

---

14) 이 천상 찬가(10-12절)는 방금 일어난 일을 노래한다. 그것은 미카엘의 승리가 아니라 하느님과 그리스도의 승리다.

15) 이 승리로 말미암아 사탄의 검사역, 곧 고발자역은 끝났다. 그는 더 이상 하느님께 접근할 수 없다. 여기서 "형제들"은 여인의 나머지 후손들을 가리킨다(17절).

12,14 ← 탈출 19,4: 너희는 내가 이집트인들에게 무엇을 하고, 어떻게 너희를 독수리 날개에 태워 나에게 데려왔는지 보았다.

12,14 ← 신명 32,11-12: 독수리가 보금자리를 휘저으며 새끼들 위를 맴돌다가 날개를 펴서 새끼들을 들어 올려 깃털 위에 얹어 나르듯 주님 홀로 그를 인도하시고 그 곁에 낯선 신은 하나도 없었다.

16) 여기서 말하는 "우리 형제들"은 '큰 환난을 겪어 내고 어린양의 피로 자기들의 긴 겉옷을 깨끗이 빨아 희게 한 사람들'(7,14)이다. 순교와 증언은 같은 말이다. 순교자μάρτυς는 증언자이다. 순교자가 증언하는 것은 어린양의 죽음과 부활이다. 어린양의 승리는 그들의 승리이기도 하다(5,9-10; 7,9-17; 20,4-6).

17) 하늘에는 이미 사탄이 사라졌기 때문에 그곳에서 사는 이들은 즐거워할 수 있으나, 땅과 바다는 짐승의 왕국이 세워져 있으므로 불행하다(13,1-10).

18) 악마는 메시아를 집어 삼키지 못한 채 하늘에서 패배하여 속이 상한 데다 자신에게 주어진 시간이 길지 않다(12,6.14)는 것을 알기 때문에 분노에 싸여 있다. 그래서 그는 불리한 상황에서 몇 배의 노력을 기울일 것이다.

19) 독수리 날개의 표상은 출애굽 사건에서 끌어온 것이다(탈출 19,4; 신명 32,11-12; 이사 40,31).

20) 이 기간은 용이 하느님의 백성을 거슬러 전쟁을 치르게 허락된 시간이다(묵시 13,5). 교회는 이 환난의 시기에 하느님의 특별한 보호를 받는다.

어 버리려고 하였습니다.[21] 16 그러나 땅이 여인을 도왔습니다. 땅은 입을 열어 용이 입에서 뿜어낸 강물을 마셔 버렸습니다.[22] 17 그러자 용은 여인 때문에 분개하여, 여인의 나머지 후손들, 곧 하느님의 계명을 지키고 예수님의 증언을 간직하고 있는 이들과 싸우려고 그곳을 떠나갔습니다.[23] 18 그리고 용은 바닷가 모래 위에 자리를 잡았습니다.[24]

---

21) 뱀이 쏟아 내는 큰 물은 여인을 삼키려는 악의 물결이다(시편 18,5; 32,6; 124,4-5; 이사 43,2). 파라오는 바다의 용 또는 바닷괴물과 같다(에제 29,3; 32,2-3).

22) 땅은 하느님의 피조물이므로 그분의 백성 편에 서 있다. 땅은 하느님 백성을 위협하는 파라오와 그의 군대를 삼켜버렸다(탈출 15,12). 또한 광야에서는 입을 벌려 반란자들을 삼켜버렸다(민수 16,30-34; 26,10; 신명 11,6).

23) 메시아의 어머니를 해칠 수 없게 되자 용은 더욱 분개하여 그 여인의 나머지 후손들, 지상의 신실한 이들을 공격하려고 그곳을 떠나간다. 그들은 메시아의 형제 자매들이요(로마 8,29) 교회의 자녀들이다(갈라 4,26).

24) 바다는 악의 세력이 거처하는 심연이다(묵시 11,7 참조).

12,15 ← 이사 43,2: 네가 물 한가운데를 지난다 해도 나 너와 함께 있고 강을 지난다 해도 너를 덮치지 않게 하리라. 네가 불 한가운데를 걷는다 해도 너는 타지 않고 불꽃이 너를 태우지 못하리라.

12,15 ← 에제 29,3: 너는 말하여라. "주 하느님이 이렇게 말한다. 나 이제 너를 대적하리라, 이집트 임금 파라오야! 나일 강 한가운데에 드러누워 '나일 강은 내 것이다. 내가 나를 위해서 만들었다'고 말해대는 거대한 용아!"

12,17 ← 로마 8,29: 그 아드님께서 많은 형제 가운데 맏이가 되게 하셨습니다.

12,17 ← 갈라 4,26: 하늘에 있는 예루살렘은 자유의 몸으로서 우리의 어머니입니다.

◆ **12장의 맺음말**: 묵시 12장은 한국 가톨릭 교회의 전통적 신심인 레지오 마리애의 기도문인 카테나를 떠올리게 한다. "아침놀이 퍼지는 듯 해와 같이 찬란하고 달과 같이 아름답고 진을 친 저 군대처럼 두려운 저 여인은 누구신가?"(아가 6,10 참조). 가톨릭 전통에서는 이 여인을 곧잘 예수님을 낳으신 성모 마리아와 연결한다. 마태오 복음 전승에서 성모님은 예수님을 낳고 헤로데 임금의 살해 위협 때문에 이집트로 피신하였다. 유다교 전승에서 볼 때는 이 여인이 메시아를 탄생시킬 이스라엘 백성이 될 것이고 그리스도교 입장에서 보면 교회가 될 것이다. 그런데 성모님과 이스라엘 백성과 교회는 서로 통한다. 교회는 새로운 이스라엘이고 성모님은 교회의 모범이다. 또한 셋 다 메시아 탄생의 주역들이다.

두 짐승[1]

13 1 나는 또 바다에서 짐승 하나가 올라오는 것을 보았습니다. 그 짐승은 뿔이 열이고 머리가 일곱이었으며, 열 개의 뿔에는 모두 작은 관을 쓰고 있었고 머리마다 하느님을 모독하는 이름들이 붙어 있었습니다.[2] 2 내가 본 그 짐승은 표범 같았는데, 발은 곰의 발 같았고 입은 사자의 입 같았습니다.[3] 용이 그 짐승에게 자기 권능과 왕좌와 큰 권한을 주었습니다.[4] 3 그의 머리 가운데 하나가 상처를 입어 죽은 것 같았지만 그 치명적인 상처가 나았습니다. 그러자 온 땅이 놀라워하며 그 짐승을 따랐습니다.[5] 4 용이 그 짐승에게 권한을 주었으므로 사람들은 용에게 경배하

---

1) 묵시 12장 마지막에 보면 하늘에서 추방되어 지상에 내려온 용은 여인과 여인의 후손을 집어 삼키려다가 실패한 뒤에 바닷가 모래 위에 터를 잡았다. 13장에서는 이 용의 심복으로 두 짐승이 등장한다. 한 짐승은 로마 제국과 제국을 대표하는 황제들을, 다른 한 짐승은 로마와 황제들의 숭배를 독려하고 강요하는 거짓 예언자들을 상징한다. 이 둘은 용의 지상 대리자이다. 용과 두 짐승은 악의 삼각 축, 곧 악의 삼위일체를 이룬다.

2) 바다는 악의 안식처이다(다니 7,2-8; 외경 4에스 11,1; 12,11; 외경 1에녹 60,7-10; 외경 2바룩 29,4). 열 뿔과 일곱 머리는 묵시 12,3의 용의 그것과 같다. 유다 묵시문학에서 바다에서 올라온 짐승은 레비아탄을 가리킨다(외경 1에녹 60,7-11.24; 외경 4에스 6,47-52; 외경 2바룩 29,4; 참조: 시편 74,14). 유다교 전승에서 바닷괴물은 이방 민족들을 상징한다(다니 7,1-8). 열 뿔·일곱 머리·열 작은 관은 왕의 절대권을 상징하며 로마 제국 및 황제들과 동일시할 수 있다(묵시 17,9-14). 아시아 속주에서는 로마 황제를 대표하여 배를 타고 부임하는 집정관 또는 총독을 흔히 '바다에서 올라오는 짐승'과 동일시하였다. 다니 7,24에서 네 번째

13,1 ← 다니 7,2-3: 다니엘이 말하였다. "내가 밤의 환시 속에서 앞을 보고 있었는데, 하늘에서 불어오는 네 바람이 큰 바다를 휘저었다. 그러자 서로 모양이 다른 거대한 짐승 네 마리가 바다에서 올라왔다."

13,2 ← 루카 4,6: 내가 저 나라들의 모든 권세와 영광을 당신에게 주겠소. 내가 받은 것이니 내가 원하는 이에게 주는 것이오.

짐승의 열 뿔은 열 임금을 가리킨다. 이레네우스는 다니 7장의 열 임금을 로마 제국을 나누어 다스리게 될 열 황제를 가리키는 것으로 풀이하였다(『이단논박』 5.26.1; 히폴리투스 『다니엘서 주석』 4.5.3). "하느님을 모독하는 이름들"은 키리오스 $Κύριος$(주님), 세바스토스 $Σεβαστός$=아우구스투스 Augustus(공경받기에 합당한), 소테르 $Σωτήρ$(구세주), 디비 필리우스 Divi Filius(하느님의 아들), 도미누스 엣 데우스 Dominus et Deus(주님이요 하느님) 등이다.

3) 다니 7,2-8에 나오는 네 짐승들을 요한은 한 짐승으로 합성한다. 네 짐승들 가운데 셋은 표범, 곰, 사자로 드러나고 다른 하나는 그 모습을 알 수 없다. 외경 에스드라 4서는 다니엘서의 넷째 짐승을 로마로 본다(외경 4에스 12,11).

4) 용은 이 짐승에게 자기 권능과 왕좌와 권한을 넘겨 준다. 사탄은 비록 하늘에서 떨어지긴 했지만, 아직도 이 세상의 통치자이다(요한 12,31). 그러나 그것은 잠시 동안이다(묵시 12,12). 예수님을 유혹할 때에도 사탄은 세속 왕국의 모든 권세와 영광을 넘겨 주겠다고 하였다(루카 4,6).

5) 68년 네로가 자살한 뒤에 일 년간 내란이 일어나 로마 제국의 생존을 위협하였다. 그러다가 베스파시아누스 황제가 등장하면서 제국은 다시 재기하였다. 그러자 로마의 강한 생명력과 막강한 영향력에 모두들 놀라워하였다(묵시 17—18장 참조).

였습니다. 또 짐승에게도 경배하며, "누가 이 짐승과 같으랴? 누가 이 짐승과 싸울 수 있으랴?" 하고 말하였습니다.[6]

5 그 짐승에게는 또 큰소리를 치고 하느님을 모독하는 말을 하는 입이 주어졌습니다. 그리고 마흔두 달 동안 활동할 권한이 주어졌습니다.[7] 6 그래서 그 짐승은 입을 열어 하느님을 모독하였습니다. 그분의 이름과 그분의 거처와 하늘에 거처하는 이들을 모독하였습니다.[8] 7 그 짐승에게는 또 성도들과 싸워 이기는 것이 허락되었고, 모든 종족과 백성과 언어와 민족을 다스리는 권한이 주어졌습니다.[9] 8 세상 창조 이래 땅의 주민들 가운데에서, 살해된 어린양의 생명의 책에 이름이 기록되지 않은 자들은 모두 그에게 경배할 것입니다.[10]

9 귀 있는 사람은 들으십시오.[11]

10 사로잡혀 갈 사람은
　　사로잡혀 가고
　　칼로 죽을 사람은
　　칼로 죽을 것입니다.[12]

---

6) 황제와 제국의 숭배는 곧 사탄의 숭배이다.

7) 신적 수동태이다. 짐승의 활동 권한도 하느님의 구원 계획 안에 있다. 짐승에게 주어진 권한은 이민족들이 설치는 기간(묵시 11,2), 두 증인이 예언하는 기간(11,3), 여인이 광야에서 거처하는 기간(12,6.14)으로 한정된다.

8) 신성모독에 관해서는 다니 7,25; 11,36; 2테살 2,4을 참조하라. 성전과 하늘의 성도들은 동일시된다. 질 좋은 수사본들이 연계사 "과"καί를 생략하였다. 처음에는 로마 황제들이 죽은 다음에 신으로 떠받들어졌다. 그러

13,6 ← 다니 11,36: 임금은 제멋대로 행동하고 교만스레 자신을 들어 높이며 자기가 모든 신보다 위대하다고 여길뿐더러, 신들의 하느님을 두고 끔찍한 말까지 해 댈 것이다. 이렇게 그는 진노의 때가 다하기까지 성공을 거두리니, 결정된 것이 다 이루어져야 하기 때문이다.

13,6 ← 2테살 2,4: 신이라고 일컬어지는 모든 것과 예배의 대상이 되는 것들에 맞서 자신을 그보다 더 높이 들어 올립니다. 그리하여 신으로 자처하며 하느님의 성전에 자리 잡고 앉습니다.

13,10 ← 예레 15,2: 흑사병에 걸릴 자는 흑사병에 걸리고, 칼에 맞을 자는 칼에 맞고, 굶주릴 자는 굶주리고, 사로잡혀 갈 자는 사로잡혀 가리라.

다가 나중에는 스스로 살아 있을 때부터 신격화를 시도하였다. 도미티아누스 황제는 명시적으로 재임 기간 동안에 자신을 신으로 떠받들게 하였다.

9) 요한은 순진한 낙관론에서 벗어나 있다. 악의 세력은 어린양과 그리스도인들을 살해한다. 그리고 짐승의 권한이 미치는 로마 제국은 엄청나게 넓었다.

10) 끝까지 믿고 인내하는 성도들은 생명의 책에 이름이 기록된다(참조: 묵시 3,5). 요한은 여기서 예정론을 말하는 것인가? 그러나 요한의 생각은 단지 '구원은 처음부터 끝까지 하느님께서 거저 주시는 위업'이라는 성경적 구원관에 바탕을 둔다. 어린양의 구원하시는 죽음은 처음부터 하느님의 계획 안에 자리 잡혀 있었다(이사 53,7-8; 사도 8,32-33; 1베드 1,18-20). "세상 창조 이래 땅의 주민들 가운데에서, 살해된 어린양의 생명의 책에 이름이 기록되지 않는 자들"은 "살해된 어린양의"라는 말만 빼고 17,8에 다시 나온다.

11) 요한은 각 교회에 써 보내는 말씀에서도 이를 되풀이하였다(묵시 2,7.11.17.29; 3,6.13.22). 2,7.11.17에서처럼 여기서도 이어지는 말씀을 주의 깊게 듣기를 촉구하는 뜻에서 이 말을 한다.

12) 예레 15,2에서 영감을 받았다.

여기에 성도들의 인내와 믿음이 필요한 까닭이 있습니다.[13]

11 나는 또 땅에서 다른 짐승 하나가 올라오는 것을 보았습니다. 그 짐승은 어린양처럼 뿔이 둘이었는데 용처럼 말을 하였습니다.[14] 12 그리고 첫째 짐승의 모든 권한을 첫째 짐승이 보는 앞에서 행사하여, 치명상이 나은 그 첫째 짐승에게 온 땅과 땅의 주민들이 경배하게 만들었습니다. 13 둘째 짐승은 또한 큰 표징들을 일으켰는데, 사람들이 보는 앞에서 불이 하늘에서 땅으로 내려오게도 하였습니다.[15] 14 이렇게 첫째 짐승이 보는 앞에서 일으키도록 허락된 표징들을 가지고 땅의 주민들을 속였습니다.[16] 그러면서 땅의 주민들에게, 칼을 맞고도 살아난 그 짐승의 상을 세우라고 말하였습니다.[17] 15 둘째 짐승에게는 첫째 짐승의 상에 숨을 불어넣는 것이 허락되었습니다. 그리하여 그 짐승의 상이 말을 하기도 하고,[18] 자기에게 경배하지 않는 사람은 누구나 죽임을 당하게 할 수도 있

---

13) 그리스도인들은 환난에서가 아니라 환난을 거쳐서 구원을 받을 것이다. 이때 필요한 것은 힘의 복수가 아니라 인내와 믿음이다.

14) 둘째 짐승은 땅에서 올라오는데(외경 1에녹 60,7-10; 외경 4에스 6,51), 첫째 짐승의 보조 구실을 한다. 유다적 창조 신화에 따르면 하느님은 창조 다섯째 날에 신화적 괴물 둘을 만드시고 수컷 베헤못은 마른 땅(사막)에, 암컷 레비아탄은 바다에 살게 하셨다(외경 4에스 6,49-52; 외경 1에녹 60,7-10; 외경 2바룩 29,4). 첫째 짐승은 뿔이 열인 반면, 둘째 짐승에게는 뿔이 둘뿐이다. 뿔은 힘을 가리키는데, 둘째 짐승이 첫째 짐승보다 그만큼 힘이 약하다는 뜻이다. 둘째 짐승이 누구를 또는 무엇을 상징하느냐를 두고 논란이 많지만, 황제 숭배 신전의 사제로 보면 무난할 것이다. 묵시록에서 그들은 거짓 예언자로 불린다(묵시 16,13; 19,20; 20,10). 그들은 황제 숭배를 적극적으로 독려하고 선전한다(12절).

13,13 ← 1열왕 18,36-39: 곡식 제물을 바칠 때가 되자 엘리야 예언자가 앞으로 나서서 말하였다. "아브라함과 이사악과 이스라엘의 하느님이신 주님, 당신께서 이스라엘의 하느님이시고 제가 당신의 종이며, 당신의 말씀에 따라 제가 이 모든 일을 하였음을 오늘 저들이 알게 해 주십시오. 저에게 대답하여 주십시오, 주님! 저에게 대답하여 주십시오. 그리하여 주님, 이 백성이 당신이야말로 하느님이시며, 바로 당신께서 그들의 마음을 돌이키게 하셨음을 알게 해 주십시오." 그러자 주님의 불길이 내려와, 번제물과 장작과 돌과 먼지를 삼켜 버리고 도랑에 있던 물도 핥아 버렸다. 온 백성이 이것을 보고 얼굴을 땅에 대고 엎드려 부르짖었다. "주님이야말로 하느님이십니다. 주님이야말로 하느님이십니다."

13,13 ← 마르 13,22: 거짓 그리스도들과 거짓 예언자들이 나타나, 할 수만 있으면 선택된 이들까지 속이려고 표징과 이적들을 일으킬 것이다.

---

15) 엘리야 예언자의 기적을 떠올리게 한다(1열왕 18,36-39; 참조: 루카 9,54). 둘째 짐승은 거짓 그리스도들이나 거짓 예언자들처럼 기적을 일으킬 수 있다(마르 13,22; 참조: 2테살 2,9-10).

16) 이 짐승의 행업도 하느님의 계획 안에서 허락된다. 그는 온 세상을 속이는 자(묵시 12,9)인 사탄의 도구답게 행동한다.

17) 황제 상을 만들고 그것을 숭배하는 행위는 비록 다른 신들의 숭배보다는 한 단계 아래지만, 그리스도인들에게는 우상 숭배의 하나로 받아들여질 수밖에 없다.

18) 황제 상의 우묵하게 들어간 곳에 숨겨둔 사람을 시켜서, 또는 복화술을 통하여 목소리를 내게 했다.

었습니다. 16 또 낮은 사람이나 높은 사람이나, 부자나 가난한 자나, 자유인이나 종이나 할 것 없이 모두 오른손이나 이마에 표를 받게 하였습니다.[19] 17 그리하여 짐승의 이름이나 그 이름을 뜻하는 숫자로 표가 찍힌 사람 말고는 아무것도 사거나 팔지 못하게 하였습니다.[20] 18 여기에 지혜가 필요한 까닭이 있습니다. 지각이 있는 사람은 그 짐승을 숫자로 풀이해 보십시오. 어떤 사람을 가리키는 숫자입니다. 그 숫자는 육백육십육입니다.[21]

---

19) 짐승의 표(묵시 14,11; 16,2; 19,20)는 어린양의 인장(7,3; 14,1)과 대비된다.

20) 티아티라 신자들의 경우처럼 다양한 업종에 종사하는 상인들의 조합들에 가입하지 않음으로써 그리스도인들은 사고 파는 일에서 소외될 수밖에 없었다. 2장의 각주 25번을 참조하라.

21) 666은 '네로'의 그리스어 이름 '네론 카이사르'(Neron Kaisar)의 히브리어 음역נרון קסר을 숫자로 환산한 결과이다. 7은 완전수이고 6은 흉수인데, 666은 흉수를 세 개나 합쳐놓은 것이다. 반대로 예수(Iesous)를 환산한 수 888은 완전수보다 하나가 더 많은 8을 셋 모은 것이므로 매우 좋은 수를 가리킨다. 몇몇 고대 수사본에는 666 대신 616으로 되어 있다. 이는 네로의 라틴어 이름(Nero Caesar)에 착안하여 히브리식 이름에서 נ(N)을 뺀 결과이다. 666이 누구를 가리키느냐를 두고 고대로부터 오늘에 이르기까지 여러 가지 설이 난무했다. 몇 가지 예를 들자면 로마 제국(라테이노스 $\lambda\alpha\tau\epsilon\iota\nu o\varsigma$: 30+1+300+5+10+50+70+200=666), 로마 황제(그리스 신화에 나오는 괴물 타이탄 $\tau\epsilon\iota\tau\alpha\nu$: 300+5+10+300+1+50), 가톨릭 교회의 교황(종교 개혁 이후 개신교에서 주장), 마호메티스(그리스도인이 마호멧을 짐승의 숫자에 맞추어 바꿈), 히틀러(독일어 알파벳을 A=101, B=102, C=103 이런 식으로 계산하면 HITLER는 666이 된다) 등이다. 그러나 묵시록 저자의 시대

는 과거로 흘러갔으니 그 당시에는 역사적 실제 인물을 가리키기 위해 사용된 이 숫자가 이제는 상징으로만 남게 되었다. 말하자면 하느님의 구원 계획과 예수 그리스도의 가르침에 정면으로 도전하는 인물은 그 누구라도 이 숫자에 해당될 수 있다는 것이다.

네로의 히브리어 음역	
נ(N)	50
ר(R)	200
ו(O)	6
נ(N)	50
ק(C)	100
ס(S)	60
ר(R)	+ 200
	666

예수의 그리스어 음역	
I(I)	10
H(E)	8
Σ(S)	200
O(O)	70
Y(U)	400
Σ(S)	+ 200
	888

◆ **13장의 맺음말**: 고대 근동의 신화들을 보면 위대한 신들과 용이나 바닷괴물들과의 싸움이 흔한 주제로 등장한다. 이 싸움은 질서와 혼돈의 대립이다. 그리스인들은 아폴로와 피톤의 갈등을, 바빌론인들은 마르둑과 티아맛 사이의 갈등을, 그리고 이스라엘 사람들은 야훼와 라합(신화적 괴물: 욥 9,13; 시편 89,11) 또는 야훼와 레비아탄 사이의 싸움을 이야기하였다. 유다의 묵시 문학에서는 창조 닷샛날에 하느님이 두 괴물, 레비아탄과 베헤못을 만드시어 전자는 바다에 가두시고 후자는 사막에 가두셨다고 전한다. 묵시록 저자는 이런 신화적 배경을 이용하여 악의 삼위일체, 곧 용과 바다 짐승과 땅 짐승을 등장시키고 이들이 사탄과 로마 제국(또는 황제)과 황제 숭배 신전의 사제를 대표하는 것으로 묘사한다. 이들은 반反 그리스도 세력을 형성하여 우주 만물에 대한 하느님과 그리스도의 주권에 도전하고 그리스도인들을 억압하고 박해한다.

어린양과 그의 백성[1)]

14 1 내가 또 보니 어린양이 시온 산 위에 서 계셨습니다.[2)] 그와 함께 십사만 사천 명이 서 있는데, 그들의 이마에는 어린양의 이름과 그 아버지의 이름이 적혀 있었습니다.[3)] 2 그리고 큰 물 소리 같기도 하고 요란한 천둥소리 같기도 한 목소리가 하늘에서 울려오는 것을 들었습니다. 내가 들은 그 목소리는 또 수금을 타며 노래하는 이들의 목소리 같았습니다.[4)] 3 그들은 어좌와 네 생물과 원로들 앞에서 새 노래를 부르고 있었습니다. 그 노래는 땅으로부터 속량된 십사만 사천 명 말고는 아무도 배울 수 없었습니다.[5)] 4 그들은 동정을 지킨 사람들로서 여자와 더불어 몸을 더럽

---

1) 요한은 묵시 12—14장에서 서로 대립되는 두 진영을 소개한다. 12—13장에서는 용과 두 짐승, 그리고 첫째 짐승의 표를 이마에 받은 자들이 등장하여 활개를 치며 상황을 주도한다. 이 악의 세력에 맞서 14장에서는 어린양이 시온 산 위에 나타나시고, 어린양의 이름과 그 아버지의 이름을 이마에 받은 십사만 사천 명이 그분 편에 선다.

2) "시온 산"은 성전이 들어선 동산 이름으로 예루살렘 자체를 뜻하기도 한다. 요한은 11,18; 12,5에서처럼 시편 2편을 염두에 두고 있다(시편 2,6). 어린양이 시온 산 위에 서 계신 이유는 당신의 원수들을 정복하시기 위해서다(8-11절).

14,1 ← 시편 2,6: 나의 거룩한 산 시온 위에 내가 나의 임금을 세웠노라!

14,1 ← 외경 4에스 13,35: 그러나 그는 시온 산 꼭대기에 서게 될 것이다.

14,3 ← 탈출 15,1-2: 그때 모세와 이스라엘 자손들이 주님께 이 노래를 불렀다. 그들은 이렇게 노래하였다. "나는 주님께 노래하리라. 그지없이 높으신 분, 말과 기병을 바다에 처넣으셨네. 주님은 나의 힘, 나의 굳셈. 나에게 구원이 되어 주셨다. 이분은 나의 하느님, 나 그분을 찬미하리라. 내 아버지의 하느님, 나 그분을 높이 기리리라."

3) 이마에 구원의 인장을 받은 십사만 사천 명(묵시 7,1-8)이 어린양과 함께 열병을 하고 있다. 이들은 이마에 짐승의 표가 찍힌 자들과 대립된다(13,16-17).

4) 하늘에서 들려오는 소리(10,4; 14,15; 18,4), 큰 물소리(1,15; 19,6), 요란한 천둥소리(19,6), 수금타는 소리(5,8; 15,2) 등은 묵시록의 다른 대목에도 자주 등장한다.

5) 15,3-5에서 짐승을 정복한 이들이 이집트에서 구원받은 것을 기념하는 '모세의 노래'(탈출 15,1 2)를 불렀다. "새 노래"는 하느님의 백성이 새롭게 구원받은 것을 기념하는 노래이다. "땅"은 요한 복음에 나오는 아버지와 아들을 믿지 않고 아들과 그 제자들에게 적대적인 '세상'에 해당된다.

힌 일이 없습니다.[6] 또한 그들은 어린양이 가는 곳이면 어디든지 따라가는 이들입니다.[7] 그들은 하느님과 어린양을 위한 맏물로 사람들 가운데에서 속량되었습니다.[8] 5 그들의 입에서는 거짓을 찾아볼 수가 없었습니다.[9] 그들은 흠 없는 사람들입니다.[10]

---

6) 두 가지 해석이 가능하다. 첫째, 십사만 사천 명은 "하늘의 군대"(묵시 19,14)이고 이들이 치르는 전쟁은 성전聖戰이므로 여자를 가까이 해서는 안 된다(신명 20장; 23,10; 참조: 1사무 21,5; 2사무 11,11). 둘째, 십사만 사천 명은 우상 숭배로 자신을 더럽히지 않은 이들이다. 하느님의 신부로서 이스라엘은 순결을 지켜야 한다. 곧 우상 숭배를 멀리해야 한다. 예언자들은 고대 근동의 모든 민족이 풍산신을 섬겼기 때문에 이방 신들을 섬기는 행위, 곧 이스라엘의 우상 숭배를 창녀짓으로 표현했다. 교회는 어린양의 신부(묵시 19,7; 21,2)인 반면, 로마는 탕녀이다(17,4-6; 참조: 14,8).

7) 그들은 어린양이 가는 곳은 어디든지 따라간다(루카 9,57; 참조: 마르 8,34; 요한 21,19). 그리스도인들은 어린양을 따라 수난을 겪고 영광에 참여한다(루카 24,26 참조).

8) 예수님은 죽은 이들 가운데서 되살아나신 첫 번째 사람, 곧 맏물이 되셨다(1코린 15,20-23). 속량받은 그들도 그분을 따라 구원의 첫 수확물이 되었다.

14,4 ← **신명 23,10**: 너희는 적과 싸우러 진영으로 나갈 경우, 온갖 나쁜 것을 조심해야 한다.

14,4 ← **1사무 21,5**: 사제가 다윗에게 대답하였다. "보통 빵은 내 수중에 없고, 있는 것이라고는 거룩한 빵뿐입니다. 부하들이 여자를 가까이하지 않았다면 드릴 수 있습니다."

14,4 ← **1코린 15,20-23**: 그러나 이제 그리스도께서는 죽은 이들 가운데에서 되살아나셨습니다. 죽은 이들의 맏물이 되셨습니다. 죽음이 한 사람을 통하여 왔으므로 부활도 한 사람을 통하여 온 것입니다. 아담 안에서 모든 사람이 죽는 것과 같이 그리스도 안에서 모든 사람이 살아날 것입니다. 그러나 각각 차례가 있습니다. 맏물은 그리스도이십니다.

14,5 ← **1베드 2,22**: 그는 죄를 저지르지도 않았고 그의 입에는 아무런 거짓도 없었다.

14,5 ← **이사 53,9**: 폭행을 저지르지도 않고 거짓을 입에 담지도 않았건만 그는 악인들과 함께 묻히고 그는 죽어서 부자들과 함께 묻혔다.

14,5 ← **1베드 1,19**: 흠 없고 티 없는 어린 양 같으신 그리스도의 고귀한 피로 그리된 것입니다.

---

9) 1베드 2,22을 참조하라(= 이사 53,9; 참조: 스바 3,13). 거짓은 짐승들의 전유물이다(묵시 21,8).

10) '흠 없다'는 표현은 합당한 제물에 붙여지는 레위식 용어이다. 144,000은 완전한 봉헌물이다. 그리스도는 흠 없는 어린양처럼 하느님께 자신을 흠 없는 제물로 바치셨다(1베드 1,19; 히브 9,14). 그리스도인들은 우상 숭배에 물들지 않음으로써 어린양처럼 흠 없는 제물이 되어 하느님께 스스로를 봉헌한다. 요한은 어린양의 충실한 추종자들을 '동정자들'로 규정한다.

심판의 예고[11]

6 나는 또 다른 천사가 하늘 높이 나는 것을 보았습니다.[12] 그는 땅에서 사는 사람들, 곧 모든 민족과 종족과 언어권과 백성에게 선포할 영원한 복음을 지니고 있었습니다.[13] 7 그가 큰 소리로 말하였습니다. "하느님을 경외하고 그분께 영광을 드려라. 그분께서 심판하실 때가 왔다. 하늘과 땅과 바다와 샘을 만드신 분께 경배하여라."[14]

8 또 다른 두 번째 천사가 따라와 말하였습니다. "무너졌다, 무너졌다, 대바빌론이![15] 자기의 난잡한 불륜의 술을 모든 민족들에게 마시게 한 바빌론이!"[16]

---

[11] 이 대목은 앞으로 닥칠 심판을 예고한다.

[12] 재앙을 알리는 마지막 천사인 일곱째 천사가 나타난 뒤부터는 "또 다른 천사"가 연이어 나타난다(14,6.8.9.15.17.18). 이 천사는 8,13에서처럼 하늘 높이 날고 있기 때문에, 지상의 모든 사람이 그를 볼 수도 있고 그가 전하는 메시지를 들을 수도 있다.

[13] "영원한 복음"은 10장에서 예언자들에게 계시된, 작은 두루마리에 적힌 하느님의 신비(10,1-2.7)다. 이 복음은 이제 땅의 모든 주민들에게 선포된다. 하느님께서 세상의 악과 그 악의 우두머리를 심판하신다는 소식도 복음이다(요한 12,31-32).

[14] 이방인들에게 선포된 이 메시지는 바르나바와 바오로가 리스트라의 이방인들에게 전한 메시지와 닮았다(사도 14,15; 탈출 20,11). 보통 히브리인들의

14,7 ← 사도 14,15: 여러분, 왜 이런 짓을 하십니까? 우리도 여러분과 똑같은 사람입니다. 우리는 다만 여러분에게 복음을 전할 따름입니다. 여러분이 이런 헛된 것들을 버리고 하늘과 땅과 바다와 또 그 안에 있는 모든 것을 만드신 살아 계신 하느님께로 돌아서게 하려는 것입니다.

14,8 ← 이사 21,9: "아, 옵니다! 병거 부대가, 두 줄 기마대가 옵니다." 그는 다시 말하였다. "무너졌습니다, 무너졌습니다, 바빌론이! 그 신상들도 모조리 땅바닥에 부서졌습니다."

14,8 ← 예레 51,7-8: 바빌론은 주님의 손에 들린 금잔, 온 세상을 취하게 하였다. 민족들이 거기 담긴 포도주를 마셨기에 미쳐 버렸다. 바빌론이 갑자기 쓰러지고 무너졌다. 그를 두고 통곡하여라. 그의 상처에 유향을 발라 보아라. 어쩌다 나을지도 모른다.

우주관을 보면 하늘과 땅과 지하로 구분된다. 여기서는 지하 대신 "바다와 샘"이 등장한다. 바다와 샘은 다같이 지하 세계의 대양(욥 38,16)에서 물을 공급받는다고 고대인들은 믿었다. 여기서 "샘"은 사람들이 인위적으로 파놓은 우물과는 구분된다.

15) 두 번째 천사는 짐승의 멸망을 선포한다(참조: 이사 21,9; 다니 4,30). 바빌론의 멸망은 17—18장에서 심도 있게 다룬다. 여기서 바빌론은 로마를 가리킨다(1베드 5,13). 구약의 예언자들은 바빌론을 억압하는 세력, 우상 숭배와 부도덕의 표상으로 삼았다(이사 21,9; 예레 51,7-8).

16) "자기의 난잡한 불륜의 술"은 당시의 온갖 풍산신 숭배 의식 때문에 촉발된 하느님의 진노의 술잔을 가리킨다. 바빌론은 이 술잔으로 다른 민족들을 미치게 하였다(예레 51,7).

9 또 다른 세 번째 천사가 그들을 따라와 말하였습니다. "누구든지 짐승과 그 상에 경배하고 자기 이마나 손에 표를 받는 자는, 10 그 역시 하느님의 분노의 술을 마실 것이다. 하느님의 진노의 잔에 물을 섞지 않고 부은 술이다.[17] 그런 자는 또한 거룩한 천사들과 어린양 앞에서 불과 유황으로 고통을 받을 것이다.[18] 11 그들에게 고통을 주는 그 연기는 영원무궁토록 타오르고, 짐승과 그 상에 경배하는 자들, 그리고 짐승의 이름을 뜻하는 표를 받는 자는 누구나 낮에도 밤에도 안식을 얻지 못할 것이다."[19] 12 여기에 하느님의 계명과 예수님에 대한 믿음을 지키는 성도들의 인내가 필요한 까닭이 있습니다.[20]

13 나는 또 "'이제부터 주님 안에서 죽는 이들은 행복하다.'고 기록하여라."[21] 하고 하늘에서 울려오는 목소리를 들었습니다. 그러자 성령께서 말씀하셨습니다.[22] "그렇다, 그들은 고생 끝에 이제 안식을 누릴 것이다. 그들이 한 일이 그들을 따라가기 때문이다."[23]

---

[17] 세 번째 또 다른 천사는 짐승을 숭배하는 자들에게 하느님의 진노가 떨어질 것이라고 선포한다. 여기서 하느님의 진노는 인간에 대한 하느님의 감정이나 태도가 아니라 원인과 결과의 불가피한 과정을 뜻한다. 하느님의 분노는 인간의 죄에 대한 필연적 결과이다. 그들은 물로 희석하지 않은 포도주를 마실 것이다. 그 당시 사람들은 보통 포도주에 물을 섞어 마셨다. 순도가 높은 포도주처럼 하느님의 분노도 그 강도가 셀 것이다.

[18] "불과 유황"은 소돔과 고모라의 파괴를 연상시키는 표상이다(창세 19,24-26; 참조: 이사 30,33; 에제 38,22). 불과 유황 못은 악인들의 궁극적 운명이다 (19,20; 20,10; 21,8). 유황불은 쉽게 꺼지지도 않고 사람을 질식시키는 독한 연기를 내뿜는다.

14,10 ← **창세 19,24**: 그때 주님께서 당신이 계신 곳 하늘에서 소돔과 고모라에 유황과 불을 퍼부으셨다.

14,10 ← **에제 38,22**: 나는 흑사병과 피로 그를 심판하겠다. 또 그와 그의 군대, 그와 함께 있는 많은 민족들 위로 폭우와 큰 우박, 불과 유황을 퍼붓겠다.

14,13 ← **마태 11,28**: 고생하며 무거운 짐을 진 너희는 모두 나에게 오너라. 내가 너희에게 안식을 주겠다.

19) 이와는 대조적으로 어좌 앞의 네 생물은 밤낮 쉬지 않고 "거룩하시다, 거룩하시다, 거룩하시다"를 외친다(4,8).

20) "인내"에 관해서는 13,10을 참조하라.

21) 이 행복 선언 역시 하늘의 목소리가 전한다. 이 소리의 주인은 주님이시다(11,12; 16,15). 신실한 이들은 주님의 죽음뿐 아니라 부활에도 동참한다(1코린 15,12-34 참조). 여기서 "주님 안에서 죽는 이들"은 우선적으로 순교자들을 가리키지만, 그리스도 안에서 죽는 다른 모든 이도 포함한다.

22) 교회들에 보내는 메시지(2—3장)에서처럼 성령께서 말씀하신다.

23) 신실한 이들의 노고는 끝났지만 그들의 행적은 그들이 안식을 누릴 근거로 그들을 따라다닌다(마태 11,28; 25,31-46; 묵시 20,12).

마지막 수확[24]

14 내가 또 보니 흰 구름이 있고 그 구름 위에는 사람의 아들 같은 분이 앉아 계셨는데,[25] 머리에는 금관을 쓰고 손에는 날카로운 낫을 들고 계셨습니다.[26] 15 또 다른 천사가 성전에서 나와, 구름 위에 앉아 계신 분께 큰 소리로 외쳤습니다. "낫을 대어 수확을 시작하십시오. 땅의 곡식이 무르익어 수확할 때가 왔습니다." 16 그러자 구름 위에 앉아 계신 분이 땅 위로 낫을 휘두르시어 땅의 곡식을 수확하셨습니다.[27]

17 또 다른 천사가 하늘에 있는 성전에서 나왔는데, 그도 날카로운 낫을 들고 있었습니다.[28] 18 또 다른 천사가 제단에서 나왔는데, 그는 불에 대한 권한을 지닌 천사였습니다. 그가 날카로운 낫을 든 천사에게 큰 소리로 외쳤습니다. "그 날카로운 낫을 대어 땅의 포도나무에서 포도송이들을 거두어들이십시오. 포도가 다 익었습니다."[29] 19 그러자 그 천사가

---

24) 요엘 4,12-13에서 영감을 받았다. 요엘서에서는 밀수확과 포도수확 둘 다 심판을 가리키지만, 여기서는 전자는 구원을 후자는 심판을 뜻하는 것으로 바뀌었다. 요한의 창조적 거룩한 독서의 또 다른 예이다.

25) '구름 위에 앉아 계신 분'은 1,7(다니 7,13)에 등장한다. "사람의 아들 같은 분"은 그리스도시다(1,13). 사람의 아들 같은 분은 정복하기 위해서가 아니라 수확하기 위해서 내려오신다.

26) "금관"은 왕적 승리를 뜻한다. 낫을 든 사람의 아들 같은 분은 아버지의 말씀을 기다린다. 수확의 시기와 권한은 본디 아버지께 속해 있기 때문이다(마르 13,32; 요한 5,27).

14,14-15 ← 요엘 4,12-13: 민족들은 일어나 여호사팟 골짜기로 올라가라. 내가 사방의 모든 민족들을 심판하려고 거기에 자리를 잡으리라. 낫을 대어라. 수확 철이 무르익었다. 와서 밟아라. 포도 확이 가득 찼다. 확마다 넘쳐흐른다. 그들의 악이 크다.

14,14 ← 마르 13,32: 그러나 그 날과 그 시간은 아무도 모른다. 하늘의 천사들도 아들도 모르고 아버지만 아신다.

14,14 ← 요한 5,27: 아버지께서는 또 그가 사람의 아들이므로 심판을 하는 권한도 주셨다.

---

27) 14,14-20의 밀수확과 포도수확은 20,11-15에 나오는 최후 심판을 예고한다. 14-16절에 묘사된 밀수확은 긍정적인 어조로 세상의 뭇 민족들 가운데에서 회개한 이들을 거두어들이는 구원을 선포하고, 17-20절에 묘사된 포도수확은 부정적인 어조로 회개하지 않는 사람들에게 징벌을 선포한다.

28) 공관 복음에서 천사들은 심판 때에 사람의 아들을 시중든다(마태 13,39.41-42).

29) 곡식이 무르익고(15절) 포도가 다 익었다. 순교자들의 명부가 다 채워졌다(6,11).

땅 위로 낫을 휘둘러 땅의 포도를 거두어들이고서는, 하느님 분노의 큰 포도 확에다 던져 넣었습니다.[30] 20 도성 밖에 있는 그 확을 밟아 누르니, 그 확에서 높이가 말고삐에까지 닿는 피가 흘러나와 천육백 스타디온이나 퍼져 나갔습니다.[31]

30) 이사 63,1-6에 바탕을 둔다. 이사야서의 이 대목은 묵시 19,11-16에 다시 원용된다. 하느님은 인내하시지만 악을 그저 보고 계실 수는 없다. 그분은 악과 양립할 수 없으시기 때문이다. 그분의 분노는 무죄한 이들의 피흘림을 결코 방관할 수 없다는 경고이다. 악과 죄에 대한 그분의 혐오를 표현하기에는 인간의 언어와 표상이 부족하고 부적합하다.

31) "도성 밖"은 예루살렘 밖을 말한다. 이곳은 예수님의 십자가 처형 장소였다(마태 21,39; 루카 20,15; 히브 13,12-13). 세상의 심판은 십자가 위에서 성취된다. 이사 63,1-6과 더불어 더욱 근접한 묘사는 외경 1에녹 100,1.3이다. 1,600스타디온은 40의 제곱으로 온 세상의 심판을 가리킨다(19,11-21). 한 스타디온은 185미터, 1,600스타디온은 약 296킬로미터이다.

14,19 ← 이사 63,3: 나는 혼자서 확을 밟았다. 민족들 가운데에서 나와 함께 일한 자는 아무도 없다. 나는 분노로 그들을 밟았고 진노로 그들을 짓밟았다. 그래서 그 즙이 내 옷에 튀어 내 의상을 온통 물들게 한 것이다.

14,20 ← 외경 1에녹 100,1.3: 그때에 아버지는 자기 아들들과 더불어 피의 강이 흘러 넘칠 때까지 두들겨 맞을 것이다. 말은 가슴까지 차오른 죄인들의 피 속을 걸어갈 것이다. 병거는 그 꼭대기까지 그 속에 파묻힐 것이다.

◆ **14장의 맺음말**: 14장에는 묵시록의 다른 대목들과 병행되는 구절들이 많고 저자가 좋아하는 주제와 표현들이 한데 모여 있다. 이 장은 서로 명백하게 구별되는 네 부분으로 나눌 수 있다. 첫째 부분(1-5절)은 어린양의 역할에 초점을 맞춘 종말론적 장면을 상정한다. 어린양은 속량된 십사만 사천명과 더불어 시온 산 위에 서서 용과 두 짐승에 맞선다. 둘째 부분(6-12절)은 세 천사의 외침을 소개한다. 세 천사는 저마다 하느님의 심판과 바빌론의 멸망과 우상 숭배에 빠진 자들에 대한 징벌을 예고하고 성도들에게 인내를 가지고 충고한다. 셋째 **부분**(13절)**은 주님** 안에서 죽는 이들에 대한 행복 선언이다. 마지막으로 넷째 부분(14-20절)은 밀수확과 포도수확의 표상을 이용하여 종말의 심판을 묘사한다.

마지막 일곱 재앙의 예고[1]

15 1 나는 또 크고 놀라운 다른 표징이 하늘에 나타난 것을 보았습니다. 일곱 천사가 마지막 일곱 재앙을 가지고 있었는데, 그것으로 하느님의 분노가 끝나게 될 것입니다.[2]

2 나는 또 불이 섞인 유리 바다 같은 것을 보았습니다.[3] 그 유리 바다 위에는 짐승과 그 상과 그 이름을 뜻하는 숫자를 무찌르고 승리한 이들이 서 있었습니다.[4] 그들은 하느님의 수금을 들고, 3 하느님의 종 모세와 어린양의 노래를 부르고 있었습니다.[5]

"전능하신 주 하느님
주님께서 하신 일은 크고도 놀랍습니다.
민족들의 임금님
주님의 길은 의롭고 참되십니다.
4 주님, 주님을 경외하지 않을 자 누구이며
주님의 이름을 찬양하지 않을 자 누구입니까?
정녕 주님 홀로 거룩하십니다.
모든 민족들이 와서
주님 앞에 경배할 것입니다.
주님의 의로운 처사가 드러났기 때문입니다."[6]

---

1) 앞의 봉인과 나팔의 재앙과는 다른 일곱 재앙이 15장에서 예고되고 16장에서는 실제로 집행되는데, 이른바 일곱 대접 재앙이다. 이것으로 모든 재앙은 끝난다. 이 재앙에서는 일곱 나팔의 대천사들 대신 일곱 대접의 천사들이 등장한다. 또한 앞에서와는 달리 일곱 대접 재앙의 경우에는 저자가 재앙과 재앙 사이에 다른 장면을 덧붙이거나 재앙의 내용을 부풀리는 일

15,3 ← 히브 3,5-6: 모세는 하느님께서 장차 말씀하시려는 것을 증언하려고, "종"으로서 "그분의 온 집안을 충실히 맡고 있었습니다." 그러나 그리스도께서는 그분의 집안을 맡은 아드님으로서 충실하신 분이십니다. 우리가 그분의 집안입니다. 우리의 희망에 대하여 확신과 긍지를 굳게 지니는 한 그렇습니다.

없이 도식적으로 서술한다.

2) 묵시록 저자는 "하느님의 분노"를 여섯 번 언급한다(14,10.19; 15,1.7; 16,1; 19,15). 구약성경과 묵시문학 전통에서 하느님의 분노는 종말론적 사건과 연결된다(에제 7,19; 22,24; 스바 1,15.18; 2,2-3; 1에녹 62,12). 묵시록에 표현된 주님의 종말론적 분노는 하느님의 질서와 통치에 반역하는 이들에게 재앙을 퍼붓는 결과를 낳는다.

3) 4,6의 유리 바다와 같다. 그런데 여기서는 단순한 유리 바다가 아니라 하느님의 심판을 암시하는 "불이 섞인 유리 바다"이다.

4) 그들은 이마에 구원의 인장을 받고(7,1-8) 첫째 짐승을 이기고 승리한 십사만 사천 명(14,1-5)을 가리킨다.

5) 앞에서처럼 재앙들은 천상 전례를 통해서 소개된다. 모세는 하느님의 종이지만 그리스도는 그분의 아들이다(히브 3,5-6). 이집트에서 이스라엘이 구출된 사건은 짐승에게서 하느님의 백성이 구출된 형태이다. 따라서 모세의 노래는 어린양의 피로 승리를 얻게 된 것(7,14; 12,11)을 찬양하는 어린양의 노래와 같다.

6) 모든 민족들은 전능하신 주 하느님을 자신들의 유일한 임금으로 인정해야 한다. 그들이 부르는 노래는 모세의 노래의 틀 속에서 불려지지만, 그 핵심은 원수들을 물리친 것을 기념하는 데 있지 않고 정의로운 구원을 완성하신 하느님을 찬양하는 데 있다. 주님의 모든 업적이 최종적으로 지향하는 목표는 인류 구원이다. 우리 주 하느님께는 익인들에 대한 심판도 그분의 영원한 관심사인 인류 구원의 한 과정일 따름이다. 이 노래에는 인간의 업적은 전혀 언급되지 않고 오로지 하느님의 위대한 업적만 찬양한다.

5 그 뒤에 내가 또 보니 하늘에 있는 증언의 천막 성전이 열리고,[7] 6 일곱 재앙을 가진 일곱 천사가 성전에서 나왔습니다.[8] 그들은 깨끗하고 빛나는 옷을 입고 가슴에는 금 띠를 두르고 있었습니다.[9] 7 그때에 네 생물 가운데 하나가 영원무궁토록 살아 계신 하느님의 분노가 가득 담긴 금 대접을 일곱 천사에게 주었습니다.[10] 8 그러자 성전이 하느님의 영광과 권능에서 나오는 연기로 가득 차,[11] 일곱 천사의 일곱 재앙이 끝날 때까지 아무도 성전 안으로 들어갈 수가 없었습니다.[12]

---

[7] "하늘에 있는 증언의 천막 성전"이란 지상에 있는 증언의 천막의 원형(11,19)을 말한다(사도 7,44; 히브 8,5).

[8] 재앙의 천사들은 성전에서 나온다.

[9] 이 천사들은 어린양의 신부처럼 깨끗하고 빛나는 옷을 입은(19,8) 천상 군대이다(19,14). 그들은 사람의 아들 같은 이처럼 가슴에 금 띠를 둘렀다(1,13).

[10] 여기에 나오는 대접(피알레 $\phi\iota\acute{a}\lambda\eta$)은 그리스 종교에서 두 가지 용도로 쓰였다. 하나는 경신례 때에 술을 담아두는 그릇으로 쓰였고, 다른 하나는 신탁을 얻고자 할 때 점치는 그릇으로 쓰였다. 후자의 경우 사람들은 그릇에 담긴 액체 표면에 환시가 나타난다고 믿었다. 이 대접은 높이가 낮고 넓게 펴져 있어서 그 안에 담긴 내용물을 손쉽고 빠르게 비울 수 있었다. 재앙을 빨리 쏟아낼 수 있다.

[11] 연기는 구름과 불과 벼락처럼 하느님의 현현에 등장하는 단골 메뉴이다.

[12] 아무도 중재 기도를 하러 성전에 들어갈 수 없다. 이제는 심판의 시간이다.

15,5 ← 사도 7,44: 우리 조상들은 광야에 있을 때에 증언의 천막을 가지고 있었습니다. 모세에게 말씀하신 분께서 지시하신 대로, 자기가 본 모형에 따라 모세가 만든 것입니다.

15,5 ← 히브 8,5: 모세가 성막을 세우려고 할 때에 지시를 받은 대로, 그들은 하늘에 있는 성소의 모상이며 그림자에 지나지 않는 성소에서 봉직합니다. 하느님께서 "자, 내가 이 산에서 너에게 보여 준 모형에 따라 모든 것을 만들어라" 하고 말씀하신 것입니다.

◆ **15장 맺음말**: 15장은 두 부분으로 나뉜다. 전반부(1-4절)는 앞에서 일곱 나팔 재앙이 시작되기 전에 하느님의 신실한 이들이 안전하게 보호를 받는다는 사실을 언급했듯이(7장), 일곱 대접 재앙 전에 짐승을 무찌르고 승리한 이들이 다가오는 재앙과는 상관없이 천상 전례에서 하느님을 흠숭하며 그분께 찬양의 노래를 부르는 모습을 전한다. 승리자들이 부르는 노래는 비록 '모세의 노래'라는 이름이 붙었지만, 탈출기의 승전가와는 달리 원수들에 대한 승리를 노래하지 않고 주님의 주권과 위업을 높이 기리며 그분만을 찬양하는 데 초점을 맞춘다. 후반부(5-8절)는 천상의 성소를 묘사하고 마지막 일곱 재앙을 가져올 일곱 천사를 소개한다. 네 생물 가운데 하나가 일곱 천사에게 재앙이 담긴 금 대접을 넘겨 줌으로써 그들이 하는 일을 거든다(네 생물의 역할에 대해서는 6장 참조). 천상의 성소는 하느님의 위임과 영광으로 가득 차 있다. 이제 심판은 돌이킬 수 없다. 일곱 재앙이 끝날 때까지 아무도 천상 성전에 들어가 징벌을 받을 자들을 위해 중재 기도를 바칠 수 없다.

하느님의 진노가 담긴 일곱 대접[1]

16 1 나는 또 성전에서 울려오는 큰 목소리를 들었는데,[2] "가서 하느님 분노의 일곱 대접을 땅에 쏟아라." 하고 일곱 천사에게 말하는 소리였습니다.
2 첫째 천사가 나가서 자기 대접을 땅에 쏟았습니다. 그러자 짐승의 표를 지닌 사람들과 그 상에 경배한 사람들에게 고약하고 지독한 종기가 생겼습니다.[3]
3 둘째 천사가 자기 대접을 바다에 쏟았습니다. 그러자 바다가 죽은 사람의 피처럼 되어 바다에 있는 모든 생물이 죽었습니다.[4]
4 셋째 천사가 자기 대접을 강과 샘에 쏟았습니다. 그러자 물이 피가 되었습니다.[5] 5 그때에 나는 물을 주관하는 천사가 말하는 것을 들었습니다.[6]

"지금도 계시고 전에도 계시던 분,[7] 거룩하신 분
이렇게 심판하시니 주님께서는 의로우십니다.
6 저들이 성도들과 예언자들의 피를 쏟았으므로
주님께서 저들에게 피를 마시게 하셨습니다.[8]
저들은 이렇게 되어 마땅합니다."
7 이어서 제단이 말하는 것을 들었습니다.[9]

---

1) 이 재앙들도 8—9장처럼 이집트 재앙을 떠올리게 한다. 그러나 이집트 재앙과는 달리 여기서의 징벌은 보편적이고 결정적이다. 종기(2절: 탈출 9,8-12), 피로 변한 물(3-7절: 탈출 7,17-25), 어둠(10절: 탈출 10,21-23), 개구리(12-16절: 탈출 7,26—8,11), 천둥과 우박(17-21절: 탈출 9,13-35) 등이다. 이 재앙들은 짐승을 숭배하는 자들과 그리스도인들을 박해하는 자들에게 내린다.

16,5 ← 외경 1에녹 66,1-2: 그 뒤에 그분은 나에게 징벌의 천사들을 보여 주셨는데, 그들은 와서 지하에 있는 물의 모든 능력을 풀어 지상에 사는 모든 사람을 심판하고 파괴할 준비가 되어 있었다. … 그들은 물을 주관하는 천사들이었다.

16,6 ← 지혜 11,16: 사람이 죄를 지은 바로 그것들로 징벌도 받는다는 사실을 깨닫게 하시려는 것이었습니다.

---

2) 아무도 성전에 들어갈 수 없으니, 이 소리의 주인공은 하느님일 수밖에 없다.

3) 이집트의 여섯째 재앙에 해당한다(탈출 9,8-12; 참조: 신명 28,35).

4) 이집트의 첫째 재앙에 해당한다(탈출 7,17-25). 둘째 나팔의 재앙과 비교하라(묵시 8,8-9). 여기서는 바다의 생물이 삼분의 일이 아니라 전체가 죽는다.

5) 이집트의 첫째 재앙에 해당한다(탈출 7,17-25). 제한 없이 모든 물이 피로 변한다.

6) 외경 1에녹 66,1-2을 참조하라. 이 천사의 노래는 승리자들의 노래(묵시 15,3-4)에 대한 화답송으로 볼 수도 있다. 여기서도 주님의 의로우심과 거룩하심을 높이 기린다.

7) 11,17처럼 하느님은 이제 "오실 분"(1,4)이 아니다.

8) 응보의 원리이다(지혜 11,16; 참조: 묵시 17,6).

9) 제단의 천사(14,18)이기니 의인화된 제단 지체일 수 있다. 제단의 말은 순교자들의 기도(6,9-11; 8,3-5)에 대한 응답으로 볼 수 있다. 이 응답은 15,3; 19,2을 반향한다.

"그렇습니다, 전능하신 주 하느님
주님의 심판은 참되고 의로우십니다."

8 넷째 천사가 자기 대접을 해에 쏟았습니다.[10] 그러자 사람들을 불로 태우는 권한이 해에게 주어졌습니다. 9 사람들은 뜨거운 열에 타 버렸습니다. 그런데도 그들은 이러한 재앙들에 대한 권능을 지니신 하느님의 이름을 모독할 뿐,[11] 회개하여 그분께 영광을 드리지 않았습니다.[12]

10 다섯째 천사가 자기 대접을 짐승의 왕좌에 쏟았습니다.[13] 그러자 그의 나라가 어둠으로 변하고, 사람들은 괴로움을 못 이겨 자기 혀를 깨물었습니다. 11 그러면서도 자기들이 겪는 괴로움과 종기 때문에 하늘의 하느님을 모독할 뿐, 자기들의 행실을 회개하지 않았습니다.

12 여섯째 천사가 자기 대접을 큰 강 유프라테스에 쏟았습니다. 그러자 강물이 말라 해 돋는 쪽의 임금들을 위한 길이 마련되었습니다.[14] 13 그때에 나는 용의 입과 짐승의 입과 거짓 예언자의 입에서 개구리같이 생긴 더러운 영 셋이 나오는 것을 보았습니다.[15] 14 그들은 마귀들의 영으

---

10) 앞에서 넷째 나팔이 해를 치자 어둠이 덮였는데(8,12), 이번에는 어둠 대신 열기가 뿜어져 나왔다.

11) 하느님을 모독하는 자들은 자기네가 섬기는 거짓 신에게 철저히 매달려 있다. 그 거짓 신 자체가 하느님의 모독자이다(13,1.5-6; 17,3).

12) 똑같은 재앙이 의인들에게는 회개의 기회가 될 수 있다(지혜 11,5).

13) 이집트의 아홉째 재앙(탈출 10,21-23; 참조: 묵시 8,12; 9,1-2)에 해당한다. "짐승의 왕좌"는 로마 황제들의 통치권을 가리킨다. 다섯째에서 일곱째까지의 대접 재앙은 짐승의 숭배자들을 괴롭힌다. 파라오의 경우처럼 재앙은 회개를 불러일으키기는커녕 짐승 숭배자들의 마음을 더 완고하게 하였다.

16,9 ← 지혜 11,5: 이렇게 그들의 원수들에게는 징벌의 도구가 되었던 바로 그것이 곤경에 빠진 그들에게는 득이 되었습니다.

16,13-14 ← 마르 13,22: 거짓 그리스도들과 거짓 예언자들이 나타나, 할 수만 있으면 선택된 이들까지 속이려고 표징과 이적들을 일으킬 것이다.

16,13 ← 즈카 13,2: 그날에 나는 이 땅에서 우상들의 이름을 없애 버려, 그들이 다시는 기억되지 못하게 하겠다. 또한 나는 예언자들과 더러운 영을 이 땅에서 치워 버리겠다.

---

14) "큰 강 유프라테스"의 의미에 관해서는 9,14 각주를 참조하라. 강물이 마르면 파르티아인들의 침입이 더욱 수월해진다(탈출 14,21; 여호 3,17; 예레 50,38; 51,36-37).

15) 용과 짐승과 거짓 예언자는 사탄의 삼위일체이다. 13장의 둘째 짐승이 여기서부터 거짓 예언자로 불리게 된다(묵시 19,20; 20,10). 다섯째 나팔의 메뚜기들처럼(9,1-11) 이 개구리들은 악마적 존재들로서 탈출기의 개구리들(탈출 7,26-8,11)보다 더 고약하다. 그들이 표징들을 행하여 땅의 임금들을 현혹시키기 때문이다. "더러운 영"(즈카 13,2)에 대해서는 마태 10,1; 마르 1,23 등을 참조하라. 사탄의 삼위일체의 입에서 나오는 이 영들은 거짓말로 인간을 속이고(묵시 13,14) 사람들을 멸망으로 이끈다(참조. 신명 13,1-2; 마르 13,22; 2테살 2,12). 제국주의나 전체주의 국가의 통치자들이 현란한 말솜씨로 국민을 속이는 상황을 떠올릴 수 있다.

로서 표징을 일으키는 자들입니다. 그들이 온 세계 임금들을 찾아 나섰는데,16) 전능하신 하느님의 저 중대한 날에 일어날 전투에 대비하여 임금들을 불러 모으려는 것이었습니다.17) 15 "보라, 내가 도둑처럼 간다. 깨어 있으면서 제 옷을 갖추어 놓아, 알몸으로 돌아다니며 부끄러운 곳을 보일 필요가 없는 사람은 행복하다."18) 16 그 세 영은 히브리 말로 하르마게돈이라고 하는 곳으로 임금들을 불러 모았습니다.19)

---

16) 제국의 임금들, 곧 12절의 야만적 임금들과는 달리 문명 세계의 임금들을 가리킨다.

17) 요한은 네로의 재생 전설을 염두에 두고 있는 것 같다. 요한 당대에 네로가 파르티아 군대의 수장이 되어 원수들을 파괴하고 자기 왕좌를 탈환하기 위해 돌아오리라는 소문이 민중들 사이에 퍼져 있었다(참조: 묵시 13,3; 17,11). 이 악마의 영들은 온 세계 임금들을 불러 모아 동쪽 침입자들과 결탁하도록 하였다(시편 2,2; 참조: 묵시 17,13-14; 19,19). "하느님의 저 중대한 날"은 요엘 2,11; 3,4; 묵시 6,17을 참조하라.

18) 묵시록의 일곱 행복 선언(1,3; 14,13; 16,15; 19,9; 20,6; 22,7.14) 가운데 하나로서 예수님의 말씀이다(3,3-4.18; 마태 24,43; 루카 12,39; 1테살 5,2). 라오디케이아 교회에 보내는 충고에 귀 기울일 필요가 있다. 그들은 주님께 흰옷을 사라는 권고를 받는다. "내가 너에게 권한다. 나에게서 불로 정련된 금을 사서 부자가 되고, 흰옷을 사 입어 너의 수치스러운 알몸이 드러나지 않게 하고, 안약을 사서 눈에 발라 제대로 볼 수 있게 하여라"(묵시 3,18).

16,14 ← **시편 2,2**: 주님을 거슬러, 그분의 기름부음받은이를 거슬러 세상의 임금들이 들고 일어나며 군주들이 함께 음모를 꾸미는구나.

16,15 ← **마태 24,43**: 이것을 명심하여라. 도둑이 밤 몇 시에 올지 집주인이 알면, 깨어 있으면서 도둑이 자기 집을 뚫고 들어오도록 내버려 두지 않을 것이다.

16,16 ← **즈카 12,11**: 그날에 므기또 벌판에서 하닷 림몬을 위하여 곡하는 것처럼 예루살렘에서도 곡소리가 크게 울릴 것이다.

---

19) "하르마게돈" Ἀρμαγεδών은 히브리어 '하르-므기또' הַר מְגִדּוֹ(므기또의 산)를 그리스어로 음역한 이름이다. 므기또는 카르멜 산 근처의 평야로서 지중해 해변에서 이즈르엘 평야로 가는 길목의 전략적 요충지였고 따라서 많은 전투가 벌어졌던 곳이다(판관 5,19-21). 요시야도 여기서 죽었다(2열왕 23,29-30). 그 뒤부터 이곳은 재앙의 상징이 되었다. 즈카 12,11에서 이곳은 적군의 최종 참패를 상징하기 위해 등장한다. 하르마게돈에서 선의 군대와 악의 군대가 대전투를 벌일 것이다. 이 전투에서 악의 군대는 하느님의 육화된 말씀인 예수 그리스도에게 대패할 것이다(19,13).

17 일곱째 천사가 자기 대접을 공중에 쏟았습니다.[20] 그러자 "다 이루어졌다." 하는 큰 목소리가 성전 안에 있는 어좌에서 울려 나왔습니다. 18 이어서 번개와 요란한 소리와 천둥이 울리고 큰 지진이 일어났습니다. 그렇게 강력한 지진은 땅 위에 사람이 생겨난 이래 일찍이 일어난 적이 없습니다.[21] 19 그리하여 큰 도성이 세 조각 나고 모든 민족들의 고을이 무너졌습니다. 하느님께서는 대바빌론을 잊지 않으시고, 당신의 격렬한 진노의 술잔을 마시게 하셨습니다.[22] 20 그러자 모든 섬들이 달아나고 산들이 자취를 감추었습니다.[23] 21 하늘에서는 무게가 한 탈렌트나 되는 엄청난 우박들이 사람들에게 떨어졌습니다. 그 우박 재앙이 너무나 컸기 때문에 사람들은 하느님을 모독하였습니다.[24]

---

20) 일곱째 봉인과 일곱째 나팔이 이미 종말을 알렸다(묵시 10,6-7; 11,15; 15,1).

21) 번개, 천둥, 지진은 하느님의 발현과 그분의 장엄한 방문에 동반되는 단골 메뉴이다(8,5; 11,19; 다니 12,1; 탈출 9,24; 마르 13,19). 지진은 아시아 속주의 주민들에게는 매우 익숙한 재앙이었다.

22) 큰 도성 대바빌론은 로마를 가리킨다(묵시 14,8과 각주 참조).

23) 지진으로 지각 변동이 일어난다. 섬들이 바다 속으로 가라앉고 산들이 평지로 변한다(외경 모세의 승천 10,4).

24) 큰 우박은 이집트의 일곱째 재앙에 해당한다(탈출 9,13-24). 다섯째 재앙을 겪는 자들처럼(10-11절) 여기서도 회개하기는커녕 하느님을 모독한다.

16,20 ← 외경 모세의 승천 10,4: 높은 산들은 낮아지고 언덕들은 흔들리고 무너져 내릴 것이다.

◆ **16장의 맺음말**: 묵시록 저자가 여러 표상을 통해 끊임없이 전하는 메시지는 악의 세력이 아무리 위세를 떨친다 하더라도 하느님의 주권 앞에서는 힘을 못쓰고 반드시 궤멸된다는 것이다. 그러므로 지금 박해를 받으며 어려운 상황을 겪고 있는 교회는 인내심을 가지고 꿋꿋하게 버텨야 한다. 일곱 대접 재앙은 나팔 봉인 재앙과 나팔 재앙에 이어지는 마지막 재앙이다. 저자는 대접 재앙의 경우 앞의 재앙들과는 달리 중도에 중단하는 일 없이 연속적으로 서술한다. 천사가 일곱째 대접을 쏟자 천상 성전 안에 있는 어좌에서 "다 이루어졌다" 하고 말하는 큰 목소리가 울려 나왔다(16,17). 이는 하느님께서 직접 하신 말씀이라는 뜻이다. 마지막 일곱째 대접 재앙은 바빌론에 대한 파괴를 포함한다. 16장은 세 가지 일곱 재앙들과 바빌론의 파멸(17,1—19,10)을 이어주는 구실을 한다. 대접 재앙 대목도 8—9장의 나팔 재앙 대목처럼 탈출기의 열 재앙 대목을 묵시록 저자가 창조적으로 이용한 것이다. 탈출기 이외에도 저자는 이 대목에서 구약과 신약성경, 그리고 유다교의 외경에 속하는 묵시문헌들을 폭넓게 활용한다. 거룩한 독서의 또 다른 좋은 예라고 할 수 있다.

대탕녀 바빌론에게 내린 심판[1]

17 1 저마다 대접을 가진 그 일곱 천사 가운데 하나가 나에게 와서 말하였습니다. "이리 오너라. 큰 물 곁에 앉아 있는 대탕녀에게 내릴 심판을 너에게 보여 주겠다.[2] 2 땅의 임금들이 그 여자와 불륜을 저지르고, 땅의 주민들이 그 여자의 불륜의 술에 취하였다."[3] 3 그 천사는 성령께 사로잡힌 나를 광야로 데리고 갔습니다. 나는 진홍색 짐승을 탄 여자를 보았습니다. 그 짐승의 몸에는 하느님을 모독하는 이름들이 가득한데, 머리가 일곱이고 뿔이 열이었습니다.[4] 4 그 여자는 자주색과 진홍색 옷을 입고 금과 보석과 진주로 치장하였습니다.[5] 손에는 자기가 저지른 불륜의 그 역겹고 더러운 것이 가득 담긴 금잔을 들고 있었습니다.[6] 5 그리고 이마에

---

1) 로마에 대한 판결은 앞에서 두 번이나 선고되었지만(묵시 14,8; 16,19), 이 사악한 도시의 멸망을 소홀히 다룰 수는 없다. 요한은 17장 전체를 바빌론(여신 로마)을 묘사하는 데 할애하고, 18,1-8에서는 로마의 멸망을 장엄하게 선언한다. 그리고 18,9-24에서는 로마에 대한 풍자적 애가를 읊고, 19,1-10에서는 승리를 축하하는 천상 전례를 소개한다.

2) "큰 물 곁에 앉아 있는 대탕녀"는 예레 51,13에 따르면 바빌론을 가리킨다. 여기서 큰 물은 유프라테스 강과 이 강에 연결된 운하들을 말한다. 히브리어에서 도시는 여성이다. 우상 숭배와 부와 사치에 빠진 큰 도시를 탕녀로 보는 것은 히브리어 성경의 전통이다. 에제 16장에서 예루살렘은 탕녀이고, 에제 23장에서는 예루살렘과 사마리아 두 자매가 한 쌍의 탕녀로 묘사된다(이사 23,15-17; 나훔 3,4). 로마는 "큰 물 곁에 앉아 있는" 도시는 아

17,1 ← 예레 51,13: 큰 물 가에 살며 보화를 많이 가진 자야, 너의 종말이 다가오고 네가 잘려 나갈 때가 되었다.

17,4 ← 예레 51,7: 바빌론은 주님의 손에 들린 금잔, 온 세상을 취하게 하였다. 민족들이 거기 담긴 포도주를 마셨기에 미쳐 버렸다.

17,4 ← 다니 9,27: 그 군주는 한 주간 동안 많은 이와 강력한 동맹을 맺고 반주간 동안은 희생 제물과 곡식 제물을 바치지 못하게 하리라. 성전 날개에는 황폐를 부르는 혐오스러운 것이 세워져 황폐하게 만드는 그자에게 이미 결정된 멸망이 쏟아질 때까지 서 있으리라.

니지만, 구약성경에서 사람의 무리나 군대를 곧잘 큰 물로 해석한다는 사실을 감안하면 충분히 상징적 표현으로 이해할 수 있다(시편 144,7; 이사 8,6-7; 17,12-14; 28,17; 예레 47,2). 아래 15절에서 이 도시의 물은 백성들과 군중들과 민족들과 언어들로 풀이된다.

3) "땅의 임금들"은 12절의 로마 황제들과는 구별되는 로마의 총애를 얻은 통치자들을 말한다(묵시 16,14; 17,18; 18,9-10). "땅의 주민들"은 하느님의 원수들로서 얼빠진 짐승 숭배자들이다.

4) 이 "여자"는 12장에 언급된 여인의 경쟁자이다. "짐승"은 13장의 첫째 짐승이고 "진홍색"은 12,3의 붉은 용의 색깔이며 '일곱 머리'는 로마시가 자리 잡은 일곱 언덕(9절)을, '열 뿔'은 열 명의 황제를 가리킨다. 따라서 이 여자는 로마 제국이 떠받드는 여신(Dea Roma)을 가리킨다.

5) 황제의 색깔과 온갖 부와 사치로 치장한 이 여자에 비해, 어린양의 신부는 빛나고 깨끗한 고운 아마포 옷을 입었다(19,8).

6) "불륜의 … 금잔"에 대해서는 예레 51,7을 참조하라. "역겹고 더러운 것"은 우상 숭배를 가리킨다(다니 9,27; 11,31; 12,11; 마르 13,14). 안티오코스 4세가 예루살렘 성전에 세운 제우스의 제단은 '역겨운 것'으로 불렸다.

는 '땅의 탕녀들과 역겨운 것들의 어미, 대바빌론'이라는 이름이 적혀 있었는데, 그 이름은 하나의 신비였습니다.⁷⁾ 6 내가 보니 그 여자는 성도들의 피와 예수님의 증인들의 피에 취해 있었습니다.⁸⁾

나는 그 여자를 보고 크게 놀랐습니다. 7 그때에 천사가 나에게 말하였습니다.⁹⁾ "왜 놀라느냐? 내가 저 여자의 신비와 저 여자를 태우고 다니는 짐승 곧 머리가 일곱이고 뿔이 열인 짐승의 신비를 너에게 말해 주마. 8 네가 본 그 짐승은 전에는 있었으나 지금은 없다. 그것이 또 지하에서 올라오겠지만 멸망을 향하여 나아갈 따름이다.¹⁰⁾ 땅의 주민들 가운데 세상 창조 때부터 생명의 책에 이름이 기록되지 않은 자들은 그 짐승을 보고 놀랄 것이다. 그것이 전에는 있었지만 지금은 없고 앞으로 또 나타날 것이기 때문이다. 9 여기에 지혜로운 마음이 필요한 까닭이 있다.¹¹⁾

---

7) 로마는 적어도 세 가지 이름을 지녔다: 정치적 이름 로마Roma, 신화적 이름 플로라Flora(꽃과 봄의 여신), 제의적 이름 아모르Amor. 이 가운데 가장 신비스런 이름은 셋째 제의적 이름이다. Roma를 거꾸로 읽으면 Amor가 된다. 실제로 로마인들은 자신들을 사랑과 에로스의 여신인 비너스/아프로디테Venus/Aphrodite의 아들 애네아스Aeneas의 자손으로 여겼다. 요한이 로마를 탕녀로 묘사하는 것으로 보아 이 세 번째 이름 Amor를 염두에 둔 것 같다. 성도들의 이마에 새겨진 어린양의 이름과 하느님의 이름과는 대조적이다(묵시 14,1). 바빌론은 로마를 지칭하는 비밀스런 이름이다(11,8 각주 12 참조).

8) 네로의 피비린내 나는 박해를 암시할 수 있다(17,10과 각주 13 참조). 로마의 역사가 타키투스Tacitus Publius Cornelius(56-120년경)는 이렇게 증언한다. "수많은 그리스도인들이 단순히 죽음에 붙여진 것이 아니라 모욕 속에서 죽어갔다. 그들은 맹수의 가죽을 뒤집어 쓰고 원형극장의 광장에 내몰려 굶주린 개들에게 공격을 받게 되거나 시커먼 콜타르에 담궈졌다가 십자가에 매달려 화형을 당하였다. 해가 서산으로 넘어가면 그들의 화형은 밤을 밝히는 불빛이 되었다"(『연대기』 XV,44). 로마는 두 가지 죄를 지었다. 우상 숭배(4절)와 학살(6절)이다. 에제키엘도 예루살렘을 같은 죄목으로 고발하였다(에제 16,36-38; 23,37.45). 묵시록에서 이곳에서만 순교자들이 "증인"의 의미로 쓰였다.

9) 묵시문학에서는 천사가 해석자의 구실을 한다(다니 7,15-28; 8,15-26).

10) 이 짐승(네로)은 전에는 있었으나(로마를 다스렸다) 지금은 없다(죽었다). 나중에 지하에서 올라올 것이지만(권력을 잡기 위해 돌아올 것이다) 결국 멸망할 것이다(완전한 패망). 이 표현은 1,4의 풍자적 모방이다. 이 짐승의 항구적 별칭은 '지하에서 올라오는 자'와 '멸망할 자'이다. 이와 반면 어린양의 항구적 별칭은 '살해된 깃처럼 보이는 분'이다.

11) 지혜는 수수께끼의 답을 얻는 데가 아니라 짐승의 실체를 꿰뚫어보는 데 필요하다(묵시 13,18 참조).

일곱 머리는 그 여자가 타고 앉은 일곱 산이며 또 일곱 임금이다.[12] 10 다섯은 이미 쓰러졌고 하나는 지금 살아 있으며 다른 하나는 아직 나오지 않았다. 그러나 그가 나오더라도 잠깐밖에 머무르지 못할 것이다. 11 또 전에는 있다가 지금은 없는 그 짐승이 여덟 번째 임금이다. 그러나 그는 일곱 가운데 하나였던 자로서, 멸망을 향하여 나아갈 것이다.[13] 12 네가 본 열 뿔은 열 임금이다. 그들은 아직 왕권을 차지하지 못하였지만, 잠시 그 짐승과 함께 임금으로서 권한을 차지할 것이다.[14] 13 그들은

---

12) "일곱 산"은 로마시가 자리 잡은 일곱 언덕을 상징하고, "일곱 임금"은 로마의 황제를 가리킨다. 그런데 요한이 구체적으로 어느 황제들을 염두에 둔 것인지에 대해서는 학자들 사이에서 의견이 분분하다. 묵시록 저자가 살던 시대까지의 로마 황제들은 율리우스 카이사리우스(기원전 44년 사망), 아우구스투스(기원전 27-기원후 14년), 티베리우스(14-37년), 가이우스=칼리굴라(37-41년), 클라우디우스(41-54년), 네로(54-68년), 갈바/오토/비텔리우스(68-69년), 베스파시아누스(69-79년), 티투스(79-81년), 도미티아누스(81-96년), 네르바(96-98년), 트라야누스(98-117년) 등이다. 한 가지 가능성은 카이사리우스·아우구스투스·티베리우스·가이우스·클라우디우스·네로·갈바로 추정하는 것이다. 다른 한편으로 "일곱 임금"을 역사적 사실이 아니라 상징적 표현으로 받아들이는 해석도 있다. 묵시록에서 일곱이라는 수는 53번이나 나오는데, 고대 세계에서 이 7은 세상과 인간 역사에 대한 신의 섭리와 계획을 반영하는 완전수이다. 고대 근동의 신화에 등장하는 일곱 머리가 달린 용은 악의 권세를 상징했다(12,3 참조). 앞에서 로마 제국과 그 황제들은 이 용의 지상 대리자인 첫째 짐승으로 묘사되었다. 일곱 언덕과 일곱 임금은 바로 이 용의 막강한 권세를 상징한다고 할 수 있다.

17,12 ← 다니 7,24: 뿔 열 개는 이 나라에서 일어날 열 임금이다. 그들 다음으로 또 다른 임금이 일어날 터인데 앞의 임금들과 다른 이 임금은 그 가운데에서 세 임금을 쓰러뜨리리라.

13) 다섯 임금은 카이사리우스 · 아우구스투스 · 티베리우스 · 가이우스 · 클라우디우스를 가리킬 수 있고 지금 살아 있는 임금은 네로, 앞으로 나올 임금은 갈바일 수 있다. 갈바는 단지 여섯 달 동안 황제 자리에 있다가 자기 측근 오토에게 암살당하였다. 일곱 임금 다음에 나오는 여덟째 임금은 전에 일곱 가운데 하나였다. 이 여덟째 임금은 누구인가? 갈바 다음의 황제들은 건너뛰고, 네로가 다시 살아나 도미티아누스가 되었다는 당대의 속설에 근거하여 이 황제를 도미티아누스로 보는 견해가 우세하다. 어떻든 적어도 초기 그리스도인들은 네로처럼 교회를 심하게 박해한다 해서 도미티아누스를 새로운 네로로 여겼던 것으로 보인다.

14) "열 임금"은 다니 7,24; 묵시 13,1을 참조하라. 그러나 다니엘서와는 달리 여기서 "열 임금"은 순차적으로 연이어 집권하는 임금들이 아니라, 헤로데처럼 로마 황제에게서 권한을 위임 받아 로마의 식민지 지역들을 다스리는 동시대의 종속국 임금들을 가리킨다. 이 열 임금은 아직 왕권이 없기 때문에 미래에 속한다. 미래에 그들은 짐승과 더불어 한 시간밖에 권한을 받지 못할 것이고 결국 어린양과의 전투에서 패배하고 말 것이다. 짐승에게 속한 이 임금들은 동쪽의 임금들(16,12)이나 온 세계 임금들(16,14)과는 다르다.

한뜻이 되어 자기들의 권능과 권한을 짐승에게 넘겨주고[15] 14 어린양과 전투를 벌이지만, 어린양이 그들을 무찌르고 승리하실 것이다.[16] 그분은 주님들의 주님이시며 임금들의 임금이시다.[17] 부르심을 받고 선택된 충실한 이들도 그분과 함께 승리할 것이다."

15 천사가 또 나에게 말하였습니다. "네가 본 물, 곧 탕녀가 그 곁에 앉아 있는 물은 백성들과 군중들과 민족들과 언어들이다.[18] 16 그리고 네가 본 열 뿔과 그 짐승은 탕녀를 미워할 것이다. 그리하여 그 여자에게

---

15) 그들은 짐승을 전폭적으로 지지하는 일에 하나가 되어 있다.

16) 어린양과의 전투는 16,14; 19,19에 더 나온다.

17) "주님들의 주님이시며 임금들의 임금"과 관련하여 다양한 형태의 칭호를 구약성경에서 찾아볼 수 있다: "신들의 신이시고 주님들의 주님"(신명 10,17), "임금들의 임금"(2마카 13,4), "주님들의 주님"(시편 136,3), "신들의 신이시고 임금들의 주군"(다니 2,47). 그러나 가장 가까운 병행 대목은 칠십인역 다니 4,37의 "신들의 신이시고 주님들의 주님이시며 임금들의 임금"과 1에

17,16 ← 에제 16,39-41: 내가 너를 그들의 손에 넘기리니, 그들은 네 단을 허물고 대를 무너뜨리며, 옷을 벗기고 패물들을 빼앗은 다음, 너를 벌거벗은 알몸뚱이로 버려둘 것이다. 그들은 패거리를 몰고 올라와서, 너에게 돌을 던지고 칼로 너를 토막 낼 것이다. 너의 집들을 불사르고 많은 여자들이 보는 앞에서 너에게 벌을 내릴 것이다. 나는 이렇게 너의 탕녀 짓에 끝장을 내고, 다시는 해웃값을 주지 못하게 하겠다.

녹 9,4의 "주님들의 주님이시며 임금들의 임금"이다. 신약성경에서는 1티모 6,15의 "임금들의 임금이시며 주님들의 주님"이다. 그런데 병행 대목들에서 이 칭호는 하느님께 부여된다. 이것을 묵시록 저자가 어린양에게 적용한다(묵시 19,16 참조). 하느님과 그리스도이 또 다른 동화(同化)이다.

18) 여기서 "물"은 예레 51,13에서 묘사된 바빌론처럼 제국의 혼합체를 말한다(묵시 17,1의 각주 2 참조).

서 모든 것을 빼앗아 알몸이 되게 하고 나서, 그 여자의 살을 먹고 나머지는 불에 태워 버릴 것이다.[19] 17 하느님께서 그들의 마음속에 당신 뜻을 실행하도록 의지를 불어넣으시어, 하느님의 말씀이 다 이루어질 때까지, 그들이 뜻을 같이하여 자기들의 왕권을 그 짐승에게 넘겨주게 하셨기 때문이다.[20] 18 네가 본 그 여자는 땅의 임금들을 다스리는 왕권을 가진 큰 도성이다."[21]

---

[19] 로마 황제들이 탕녀, 곧 로마시 자체를 파멸로 몰고 갈 것이다. 네로가 파르티아 동맹군들과 함께 로마로 진격하여 로마를 멸망시킬 것이라는 소문을 반영한 것일 수 있다. 여자가 당하는 수모와 죽음에 관해서는 에제 16,39-41; 23,26-30을 참조하라.

[20] 결국 열 임금이나 짐승이나 다 하느님의 계획을 이루는 도구에 지나지 않는다(참조: 이사 7,17.18.20; 44,28—45,1). 로마에 대한 하느님의 말씀(묵시 14,8; 16,19; 18,8)은 반드시 이루어져야 한다.

[21] "땅의 임금들"은 앞의 열 임금들과 같은 로마의 종속국 임금들이다(18,9 참조). "큰 도성"은 로마를 가리킨다. 로마는 '도시들 가운데 으뜸'(princeps urbium)이라 불렸다.

17,16 ← 에제 23,26-30: 그들은 또 너의 옷을 벗기고 너의 패물들을 빼앗을 것이다. 나는 이렇게 하여 너의 추잡한 짓과, 이집트 땅에서부터 시작한 너의 탕녀 짓을 그치게 하겠다. 그러면 너는 눈을 들어 그들을 쳐다보지 않고, 이집트도 다시는 기억하지 않을 것이다. 정녕 주 하느님이 이렇게 말한다. 나 이제 네가 미워하는 자들의 손에, 네 마음이 떠난 자들의 손에 너를 넘겨 버리겠다. 그러면 그들은 미움으로 너를 대하면서, 네 노고의 결실을 모조리 빼앗아, 너를 벌거벗은 알몸뚱이로 버려둘 것이다. 그리하여 불륜을 저지른 네 치부가 드러날 것이다. 너의 추잡한 짓과 탕녀 짓이 너에게 이런 일들을 가져왔다. 네가 다른 민족들을 따르며 불륜을 저지르고, 그들의 우상들로 자신을 부정하게 만들었기 때문이다.

◆ **17장의 맺음말**: 17—18장에서 저자는 로마의 멸망을 선언함으로써 하느님의 절대 주권을 재확인하고 박해받는 그리스도인들을 위로한다. 로마의 멸망은 이제까지 장황하게 묘사한 세 가지 일곱 재앙의 최종 결실이다. 그런데 하느님이 로마를 멸망시키신다고 직접 말하면 로마에 정면으로 맞서는 반역이 될 것이다. 그래서 저자는 이미 역사 속으로 사라져 버린 바빌론을 거론하고 바빌론의 멸망을 장황하게 묘사한다. 바빌론은 히브리인들에게 온갖 악과 박해의 상징이었다. 로마의 사치와 향락, 우상 숭배, 제국주의 등은 이 도시를 바빌론과 동일시하게 하였다. 로마는 스스로 멸망한다. "땅의 임금들", 곧 종속국 임금들에게서 엄청난 부와 권력을 넘겨받아 막강해진 로마 제국은, 온갖 사치를 마음껏 누리고 불륜의 술과 성도들의 피에 취해 흥청대다가 열 뿔과 짐승으로 상징화된 황제들의 권력 다툼으로 찢겨지고 불에 태워질 것이다.

바빌론의 패망[1]

18 1 그 뒤에 나는 큰 권한을 가진 다른 천사가 하늘에서 내려오는 것을 보았는데, 그의 광채로 땅이 환해졌습니다.[2] 2 그가 힘찬 소리로 외쳤습니다.

"무너졌다, 무너졌다, 대바빌론이![3]
바빌론이 마귀들의 거처가 되고
온갖 더러운 영들의 소굴,
온갖 더러운 새들의 소굴,
더럽고 미움 받는 온갖 짐승들의 소굴이 되고 말았다.[4]
3 그 여자의 난잡한 불륜의 술을
모든 민족들이 마시고
땅의 임금들이 그 여자와 불륜을 저질렀으며
땅의 상인들이 그 여자의 사치 덕분에 부자가 되었기
때문이다."[5]
4 나는 또 하늘에서 울려오는 다른 목소리를 들었습니다.
"내 백성아, 그 여자에게서 나와라.[6]

---

1) 요한은 바빌론의 패망을 서술하는 데 서두르지 않는다. 먼저 예상적 환시로 바빌론의 멸망을 선언하고(14,8), 일곱째 대접으로 멸망이 닥쳤다고 알린다(16,17-21). 그리고 바빌론의 죄악상을 묘사하는 데 17장 전체를 할애하고 마침내 멸망의 신탁을 18장에 소개한다. 18장의 신탁은 먼저 바빌론의 패망이 과거형으로 묘사되고(1-8절) 이어서 세 개의 애가가 나오는데, 땅의 임금들이 부르는 애가(9-10절), 상인들의 애가(11-17ㄱ절), 뱃사람들의 애가

18,2 ← 예레 51,8: 바빌론이 갑자기 쓰러지고 무너졌다. 그를 두고 통곡하여라. 그의 상처에 유향을 발라 보아라. 어쩌다 나을지도 모른다.

18,2 ← 이사 13,21: 오히려 사막의 짐승들이 그곳에 깃들이고 그들의 집들은 부엉이로 우글거리리라. 타조들이 그곳에서 살고 염소 귀신들이 그곳에서 춤추며 놀리라.

18,4 ← 예레 51,6.45: 너희는 바빌론 한복판에서 도망쳐 저마다 제 목숨을 구하여라. 바빌론의 죄 때문에 함께 죽지 마라. 지금은 주님께서 복수하시는 때 그분께서 바빌론의 행실을 되갚으시리라. … 내 백성아, 바빌론에서 나와라. 저마다 주님의 타오르는 분노에서 제 목숨을 구하여라.

(17ㄴ-19절)가 그것이다. 이들이 바빌론의 패망을 슬퍼하는 것은 자신들이 얻는 이득의 원천이 사라졌기 때문이다. 이 애가들 다음에 큰 능력을 지닌 천사가 바빌론의 완전 소멸을 선언한다(21-24절).

2) 큰 권한을 가진 천사가 신적인 광채를 뿜어내면서 하느님의 면전에서 나온다(10,1; 에제 43,2).

3) 바빌론의 패망은 마지막 대접 재앙이 가져온 결과이다(묵시 16,17-19; 참조: 14,8; 예레 51,8; 이사 21,9).

4) 무너진 도시에 대한 요한의 묘사는 구약의 예언서 본문들을 반영한다(이사 13,21; 34,11-15; 예레 50,39; 스바 2,13-14).

5) 바빌론이 패망하게 된 첫째 이유는 우상 숭배요, 둘째 이유는 방탕과 사치이다.

6) 도망쳐서 목숨을 구하라는 권고는 이사 48,20; 52,11; 예레 51,6.45을 참조하라. 공관 복음에서도 예수님은 도성에서 도망치리고 권고히셨디(마르 13,14-18; 마태 24,16-20). "그 여자에게서 나와라"는 말은 모두가 당연시하거나 환영하는 로마의 문화적 관습과 가치관을 거부하라는 뜻이다.

그리하여 그 여자의 죄악에 동참하지 말고
그 여자가 당하는 재앙을 입지 마라.
5 그 여자의 죄악들이 하늘까지 닿아[7]
하느님께서 그 여자의 불의한 짓들을 기억하셨다.
6 그 여자가 남에게 한 것처럼 되갚아 주어라.[8]
그 여자의 행실을 갑절로 갚아 주고
그 여자가 남에게 부어 준 잔에 갑절로 독한 술을 부어 주어라.[9]
7 그 여자가 영화와 사치를 누린 그만큼
고통과 슬픔을 그 여자에게 안겨 주어라.
그 여자가 마음속으로
'나는 여왕 자리에 앉아 있는 몸,
과부가 아니니
슬픔도 결코 맛보지 않을 것이다.' 하고 말하기 때문이다.[10]
8 그러므로 하루 사이에 여러 재앙이,
흑사병과 슬픔과 굶주림이 그 여자에게 닥칠 것이며[11]
마침내 그 여자는 불에 타 버릴 것이다.
그 여자를 심판하시는 주 하느님은 큰 능력을 지니신 분이시다."
9 "그 여자와 함께 불륜을 저지르며 사치를 부린 땅의 임금들은 그 여자를 태우는 불의 연기를 보고 울며 가슴을 칠 것이다.[12] 10 그들은 그

---

7) 창세 18,20; 예레 51,9를 참조하라.

8) '되갚아 주어라'에 대해서는 예레 50,15.29를 참조하라. 이것은 누구에게 하는 명령인가? 바로 재앙의 천사들과 하느님의 징벌의 도구가 된

18,6 ← 예레 50,15: 너희는 사방에서 그를 향하여 함성을 올려라. 그 성읍이 손을 들었다. 보루가 쓰러지고 성벽이 무너졌다. 이것은 주님의 복수이니, 너희도 바빌론에게 복수하여라. 바빌론이 한 대로 그에게 해 주어라.

18,7 ← 이사 47,7: 나는 언제까지나 영원한 여왕이리라.

18,9 ← 에제 26,16-17: 바다의 제후들은 모두 왕좌에서 내려와, 예복을 치우고 수놓은 옷을 벗을 것이다. 공포를 옷처럼 입고 땅바닥에 주저앉아 줄곧 떨며, 너 때문에 질겁할 것이다. 그리고 너를 두고 애가를 지어 부를 것이다. '어쩌다가 바다에서 사라졌나? 찬양받던 성읍! 주민들과 함께 바다에서 세력을 떨치며 온 육지를 공포에 떨게 하던 성읍!'

17,16의 열 임금에게 하는 말이다. 복수는 하느님께 유보된 권한이다(신명 32,35; 로마 12,19; 히브 10,30).

9) 탈리온법(동태복수법)보다 더하다. "갑절"은 이사 40,2; 예레 16,18; 17,18을, "그 여자가 남에게 부어 준 잔"은 묵시 14,8.10; 17,4; 18,3을 참조하라.

10) 이사 47,7에서도 바빌론의 같은 선언이 나온다. 오만한 자기 과신은 모든 대제국의 공통된 태도이다. 그런 자만 속에서 대제국은 역사의 무대에서 사라져 갔다.

11) 흑사병과 기근은 묵시 6,5-8을 참조하라. 이 도시는 침입자들의 군대에 의해서 불에 타 버릴 것이다(17,16-18). 몰락한 도시의 비참함은 전성기 도시의 오만함에 대한 되갚음이다. 위대하신 하느님의 말씀은 반드시 이루어져야 한다(17,17).

12) "땅의 임금들"이 나오는 17,2; 18,3.9-24은 티로의 멸망을 두고 노래한 에제키엘서(26—27장)의 애가에서 영감을 받은 대목이다.

여자가 받는 고통이 두려워 멀찍이 서서 말할 것이다.[13]
 '불행하여라, 불행하여라, 저 큰 도성![14]
 강한 도성 바빌론아
 삽시간에[15] 너에게 심판이 닥쳤구나.'
 11 땅의 상인들도 그 여자 때문에 슬피 울 것이다. 더 이상 자기들의 상품을 살 사람이 없기 때문이다.[16] 12 그 상품은 금, 은, 보석, 진주, 고운 아마포, 자주색 옷감, 비단, 진홍색 옷감, 온갖 향나무, 온갖 상아 공예품, 그리고 매우 값진 나무와 구리와 쇠와 대리석으로 만든 물품, 13 또 계피, 향료, 향, 몰약, 유향, 포도주, 올리브 기름, 고운 밀가루, 밀, 소, 양, 말, 마차, 노예, 포로 따위다.[17]

13) 요한의 풍자이다. 그들은 도성을 태우는 큰 불에서 안전하게 멀리 떨어져 서서 한가롭게 애가를 읊는다. "멀찍이 서서"는 18장에서 세 번이나 나온다(10,15,17절). 이 표현은 바빌론의 멸망을 지켜본 세 증인들, 곧 임금들과 상인들과 선원들이 이 도성에 내려진 심판에서 자신들을 분리시키려는 의도를 드러내기 위한 것으로도 해석할 수 있다.
 14) "불행하여라, 불행하여라, 저 큰 도성!"은 18장에서 세 번 나온다(10,16,19절). 여기서 "큰 도성"은 호격의 구실을 한다.
 15) 열 임금이 짐승과 함께 로마를 파괴할 권한을 받은 것은 짧은 한 시간(17절과 19절; 17,12)뿐이다.

18,11-17 ← 에제 27,33-35: 너는 바다에서 오는 상품들을 풀어 많은 민족들을 만족시키고 너의 그 많은 재물과 물품으로 세상의 임금들을 부유하게 만들었다. 그러나 이제 너는 바다에 부서져 깊은 물속에 가라앉았구나. 너의 물품들과 네 안에 모여 있던 모든 사람이 너와 함께 빠져 버렸구나. 섬에 사는 모든 주민이 네 소식에 질겁하고 그들의 임금들도 몸서리치며 얼굴에는 경련이 이는구나. 뭇 민족의 무역상들이 너를 두고 휘파람을 불어 대는 가운데 이제 너는 공포를 일으키며 영원히 사라져 버리는구나.

18,11-13 ← 에제 27,2-3.12-13.22: 너 사람의 아들아, 티로를 위하여 애가를 불러라. 바다 어귀에 자리 잡은 성읍, 수많은 섬으로 다니며 여러 민족과 장사하는 상인 티로에게 말하여라. "주 하느님이 이렇게 말한다. 티로야, '나는 더없이 아름다워' 하고 너는 말하였다. … 너에게는 온갖 재물이 많아 타르시스가 너와 무역을 하였다. 그들은 은과 쇠와 주석과 납을 주고 네 상품들을 가져갔다. 야완, 투발, 메섹도 너와 장사를 하여, 노예와 구리 연장을 주고 네 물품들을 가져갔고, … 스바와 라마 상인들도 너와 장사를 하여, 온갖 최고급 향료와 보석과 금을 주고 너의 상품을 가져갔다."

---

16) 11-13절은 에제 27,2-3.12-13.22; 이사 23,1-12을 참조하라. 상인들이 슬퍼하는 것은 자기네 상품을 더는 팔 수가 없어서이다. 그들은 이해타산에만 밝다.

17) "포로"를 직역하면 '인간 영혼들'이다. 같은 표현이 칠십인역 에제 27,13에도 나온다. 아마도 검투사나 창녀로 팔려가는 노예들을 가리킬 것이다. 묵시록 지지기 살던 시대에 로마 인구의 질빈은 노에였다. 이는 로마의 반인륜성을 드러내는 한 예이다. 엄청난 규모의 노예 시장들이 로마 제국의 대도시에서 열렸는데, 그 가운데 로마의 노예 시장이 가장 컸다.

14 네 마음이 탐내던 열매가
　　너에게서 사라지고
　　온갖 화려하고 찬란한 것들이
　　너에게서 없어져
　　다시는 그것들을 찾아보지 못할 것이다.[18]
　15 이러한 물품을 팔아 그 여자 덕분에 부자가 된 상인들은 그 여자가 받는 고통이 두려워 멀찍이 서서 슬피 울며 16 이렇게 말할 것이다.
　　'불행하여라, 불행하여라, 저 큰 도성!
　　고운 아마포 옷, 자주색과 진홍색 옷을 입고
　　금과 보석과 진주로 치장했었는데
　17 그토록 많던 재물이 삽시간에 사라져 버렸구나.'[19]
　모든 선장과 선객과 선원과 바다에서 일하는 사람들도[20] 다 멀찍이 서서, 18 그 도성을 태우는 불의 연기를 보며 '저 큰 도성 같은 곳이 또 어디 있으랴?' 하고 외쳤다. 19 또 머리에 먼지를 뿌리고[21] 슬피 울며 부르짖었다.
　　'불행하여라, 불행하여라, 저 큰 도성!
　　바다에 배를 가진 사람들이 모두
　　그 재화 덕분에 부자가 되었건만
　　삽시간에 폐허로 변해 버렸구나.'
　20 '하늘아, 성도들과 사도들과 예언자들아
　　저 도성을 보고 즐거워하여라.
　　하느님께서 너희를 위하여 저 도성에 심판을 내리셨다.'"[22]

---

[18] "네 마음이 탐내던 열매"를 직역하면 '네 영혼의 갈망의 잘 익은 열매'이다. '네 영혼의 갈망'에 대해서는 신명 12,15.20.21; 14,26; 칠십인역

18,18 ← 에제 27,32: 비탄 속에 너를 두고 애가를 부른다. 너를 두고 이런 조가를 부른다. 누가 티로처럼 바다 한가운데에서 멸망하였던가?

18,19 ← 에제 27,29-31: 노를 젓는 이들이 모두 배에서 내리고 선원들과 바다의 키잡이들이 모두 뭍으로 올라서서 너 때문에 큰 소리를 지르며 비통하게 울부짖는다. 머리에 흙을 끼얹고 잿더미 속에서 뒹굴며 너 때문에 머리를 밀고 자루옷을 두른다. 너를 두고 비통한 마음으로 울고 비통하게 통곡한다.

시편 9,24; 20,3; 예레 2,24; 4마카 2,1 등을 참조하라. '잘 익은 열매'는 삶의 온갖 좋은 것들을 말한다. 14절의 내용은 로마의 온갖 사치와 찬란한 영광이 영원히 사라진다는 뜻이다.

19) 상인들의 관심사는 삽시간에 사라져 버릴 그 많던 재물이다.

20) 로마는 티로나 시돈과 달리 항구도시가 아니다. 로마는 오스티아를 항구로 이용했다. 그러나 제국의 수도는 세계 무역의 중심지였다.

21) 머리에 먼지를 뿌리는 행동은 구약성경에서 극도의 슬픔(여호 7,6; 욥 2,12; 애가 2,10; 1마카 11,71)이나 참회(욥 42,6; 2마카 10,25; 14,15)를 드러내는 표시이다.

22) 갑자기 즐거워하라는 권고를 담은 이 구절은 바빌론에 대한 애가에 속하지 않는다. 19,1-4은 이 권고에 대한 천상의 응답이라고 할 수 있다. "하느님께서 너희를 위하여 … 심판을 내리셨다"를 직역하면 '하느님께서 … 너희의 심판을 내리셨다' 이다. 하느님은 바빌론이 당신의 백성에게 가져온 죽음을 그대로 되갚으시려고 사형선고를 내리신다. 로마의 멸망은 로마에서 이익을 얻어내던 자들에게는 크나큰 불행이지만 로마에게 박해를 받는 성도들에게는 큰 기쁨이요, 하느님께 찬미와 영광을 드릴 근거가 된다(19,1 참고). "사도들과 예언자들"이 함께 나오는 예는 초기 그리스도교 문헌에서 자주 볼 수 있다(루카 11,49; 1코린 12,28-29; 에페 2,20; 3,5; 4,11; 2베드 3,2; 디다케 11,3; 이냐시우스의 필라델피아 서간 9,1). 이 경우 사도는 항상 열두 사도를 가리킨다.

21 또 큰 능력을 지닌 한 천사가 맷돌처럼 큰 돌을 들어 바다에 던지며 말하였습니다.[23]

"큰 도성 바빌론이
이처럼 세차게 던져질 터이니
다시는 그 모습을 찾아볼 수 없을 것이다.
22 수금 타는 이들과 노래 부르는 이들,
피리 부는 이들과 나팔 부는 이들의 소리가
다시는 네 안에서 들리지 않고
어떠한 기술을 가진 장인도
다시는 네 안에서 찾아볼 수 없으며
맷돌 소리도
다시는 네 안에서 들리지 않을 것이다.[24]
23 등불의 빛도
다시는 네 안에서 비치지 않고,
신랑과 신부의 목소리도
다시는 네 안에서 들리지 않을 것이다.[25]
너의 상인들이 땅의 세력가였기 때문이며
모든 민족들이 너의 마술에 속아 넘어갔기 때문이다.[26]

---

23) "큰 능력을 지닌 한 천사"는 묵시 5,2; 10,1에도 등장한다. 천사의 상징 행위와 말은 예레 51,63-64을 떠올리게 한다.

24) 빵을 주식으로 삼는 이들에게 맷돌질은 노예들(탈출 11,5; 판관 16,21)이나 가정주부(이사 47,2)의 일상 활동이었다. 맷돌 소리가 들리지 않는다는 말은 식생활에 필요한 이 일상 활동이 멈추었다는 뜻이다. 로마와 그에게 속한 세상의 소멸을 강조하는 표현이다.

18,21 ← 예레 51,63-64: 그리고 그대는 이 책을 다 읽고 나서, 그것에 돌을 매달아 유프라테스 강 한복판에 던지시오. 그러고 나서 이렇게 말하시오. "바빌론도 내가 그에게 내릴 재앙 탓에, 이처럼 가라앉아 다시는 떠오르지 않을 것이다. 그들이 지쳐 버릴 것이다." 여기까지가 예레미야의 말이다.

18,21 ← 에제 26,21: 너는 더 이상 있지 않아, 사람들이 너를 찾아도 다시는 영원히 찾아내지 못할 것이다.

18,22-23 ← 예레 25,10: 그리고 그들에게서 기쁜 소리와 즐거운 소리, 신랑 신부의 소리, 맷돌질과 등잔 빛을 사라지게 하겠다.

18,22-23 ← 에제 26,13: 나는 이렇게 너의 시끄러운 노랫소리를 그치게 하고 수금 소리가 다시는 들리지 않게 하리라.

18,22-23 ← 이사 24,8: 손북의 흥겨운 소리도 그치고 희희낙락하던 자들의 소란도 멎었으며 수금의 흥겨운 소리도 그쳤다.

---

25) 23절 역시 예레 25,10에서 영감을 받아 쓰인 것임에 틀림없다. 이 구절의 타르굼은, "그리고 나는 그들에게서 등불을 보고 기뻐하는 여행자들의 소리를 없애버릴 것이다"이다. 길손들은 초저녁에 인가의 창틈으로 새어나오는 등불의 빛을 보고 안도의 숨을 내쉰다. 사람들이 살고 있는 마을로 들어섰다는 것을 확인할 수 있기 때문이다. 신랑 신부의 목소리는 어린아이들의 웃음 소리처럼 민족의 생존과 번영을 약속해 주는 기쁨의 소리이다. "등불의 빛"과 "신랑과 신부의 목소리"가 끊겼다는 것은 미래가 없다는 뜻이다.

26) 부를 축적한 이들은 예나 지금이나 왕처럼 행세하고 사람들에게 그런 대접을 받기도 한다. 고대 상인들은 지중해의 여러 나라와 도시를 돌아다니면서 영향력을 행사하였다. 바로 이 상인들이 로마의 마술을 선전하는 자들이었다. 여기서 마술은 넓은 의미에서 우상 숭배와 사치를 가리킨다.

24 예언자들과 성도들과
땅에서 살해된 모든 사람의 피가
바로 그 도성에서 드러났다."[27]

---

27) 이 도성은 카인에서 네로까지 인간의 모든 오만과 더 높은 권위에 대한 증언을 묵살함을 대표한다. 24절은 왜 로마가 패망했는지 그 주요 원인을 제시한다. 로마는 하느님 백성의 피를 너무 많이 흘렸다(묵시 16,6; 17,6; 18,20). 로마 안에서 죽은 이들뿐 아니라 로마 제국 곳곳에서 일어난 박해로 죽은 이들까지 포함한다. '예언자들의 피'에 대해서는 예레 51,49; 마태 23,35; 루카 11,50을 참조하라.

◆ **18장의 맺음말**: 18장은 17장에 이어서 로마를 상징하는 바빌론의 파멸을 선언한다. 이 대목은 세 가지 담화로 짜여 있다. 첫째 담화(1-3절)는 다른 천사가 말한다. 이 천사는 바빌론이 망했다고 외친다. 천사의 말은 파괴되어 폐허가 된 도시를 묘사한 예레 51,37을 반영한다. 그 밖에 티로의 파멸을 노래한 이사 23,1, 에돔의 파멸을 묘사하는 이사 34,11-15, 니네베의 파괴와 그 황폐함을 묘사한 스바 2,14도 반영한다. 바빌론이 심판을 받은

18,24 ← 마태 23,35: 그리하여 의인 아벨의 피부터, 너희가 성소와 제단 사이에서 살해한 베레크야의 아들 즈카르야의 피에 이르기까지, 땅에 쏟아진 무죄한 피의 값이 모두 너희에게 돌아갈 것이다.

18,24 ← 루카 11,50: 그러니 세상 창조 이래 쏟아진 모든 예언자의 피에 대한 책임을 이 세대가 져야 할 것이다.

것은 세 가지 이유 때문이다. 뭇 민족들을 타락시켰고 땅의 임금들과 불륜(우상 숭배)을 저질렀으며 땅의 상인들과 사치에 빠졌기 때문이다. 둘째 담화(4-20절)의 주체는 확인되지 않은 하늘의 소리이다. 그러나 4절의 "내 백성"은 이 목소리의 주인공이 하느님임을 시사한다. 이 둘째 담화는 도성에서 나오라는 권고로 시작한다. 의인들에게 너무 늦기 전에 심판 받을 장소에서 피신하라는 말이기도 하지만, 그리스-로마 문화와 종교 관습에서 떠나라는 말도 된다. 바빌론의 징벌은 남에게 끼친 해악과 똑같은 되갚음이 아니라 그 두 갑절이다. 이 담화에는 땅의 임금들과 상인들과 선원들의 애가가 나온다. 그들은 모두 로마로부터 이익을 취하던 자들이었다. 마지막 셋째 담화(21-24절)는 큰 능력을 가진 천사의 말이다. 그는 구약의 다른 예언자들처럼 상징 행위를 곁들이면서 예언을 한다. 언지메처럼 큰 돌을 바다에 던지며 로마가 완전히 멸망하여 사라져 버릴 것이라고 선언한다. 등불 빛도 보이지 않고 신랑 신부의 기쁜 목소리도 들리지 않게 될 것이다.

하느님 백성의 승전가[1]

19 1 그 뒤에 나는 하늘에 있는 많은 무리가 내는 큰 목소리 같은 것을 들었습니다.[2]
"할렐루야![3]
구원과 영광과 권능은 우리 하느님의 것.[4]
2 과연 그분의 심판은 참되고 의로우시다.
자기 불륜으로 땅을 파멸시킨
대탕녀를 심판하시고
그 손에 묻은 당신 종들의 피를 되갚아 주셨다."
3 그들이 또 말하였습니다.
"할렐루야!
그 여자가 타는 연기가 영원무궁토록 올라간다."[5]
4 그러자 스물네 원로와 네 생물이 어좌에 앉아 계신 하느님께 엎드려 경배하며, "아멘. 할렐루야!" 하고 말하였습니다.[6]

---

1) 이 대목은 바빌론/로마의 패망을 장황하게 전하는 17—18장의 맺음말로 볼 수 있다. 바빌론의 멸망을 두고 부르는 애가와 장송곡과는 반대로 여기서는 할렐루야로 시작하는 하늘의 찬송가가 나온다. 천사들과 원로들과 네 생물이 모두 로마의 패망을 경축하며 이 일을 이루신 하느님을 찬송한다.

2) 묵시 7,9-10의 큰 무리가 내는 소리와 비슷하다. 여기서 "많은 무리"는 하늘의 군대인 천사들을 가리킨다.

19,2 ← 2열왕 9,7: 너는 너의 주군 아합의 집안을 쳐야 한다. 그래서 내가 이제벨의 손에 죽은 나의 종 예언자들뿐 아니라 주님의 모든 종의 피를 갚게 해야 한다.

19,4 ← 시편 106,48: 주 이스라엘의 하느님께서는 찬미받으소서, 영원에서 영원까지. 온 백성은 말하리라, "아멘!" 할렐루야!

3) 히브리어의 음역으로 '주님을 찬미하라'는 뜻이다. 시편에 많이 나오는 이 말은 유다교 회당의 예배와 초기 그리스도교 전례에서 자주 사용하였다. 신약성경에서는 묵시 19,1-6에만 이 말이 나온다.

4) 4,11; 5,12; 7,10.12; 12,10을 참조하라.

5) 도성의 파괴는 결정적이다. 바빌론은 "다시는 그 모습을 찾아볼 수 없을 것이다"(18,21).

6) 14,3에서 마지막으로 언급되었던 원로와 생물들은 어좌 바로 가까이에서 천사들의 합창에 답하여 "아멘, 할렐루야"를 보탠다. "아멘, 할렐루야"는 시편 106,48을 보라. 19,4-6은 일곱째 나팔 대목(11,15-19)과 공통점이 많다. 종말 예고, 하느님의 주권 선언(11,15.17; 19,4.6), 작은 사람이든 큰 사람이든 하느님을 경외하는 종들(11,18; 19,5), 천둥(11,19; 19,6) 등이다. 천상 합창단은 천사들, 스물네 원로들, 네 생물, 그리고 성도들로 구성된다.

어린양의 혼인 잔치[7]

5 그때에 어좌에서 이렇게 말하는 목소리가 들려왔습니다.
"하느님의 모든 종들아
낮은 사람이든 높은 사람이든
하느님을 경외하는 모든 이들아
우리 하느님을 찬미하여라."[8]

6 나는 또 많은 무리의 목소리 같기도 하고 큰 물 소리 같기도 하고 요란한 천둥소리 같기도 한 소리가 말하는 것을 들었습니다.
"할렐루야!
주 우리 하느님,
전능하신 분께서 다스리기 시작하셨다.[9]

7 기뻐하고 즐거워하며
하느님께 영광을 드리자.
어린양의 혼인날이 되어
그분의 신부는 몸단장을 끝냈다.[10]

---

7) 방탕한 도성 바빌론의 패망을 경축한 다음 찬가의 주요 부분은 어린양과 신부의 혼인 잔치, 곧 그리스도와 그분의 신부인 교회의 일치를 경축한다.

8) 어좌에서 나는 소리가 하느님의 모든 종들에게 "우리 하느님을 찬미하여라"고 권고한다. 시편에 자주 나오는 표현(시편 113,1; 134,1; 135,1)이다.

19,5 ← 시편 113,1: 할렐루야! 찬양하여라, 주님의 종들아. 찬양하여라, 주님의 이름을.

19,5 ← 시편 134,1: 이제 주님을 찬미하여라, 주님의 모든 종들아, 밤 시간에 주님의 집에 서 있는 이들아.

19,7 ← 마르 2,19-20: 예수님께서 그들에게 이르셨다. "혼인 잔치 손님들이 신랑과 함께 있는 동안에 단식할 수야 없지 않느냐? 신랑이 함께 있는 동안에는 단식할 수 없다. 그러나 그들이 신랑을 빼앗길 날이 올 것이다. 그때에는 그들도 단식할 것이다."

19,7 ← 2코린 11,2: 나는 하느님의 열정을 가지고 여러분을 위하여 열정을 다하고 있습니다. 사실 나는 여러분을 순결한 처녀로 한 남자에게, 곧 그리스도께 바치려고 그분과 약혼시켰습니다.

---

9) 어좌의 소리에 수많은 승리자들이 화답한다. '주 하느님께서 다스리신다'(묵시 11,15 참조)는, 하느님의 원수가 쓰러질 때 하느님의 왕국이 나타날 것이라는 다니엘서의 확고한 신학이기도 하다.

10) 승리자들은 어린양의 혼인 잔치에 초대를 받는다. 구약성경의 예언 전통에서 이스라엘은 주님의 신부이다(호세 2,16-25; 이사 54,6; 에제 16,7-8). 예수님은 당신 자신을 신랑으로 표현하신다(마태 22,1; 마르 2,19-20). 바오로는 하느님과 이스라엘의 신랑 신부 표상을 그리스도와 교회의 관계에 적용한다(2코린 11,2; 에페 5,23.25.32). 묵시록에서 그리스도의 신부가 된 이들은 어린양의 피로 속량된다(5,9; 7,14; 14,3-4).

8   그 신부는 빛나고 깨끗한
    고운 아마포 옷을 입는 특권을 받았다."[11]
고운 아마포 옷은 성도들의 의로운 행위입니다.[12]
    9 또 그 천사가 나에게 말하였습니다. "'어린양의 혼인 잔치에 초대받은 이들은 행복하다.'고 기록하여라."[13] 천사가 또 이어서, "이 말씀은 하느님의 참된 말씀이다."[14] 하고 말하였습니다. 10 나는 그에게 경배하려고 그의 발 앞에 엎드렸습니다. 그러자 천사가 나에게 말하였습니다. "이러지 마라. 나도 너와 같은 종이다. 예수님의 증언을 간직하고 있는 너의 형제들과 같은 종일 따름이다.[15] 하느님께 경배하여라.[16] 예수님의 증언은 곧 예언의 영이다."[17]

---

11) 신부의 혼례복은 신랑의 선물이다. 에페 5,26에서 그리스도께서는 당신의 신부를 세례의 목욕으로 깨끗하게 하신다. 신부의 거룩함이야말로 신랑이 가장 원하는 것이다.

12) 요한은 신부의 "빛나고 깨끗한 고운 아마포 옷"(15,6 참조)을 하느님 백성의 거룩한 생활이라고 풀이한다.

13) "혼인 잔치"는 하느님 나라의 일반적 표상이다(마태 22,1-14; 25,1-13; 26,29). 혼인 잔치에 대한 언급은 종말론적 대단원의 막이 내릴 때가 가까웠다는 것을 시사한다.

14) '아멘'과 같은 의미이다.

19,9 ← 마태 22,2: 하늘 나라는 자기 아들의 혼인 잔치를 베푼 어떤 임금에게 비길 수 있다.

19,10 ← 콜로 2,18: 거짓 겸손과 천사 숭배를 즐기는 자는 아무도 여러분을 실격시키지 못하게 하십시오. 그런 자는 자기가 본 환시에 빠진 나머지 현세적 생각으로 까닭 없이 우쭐거립니다.

---

15) 22,9에도 같은 말이 나온다. 아마도 아시아 지방에서 흔한 관습이었던 천사 숭배에 경종을 울리기 위한 것으로 볼 수 있다(콜로 2,18). 히브 1,5-14에 보면 천사들은 그리스도인들보다 높지 않다. 하느님을 예배하는 데에는 인간과 천사가 동등하며 둘 다 하느님의 아들 예수님께 종속된다.

16) '하느님과 어린양만을 경배하여라'는, 요한이 이 책 전체를 통해 우상 숭배에 맞서서 확고하게 당부하는 말이다.

17) "예수님의 증언", 곧 당신 삶과 가르침과 죽음을 통해서 내놓으시는 증언(1,2.9; 12,17)은 예언자들과 신자들에게 예언의 영감을 준다. 다른 한편 그리스도교 예언자는 예수님의 말씀을 전함으로써 그분을 증언하게 된다.

흰말을 타신 분[18]

11 나는 또 하늘이 열려 있는 것을 보았습니다.[19] 그곳에 흰말이 있었는데, 그 말을 타신 분은 '성실하시고 참되신 분'이라고 불리십니다.[20] 그분은 정의로 심판하시고 싸우시는 분이십니다.[21] 12 그분의 눈은 불꽃 같았고 머리에는 작은 왕관을 많이 쓰고 계셨는데,[22] 그분 말고는 아무도

---

18) 묵시록의 주석가들은 대체로 이 대목이 예수 그리스도의 재림을 다룬다고 생각한다. 그러나 이 대목의 내용과 묘사를 보면 예수 재림에 관한 초기 그리스도교의 전통과는 다른 독특한 요소들이 있다. 특히 흰말을 타신 분에 관한 상징적 묘사는 세 가지에 초점을 맞춘다. ① 그분의 외양에 관한 묘사: 불꽃 같은 눈, 수많은 작은 왕관을 쓴 머리, 피에 젖은 옷, 날카로운 칼을 뿜어내는 입. ② 신분(또는 이름)에 관한 묘사: 성실하고 참되신 분, 그분 몸에 적힌 아무도 모르는 이름, '하느님의 말씀'이라는 이름, 옷과 넓적다리에 적힌 '임금들의 임금, 주님들의 주님'이라는 이름. ③ 그분의 사명에 관한 묘사: 정의로운 심판과 싸움, 입에서 나오는 날카로운 말씀의 칼로 민족들을 내려침, 쇠 지팡이로 그들을 다스림, 전능하신 하느님의 진노의 포도주 확을 밟음. 이 대목의 전체 내용은 짐승·거짓 예언자·땅의 임금들에 맞선 그리스도와 그분의 추종자들의 승리에 관한 것이다. 이 승리는 이미 앞에서 여러 번 예고되었다(14,14-20; 16,12-16; 17,12-14).

19) 에제 1,1을 참조하라. 요한은 처음에 하늘의 문이 열려 있는 것을 보고(4,1), 그다음은 하늘의 성전이 열린 것을 보며(11,19; 15,5), 지금은 하늘이 활짝 열린 것을 본다. 하늘이 활짝 열린 이유는 "사람의 아들 같은 분"(1,13)의 재림 때문이다.

19,11 ← 지혜 18,14-15: 부드러운 정적이 만물을 뒤덮고 시간은 흘러 한밤중이 되었을 때 당신의 전능한 말씀이 하늘의 왕좌에서 사나운 전사처럼 멸망의 땅 한가운데로 뛰어내렸습니다.

19,11 ← 이사 11,4: 힘없는 이들을 정의로 재판하고 이 땅의 가련한 이들을 정당하게 심판하리라. 그는 자기 입에서 나오는 막대로 무뢰배를 내리치고 자기 입술에서 나오는 바람으로 악인을 죽이리라.

---

20) 완전한 승리를 가리키는 흰말을 타고 위엄 있게 나타난 이 기사는 누구일까? 첫째, 이사 11,3-4(11.15절 참조)과 시편 2,9(15절 참조)에 따르면 이 기사는 다윗의 자손 메시아시다. 둘째, 그는 하느님의 말씀으로서(19,13) 지혜 18,14-15에서 과월절 밤에 등장하는 '죽음의 전사' 구실을 한다. 이 둘을 합하면 결국 이 기사는 다윗의 자손으로 육화되신 하느님의 말씀, 곧 예수 그리스도를 가리킨다. "성실하시고 참되신 분"은 1,5; 3,7.14; 이사 11,3-5; 시편 96,13; 외경 솔로몬의 시편 17,23-31을 참조하라. 자애와 공정은 하느님의 대표적 속성이다.

21) 그분은 심판자로 오시지만, 그분의 정의는 이 땅의 힘없는 이들과 가련한 이들의 송사를 들어주기 위해서 행사된다(이사 11,4; 시편 45,4).

22) '불꽃 같은 눈'(묵시 1,14; 2,18) 때문에 아무도 그분의 엄격한 조사에서 벗어날 수 없다. 그분은 전사로 오시지만 그분의 전쟁은 땅의 파괴자들, 곧 용과 짐승들에 맞서기 위한 것이다. 작은 왕관을 두고 말하자면, 용은 일곱 개(12,3), 짐승은 열 개(13,1)를 썼지만 그분은 수많은 왕관을 쓰고 계신다. 한 왕국만의 임금이 아니라 여러 왕국의 임금임을 과시하기 위하여 왕관을 여러 개 가지고 번갈아 가며 쓰는 것은 그 당시 흔한 일이었다. 그분의 왕권은 지상의 모든 왕권 위에 있다. 그분은 "임금들의 임금, 주님들의 주님"이시다(16절).

알지 못하는 이름이 그분 몸에 적혀 있었습니다.[23] 13 그분께서는 또 피에 젖은 옷을 입고 계셨고, 그분의 이름은 '하느님의 말씀'이라고 하였습니다.[24] 14 그리고 하늘의 군대가 희고 깨끗한 고운 아마포 옷을 입고서 흰말을 타고 그분을 따르고 있었습니다.[25] 15 그분의 입에서는 날카로운 칼이 나오는데,[26] 그 칼로 민족들을 치시려는 것이었습니다. 그분께서는 쇠 지팡이로 그들을 다스리시고,[27] 전능하신 하느님의 격렬한 진노의 포도주를 짜는 확을 친히 밟으실 것입니다.[28] 16 그분의 옷과 넓적다리에

---

23) 십사만 사천 명은 이마에 이름이 새겨져 있었고(14,1) 탕녀도 마찬가지였다(17,5). 셈족 사고에서 "이름"은 그 사람 자신을 뜻한다. 그분의 이름은 그분 자신에게만 알려져 있었다(2,17). 흰말 탄 기사가 누구인지 그분 말고는 알지 못한다. 곧 완전히 이해하지 못한다(루카 10,22). 이 이름은 13절의 이름과 16절의 칭호들과는 다르다.

24) "피에 젖은 옷"은 이사 63,1-3을 참조하라. 이것은 포도주 짜는 확의 표상과 연결된다(15절 참조). 그런데 이 기사는 전투를 벌이기도 전에 피에 젖은 옷을 입고 있다. 무슨 뜻일까? 요한에게는 사자가 어린양이고(5,1-7) 희생자가 승리자이며, 정복하는 것이 죽기까지 자신의 목숨을 바쳐 사랑하는 것이다. 요한은 구약의 표상들을 이용하되 새롭게 해석한다. "그분의 이름은 '하느님의 말씀'"(지혜 18,15 참조)에서 이 말씀은 이집트의 열 번째 재앙을 묘사할 때 나온 것이다. 요한은 피비린내 나는 복수를 위해서 이 재앙을 끌어들인 것일까? 오히려 그 반대이다. 어린양은 찔린 자이다(1,7). 그 기사의 이름이 "하느님의 말씀"이라는 것은 그 기사 안에서 하느님께서 말씀하시고 행동하신다는 뜻이다. 어린양은 하느님이 누구신지를 분명히 알려 주신다(히브 1,1-2 참조). 우리가 믿는 하느님은 파괴하시는 하느님이 아니라 구원하시는 하느님이시다.

19,12 ← **루카 10,22**: 나의 아버지께서는 모든 것을 나에게 넘겨주셨다. 그래서 아버지 외에는 아들이 누구인지 아무도 알지 못한다. 또 아들 외에는, 그리고 그가 아버지를 드러내 보여 주려는 사람 외에는 아버지께서 누구이신지 아무도 알지 못한다.

19,13 ← **이사 63,1-2**: 에돔에서 오시는 이분은 누구이신가? 진홍색으로 물든 옷을 입고 보츠라에서 오시는 이분은 누구이신가? 화려한 의복을 입고 위세 당당하게 걸어오시는 이분은 누구이신가? 나다. 의로움으로 말하는 이, 구원의 큰 능력을 지닌 이다. 어찌하여 당신의 의복이 붉습니까? 어찌하여 포도 확을 밟는 사람의 옷 같습니까?

19,15 ← **이사 49,2**: 그분께서 내 입을 날카로운 칼처럼 만드시고 당신의 손 그늘에 나를 숨겨 주셨다. 나를 날카로운 화살처럼 만드시어 당신의 화살 통 속에 감추셨다.

25) 보통 "하늘의 군대"는 천사 군단을 가리키지만(마태 26,53 참조), 여기서는 승리자 어린양의 동반자들인 "부르심을 받고 선택된 충실한 이들"(묵시 17,14)을 말한다. "깨끗한 고운 아마포"는 8절에서 하느님 백성의 의로운 행위로 풀이되었다. 그들은 자기네 지도자처럼 승리의 상징인 흰말을 타고 있었다. 그러나 그들은 목격자들이고 기사 혼자서 짐승의 군대를 살해한다.

26) 이 "날카로운 칼"(1,16; 2,12)은 예언자의 말씀이다(이사 49,2; 참조: 에페 6,17; 히브 4,12). 기사의 유일한 무기는 자신의 입에서 나오는 말씀, 곧 자신이 선포하는 복음이다(묵시 19,21). 이 말씀은 짐승의 군대를 살해하지만, 의인들에게는 생명을 준다.

27) '쇠 지팡이로 다스린다'는 표현은 메시아의 통치를 가리킨다(시편 2,8-9; 참조: 묵시 2,27; 12,5). 그러나 그분의 통치는 은혜롭다(21,24 22,5).

28) "격렬한 진노의 포도주를 짜는 확"은 분노의 술(14,10)과 분노의 포도 확(14,19)을 혼합한 표상이다.

는, '임금들의 임금, 주님들의 주님' 이라는 이름이 적혀 있었습니다.[29]

17 나는 또 한 천사가 해 위에 서 있는 것을 보았습니다.[30] 그가 하늘 높이 날아다니는 모든 새들에게 큰 소리로 외쳤습니다.[31] "자, 하느님의 큰 잔치에 모여 와라. 18 임금들의 살과 장수들의 살과 용사들의 살, 말들과 그 위에 탄 자들의 살, 모든 자유인들과 종들, 낮은 사람들과 높은 사람들의 살을 먹어라."

19 나는 또 그 짐승과 땅의 임금들과 그 군대들이 말을 타신 분과 그분의 군대에 맞서 전투를 벌이려고 모여 있는 것을 보았습니다.[32] 20 그

---

29) 피에 젖은 그분의 옷에 새겨진 이름, "임금들의 임금, 주님들의 주님"은 십자가 죽음을 통한 보편적 구원을 가리킨다. 이 최후의 기사는 원수들의 피가 아니라 자기 자신의 피로 붉게 물들었다. 그에게 원수의 정복은 자신의 죽음이 되고 사자가 어린양이 된다. 나자렛 예수님은 십자가에 못 박히심으로써 "임금들의 임금, 주님들의 주님"(17,14; 1티모 6,15; 이 호칭은 로마 황제들의 주장이기도 하다. 고대 근동, 특히 페르시아 황제들은 "임금들의 임금"〈에즈 7,12; 에제 26,7; 다니 2,37〉으로 자처하였다)이 되셨다. 그분에게 십자가 죽음은 승리를 위한 준비 단계가 아니라 승리 그 자체이다. 십자가 죽음으로 주님은 세상을 이기셨다(요한 16,33). 그를 따르는 그리스도인들은 그분의 붉은 피로 자신들의 더러운 옷을 희고 깨끗하게 빨았다(묵시 7,14). 넓적다리에 이름을 적은 이유는 그곳이 잘 보이는 곳이기 때문이다.

30) 17-18절은 에제 39,17-20의 환시에서 영감을 받은 것이다. 한 천사가 해 위에 서 있다는 것은 이 천사가 전하는 메시지가 보편적·우주적 의미를 지닌다는 뜻이다(참조: 묵시 8,13; 14,6). 이것이 바로 최후의 전투이다.

19,16 ← **1티모 6,15**: 제때에 그 일을 이루실 분은 복되시며 한 분뿐이신 통치자 임금들의 임금이시며 주님들의 주님이신 분.

19,17-18 ← **에제 39,17-20**: 너 사람의 아들아, 주 하느님이 이렇게 말한다. 온갖 날개가 달린 새들과 모든 들짐승에게 말하여라. "모여 와라. 내가 너희를 위하여 마련하는 희생 제물 잔치, 이스라엘 산악 지방에서 벌이는 큰 희생 제물 잔치에 사방에서 모여들어, 고기를 먹고 피를 마셔라. 너희는 용사들의 살을 먹고 세상 제후들의 피를 마실 것이다. 그들은 숫양과 어린 양, 숫염소와 송아지, 모두 바산의 살진 짐승이다. 너희는 내가 너희를 위하여 마련한 희생 제물에서, 기름진 것을 배불리 먹고 피를 취하도록 마실 것이다. 내 식탁에서 너희는 말과 기병과 용사와 모든 전사를 배불리 먹을 것이다. 주 하느님의 말이다."

19,18 ← **즈카 9,15**: 만군의 주님께서 그들을 보호하시리라. 그들은 무릿매질하는 자들을 먹어 치우고 짓밟으며 그 피를 포도주처럼 마시어 제단의 모서리처럼, 쟁반처럼 피로 흠뻑 젖으리라.

---

31) 승리는 확실하다. 이를 과시하려는 듯 해 위에 서 있는 천사는 전투가 벌어지기도 전에 모든 새들을 불러모았다. 시체가 있는 곳에 독수리가 모인다(마태 24,28).

32) 땅의 임금들은 짐승을 맹목적으로 따르던 자들이다(묵시 17,12-14). 짐승의 사주로 그들은 로마를 파괴한(17,12.16-17) 다음, 이제는 어린양과 대치하였다(17,14). 이 히르미게돈의 전투는 그리스도와 빈 그리스도 세력의 결정적 대결이다. 그 전투는 땅의 임금들이 주님과 그분의 기름부음받은이를 거슬러 꾸민 공모의 절정이다(시편 2,2; 참조: 묵시 16,16 각주 19).

러다가 그 짐승이 붙잡혔습니다.[33] 그 짐승 앞에서 표징들을 일으키던 거짓 예언자도 함께 붙잡혔습니다. 그 거짓 예언자는 그 표징들을 가지고, 짐승의 표를 받은 자들과 짐승의 상에 경배하는 자들을 속였던 것입니다. 그 둘은 유황이 타오르는 불 못에 산 채로 던져졌습니다.[34] 21 남은 자들은 말을 타신 분의 입에서 나온 칼에 맞아 죽었습니다.[35] 그리고 모든 새들이 그들의 살을 배불리 먹었습니다.

---

[33] 승리는 완벽하고 신속하다(묵시 17,14). 이제 더 이상의 전투는 없다.

[34] 짐승과 거짓 예언자는 최후의 징벌 장소인 유황 불 못에 던져졌다.

[35] 두 우두머리의 추종자들, 곧 땅의 임금들과 그 군대들은 기사의 칼에 맞아 죽어 저승(셔올)에서 마지막 심판(20,12-13)을 기다린다. 그러고 나서 그들도 유황 불 못에 던져질 것이다(20,15). "입에서 나온 칼"은 주님의 종의 둘째 노래(이사 49,2)를 참조하라. 묵시록에서 이 칼은 그리스도의 말씀이다. 용에 대한 미카엘의 승리가 실제로는 어린양의 승리이듯(12,11), 여기서도 짐승에 대한 승리는 어린양 홀로 싸워 거둔 승리이다. 그리고 어린양의 유일하고 결정적인 전장戰場은 '십자가 위'다.

◆ **19장의 맺음말**: 최후의 승리를 노래하고 승리의 주역인 어린양을 칭송하는 19장은 세 대목으로 나눌 수 있는데, 천상의 큰 무리가 부르는 승전가(1-4절)와 어린양의 혼인 잔치를 알리는 천사의 말(5-10절), 흰말을 타신 분과 그분의 적수들에 관한 환시(11-21절)이다. 18장에서 바빌론/로마의 멸망을 전한 다음, 저자는 애가와 대비되는 하늘의 승전가를 소개하고 이어서

19,21 ← 이사 49,2: 그분께서 내 입을 날카로운 칼처럼 만드시고 당신의 손그늘에 나를 숨겨 주셨다.

19,21 ← 히브 4,12: 사실 하느님의 말씀은 살아 있고 힘이 있으며 어떤 쌍날칼보다도 날카롭습니다. 그래서 사람 속을 꿰찔러 혼과 영을 가르고 관절과 골수를 갈라, 마음의 생각과 속셈을 가려냅니다.

어린양의 혼인 잔치를 묘사한다. 혼인 잔치의 주역은 어린양과 그분의 신부인 교회 및 성도들이다. 하느님 나라를 상징하는 이 혼인 잔치에 초대받은 이들은 행복하다. 혼인 잔치를 언급하고 나서 요한은 예언서들에서 끌어낸 표상들을 이용하여 종말론적 대전투를 묘사한다. 흰말을 타신 분이 말씀을 무기로 삼아 두 짐승, 곧 로마와 거짓 예언자들과 그들을 추종하던 땅의 임금들에 맞서 전투를 벌이시고 그 모든 적수들을 붙잡아 불 못에 산 채로 던지신다. 그 밖에 남은 자들은 그분의 입에서 나온 말씀의 칼에 맞아 죽어 새들의 먹이가 된다. 요한은 전투 장면을 자세하게 묘사하지 않고 전투의 결과만 보고한다. 이 전투가 영적 투쟁이기 때문이다. 쿰란 공동체의 '전쟁 규칙서' 1QM와는 다르다. 거기에서는 실제 전투 상황에 맞추어 진영을 어떻게 갖추고 무기는 어떤 것을 준비하며 기병대는 어디에 어떻게 배치할 것인지를 구체적으로 상세하게 제시한다(전쟁 규칙서 5-6단). 어린양의 유일하고 결정적인 전장은 십자가 위이고 그분의 유일한 무기는 말씀이다. 성도들도 어린양의 피와 그분의 말씀으로만 승리할 수 있다.

천 년 통치[1]

20 1 나는 또 한 천사가 하늘에서 내려오는 것을 보았습니다.[2] 그는 지하의 열쇠와 큰 사슬을 손에 들고 있었습니다.[3] 2 그 천사가 용을, 곧

---

1) 묵시 20장은 그 유명한 천년왕국설을 낳은 대목이다. 여기서 "천 년"은 상징수이다. 이 "천 년"을 두고 크게 두 가지 해석이 있다. 첫째는 미래적·문자적 해석인데, 미래에 하느님 나라와 구분되는 지상 왕국이 천 년 동안 지속된다는 것이다. 이 해석은 메시아 통치에 관한 유다교적 사고에 바탕을 둔다. 구약성경에서 메시아 통치는 본디 결정적이고 영구적이다(다니 2,44; 7,14.27). 나중에 기원전 100년경에서 기원후 100년경까지의 외경 전승은 모든 것이 완성되기 전에 정의가 일시적으로 승리하는 기간을 동경하게 되었는데, 이때 제시된 시간이 백 년, 육백 년, 천 년, 칠천 년 등이었다. 그러다가 세상의 존속 기간을 창조와 연결시켜 칠천 년으로 보고(주님께는 하루가 천 년이므로: 시편 90,4; 2베드 3,8), 일곱째 날인 안식일을 메시아의 통치 기간 천 년으로 할애하게 되었다. 이 해석은 그리스도교 안에서 두 종류의 천년왕국설을 낳았다. 하나는 '재림 전 천년왕국설'로 예수 그리스도께서 하느님 나라를 선포하신 이래 세상은 점점 좋아져 마침내 정의와 평화가 흘러 넘치는 천년왕국이 도래하고, 그다음에 주님의 재림과 더불어 세상 종말이 온다는 것이다. 다른 하나는 '재림 후 천년왕국설'로 그리스도 교회의 온갖 노력에도 아랑곳없이 세상은 아주 나빠져 결국 그리스도께서 재림하시어 혼돈을 끝내시고 정의와 평화의 천년왕국을 건설하시게 된다는 것이다. '재림 전 천년왕국설'은 낙관론에, '재림 후 천년왕국설'은 비관론에 바탕을 둔다.

20,2-3 ← 다니 2,44: 이 임금들의 시대에 하늘의 하느님께서 한 나라를 세우실 터인데, 그 나라는 영원히 멸망하지 않고 그 왕권이 다른 민족에게 넘어가지도 않을 것입니다. 그 나라는 앞의 모든 나라를 부수어 멸망시키고 영원히 서 있을 것입니다.

어떻든 천년왕국은 온갖 추측과 상상을 불러일으켜 사람들을 큰 혼란에 빠지게 하였다. 둘째는 천 년을 그리스도께서 세상에 오신 때와 종말 사이에 펼쳐지는 시간을 가리키는 상징수로 보는 과거적·영성적 해석이다. 하느님께서는 아담에게 금지된 열매를 먹으면 그날로 죽는다고 말씀하셨는데(창세 2,17), 아담은 그 열매를 따 먹고도 죽지 않고 살다가 930세에 죽었다(창세 5,5). 그렇다면 하느님께서 당신의 말씀을 스스로 어기셨다는 말인가? 유다교의 전통적 해석에 따르면 그렇지 않다. 실제로 하느님은 경고의 말씀을 지키셨다는 것이다. 왜냐하면 하느님께서는 하루가 천 년과 같고 아담은 천 년에 가까운 930세에 죽었기 때문이다. 어떻든 아담이 죽은 다음 그의 탓에 닫혀진 낙원의 문은 그리스도께서 이 세상에 오심으로써 믿는 이들에게 다시 열리게 되었다. 이 해석대로라면 천 년의 통치는 지금부터 그리스도를 믿는 이들이 낙원으로 들어갈 수 있게 되었다는 주장 이외에 다른 것이 아니다. 이 두 가지 해석을 염두에 두고 요한의 생각을 살펴보아야 한다.

2) 18,1에서처럼 한 천사가 특별한 사명을 띠고 하늘에서 내려온다.

3) "지하"는 결정적 징벌인 불 못에 처넣을 때까지 사악한 영들을 가두어 두는 감옥이다. 사탄은 단순히 감옥에 가두어서는 안 되고 큰 사슬로 묶어 두어야 한다.

악마이며 사탄인 그 옛날의 뱀을 붙잡아 천 년 동안 움직이지 못하도록 결박하였습니다.[4] 3 그리고 그를 지하로 던지고서는 그곳을 잠그고 그 위에다 봉인을 하여, 천 년이 끝날 때까지 다시는 민족들을 속이지 못하게 하였습니다. 그 뒤에 사탄은 잠시 풀려나게 되어 있습니다.[5]

4 나는 또 어좌들을 보았는데, 그 위에 앉은 이들에게 심판할 권한이 주어졌습니다. 그리고 예수님에 대한 증언과 하느님의 말씀 때문에 목이 잘린 이들의 영혼을 보았습니다.[6] 그들은 그 짐승이나 그의 상에 경배하지도 않고 이마와 손에 표를 받지도 않은 사람들입니다. 그들은 살아나서

---

4) "용"은 옛날의 뱀과 동일시된다(12,9). 최후의 원수는 네 가지 명칭을 지닌다: 용, 옛날의 뱀, 악마, 사탄(12,9 참조). 여기서 "천 년"은 상징수로 5절에서 말하는 첫 번째 부활을 가리킨다. 외경 1에녹 10,10-12에 따르면 미카엘 대천사가 악한 천사들을 대심판 날이 올 때까지 일곱 세대 동안 묶어 두라는 명령을 받는다.

5) 사탄의 활동 기간은 짧게 제한되어 있다(묵시 12,12). 삼 년 반이다(11,2 참조). 사탄이 천 년 동안 결박된다는 것은 12,7-12의 내용과 일치한다. 우리 형제들의 고발자인 사탄은 그리스도의 승리로 하늘에서 떨어져 나와 더 이상 승리자들을 고발하거나 다치게 하지 못할 것이다.

20,2-3 ← 시편 90,4: 정녕 천 년도 당신 눈에는 지나간 어제 같고 야경의 한때와도 같습니다.

20,2-3 ← 2베드 3,8: 사랑하는 여러분, 이 한 가지를 간과해서는 안 됩니다. 주님께는 하루가 천 년 같고 천 년이 하루 같습니다.

20,4 ← 1테살 4,16: 명령의 외침과 대천사의 목소리와 하느님의 나팔 소리가 울리면, 주님께서 친히 하늘에서 내려오실 것입니다. 그러면 먼저 그리스도 안에서 죽은 이들이 다시 살아나고 …

---

6) 예수님을 증언하느라 "목이 잘린 이들"은 이제 어좌에 앉아 있다. 참수는 칼이나 도끼로 이루어졌는데, 여기서는 도끼 참수를 뜻한다. 이 구절은 어좌에 앉은 이들의 신분이 상승하였음을 강조한다. 실제로 심판은 하느님에게만 유보된 권한이지만 유다-그리스도교 전통에는 외인들이 민족들의 심판자 구실을 하게 될 것이라는 사상이 들어 있다(지혜 3,8; 마태 19,28; 1코린 6,2; 묵시 3,21).

그리스도와 함께 천 년 동안 다스렸습니다. 5 나머지 죽은 이들은 천 년이 끝날 때까지 살아나지 못하였습니다. 이것이 첫 번째 부활입니다.[7] 6 첫 번째 부활에 참여하는 이는 행복하고 또 거룩한 사람입니다.[8] 그러한 이들에 대해서는 두 번째 죽음이 아무런 권한도 갖고 있지 않습니다.[9] 그들은 하느님과 그리스도의 사제가 되어, 그분과 함께 천 년 동안 다스릴 것입니다.[10]

---

7) 요한에게 "천 년"은 숫자의 의미를 뛰어넘어 영성적 의미를 지닌다. 천 년이라는 기간은 승리자들의 축복과 사탄의 무기력함을 드러내는 상징이다. 순교자들은 살아나서 그리스도와 함께 천 년을 다스린다. 이는 5절에서 "첫 번째 부활"로 불린다. 위의 해석과 연결하면 이 첫 번째 부활은 구원역사의 마지막 단계 이전에서 실제로 이루어지는 부활인 동시에(미래적·문자적 해석), 그리스도께서 주시는 새 생명이다(과거적·영성적 해석. 참조: 콜로 2,13; 3,1). 요한은 보편적 부활(12-13절)과 승리자들의 부활을 구별하여 후자를 첫 번째 부활이라고 부른다. 물론 요한 역시 죽은 이들의 보편적 부활이 종말에 있을 것이라는 유다교 사상을 받아들였다. 그러면서도 그는 이 보편적 부활(12-13절)과 승리자들의 부활을 구별하여 후자를 첫 번째 부활이라고 부른 것이다. 첫 번째 부활은 생물학적 생명의 부활이 아니라 영적 생명의 부활이다. 영적 생명의 부활이란 다른 이들이 보편적 부활을 기다리는 동안에, 순교자들처럼 그리스도의 모범을 따라 충실하게 살았던 그리스도인들이 죽어서 곧바로 부활하신 그리스도의 생명에 참여하게 된다는 것이다. 후기 유다교 전통에서 순교자는 죽은 다음 변화되어 곧바로 천상으로 올라간다(다니 12,2; 2마카 7,9.14). 묵시록 저자는 이렇게 첫 번째 부활을 맞이한 승리자들이

20,6 ← 예레 51,39.57: 그들이 더위에 지쳤을 때 내가 술상을 차려 그들이 기절할 때까지 취하게 하리라. 그러면 그들은 영원한 잠에 빠져 들어 다시는 깨어나지 못하리라. 주님의 말씀이다. … 내가 바빌론의 대신들과 현자들, 총독들과 지방 장관들과 용사들을 취하게 하면, 그들은 영원한 잠에 빠져 들어 다시는 깨어나지 못할 것이다. 그 이름 만군의 주님이신 임금님의 말씀이다.

20,6 ← 1베드 2,9: 그러나 여러분은 "선택된 겨레고 임금의 사제단이며 거룩한 민족이고 그분의 소유가 된 백성입니다. 그러므로 여러분은" 여러분을 어둠에서 불러내어 당신의 놀라운 빛 속으로 이끌어 주신 분의 "위업을 선포하게 되었습니다."

하느님과 그리스도의 사제가 되어 그리스도께서 다시 오시는 역사의 종말 때까지 그분과 함께 천 년을 다스린다고 선언한다(6절). 여기서 말하는 천 년은 나자렛 예수님의 복음 선포와 성령 강림 이후부터 예수 재림 사이의 마지막 시대(히브 1,2 참조), 곧 교회 시대를 가리키는 상징적 표현이다.

8) 묵시록의 일곱 행복 선언 가운데 다섯째 선언이다. 여기서 축복받은 이는 행복할 뿐 아니라 거룩하기까지하다.

9) 예레 51,39.57은 하느님 징벌의 대상인 바빌론의 주민들에게 영원히 잠들어 깨어나지 못할 것이라고 경고한다. 타르굼 예레미야서는 두 구절 다 "그들은 두 번째 죽음을 겪고 다가올 세상에서 살지 못할 것이다"라고 옮긴다. 이는 부활에서 제외되어 계속 무덤에 머무르게 되리라는 뜻이다. "두 번째 죽음"은 20,14; 21,8에서 불 못과 동일시되며 2,11에도 언급된다. 이 모든 경우에 두 번째 죽음은 완전 소멸을 뜻한다.

10) 1,6; 5,9-10; 탈출 19,6; 이사 61,6을 참조하라. 구원받은 이들의 첫 열매는 그들이 그리스도인들의 왕적 사제직에 참여하는 것이다(1베드 2,9).

사탄의 패망[11]

7 천 년이 끝나면 사탄이 감옥에서 풀려날 것입니다. 8 그는 감옥에서 나와 땅의 네 모퉁이에 있는 민족들, 곧 곡과 마곡을 속이고서는 그들을 전투에 끌어들일 터인데, 그 수가 바다의 모래와 같을 것입니다.[12] 9 그들은 드넓은 땅을 건너 올라와서는 성도들의 진영과 하느님께서 사랑하시는 도성을 에워쌌습니다.[13] 그러나 하늘에서 불이 내려와 그들을 삼켜 버렸습니다.[14] 10 그들을 속이던 악마는 불과 유황 못에 던져졌는데, 그 짐승과 거짓 예언자가 이미 들어가 있는 그곳입니다.[15] 그들은 영원무궁토록 밤낮으로 고통을 받을 것입니다.

---

11) 사탄은 마지막 전투와 완전한 패망을 위해서 일시적으로 풀려난다. 똑같은 종말 전투를 요한은 네 번이나 언급한다(묵시 16,12-16; 17,14; 19,11-21; 20,7-10). 그러나 사탄의 패배로 진짜 종말이 오고 이어서 심판이 뒤따른다 (20,11-15).

12) 19,17-19은 에제 39장에서 영감을 받았지만, 여기서는 에제 38장에서 영감을 받는다. "땅의 네 모퉁이"는 세상에서 가장 먼 지방을 가리킨다. 사탄은 가장 먼 곳에서 자기 군대를 모아들인다(묵시 16,12-16 참조). 땅의 네 모퉁이에서 해로운 바람이 불어왔음을 상기해야 한다(7,1). "끝이 왔다. 이 땅 사방에 끝이 왔다"(에제 7,2). "곡"은 르우벤 자손 가운데 한 사람의 이름이고 (1역대 5,4), "마곡"은 야펫의 자손 가운데 한 사람이다(창세 10,2). 에제 38—39장에서는 마곡의 임금 곡이 다시 통일을 이룬 이스라엘에게 마지막 공격을

20,8 ← 여호 11,4: 그들이 저희의 모든 군대를 거느리고 나오니, 병사들의 수가 바닷가의 모래처럼 많고 군마와 병거도 아주 많았다.

가한다고 예고한다. 요한 당대의 유다교 전통에서는 곡과 마곡이 메시아 시대 또는 그 직전이나 직후에 이스라엘을 공격할 적들을 대표하는 민족들로 알려졌다. 그러나 곡과 마곡이 구체적으로 어디에 그리고 어느 시대에 있었는지는 알 길이 없고 또 중요하지도 않다. 상징적 의미에서 종말에 하느님과 대적을 벌이게 될 적대 세력을 가리킬 따름이다. 군대의 수효가 바다의 모래처럼 많다는 표현은 여호 11,4을 참조하라.

13) 성도들의 진영과 하느님께 사랑받는 도성(11,8의 "큰 도성"과 대비)은 하느님 백성을 가리키는데, 저마다 구약에서는 팔레스티나와 예루살렘을, 요한에 와서는 순례 중에 있는 교회와 새 예루살렘을 가리킨다.

14) 2열왕 1,10.12을 참조하라.

15) "불과 유황 못"은 최종 징벌의 장소(묵시 20,10.14)로서 이미 짐승과 거짓 예언자 들이가 있디(19,20). 이곳은 소멸의 싱징이다. "새 하늘과 새 땅"(21,1)에는 악이 들어설 자리가 없다. 온 세상을 속이는 자(12,9)는 그의 졸개들과 함께 살해되지 않고 불 못에 던져진다.

마지막 심판[16]

11 나는 또 크고 흰 어좌와 그 위에 앉아 계신 분을 보았습니다.[17] 땅과 하늘이 그분 앞에서 달아나 그 흔적조차 찾을 수가 없었습니다.[18] 12 그리고 죽은 이들이 높은 사람 낮은 사람 할 것 없이 모두 어좌 앞에 서 있는 것을 보았습니다.[19] 책들이 펼쳐졌습니다.[20] 또 다른 책 하나가 펼쳐졌는데, 그것은 생명의 책이었습니다.[21] 죽은 이들은 책에 기록된 대로 자기들의 행실에 따라 심판을 받았습니다.[22] 13 바다가 그 안에 있는

---

16) 모든 사람이 어좌에 앉아 계신 분 앞에 서고 마지막 심판을 위해 두 가지 책이 펼쳐진다. 하나는 행업의 책(심판의 책)이고, 다른 하나는 생명의 책(자비의 책)이다. 생명의 책에 기록되지 않은 자들은 불 못에 던져질 것이다.

17) "크고 흰 어좌"는 4,2과 19,11을 합성한 것이다. 크고 희다는 것은 위대함과 순수함을 가리킨다. 위대하고 순수한 어좌에 앉아 계신 분은 전능하신 천주 성부(4,2-3.9; 5,1.7.13; 6,16; 7,10.15; 19,4; 21,5)이시고 최후 심판 때의 최고 심판관이시다(마태 18,35; 로마 14,10). 땅과 하늘이 흔적조차 없이 사라져 버린 상황에서 이 어좌가 어디에 자리 잡고 있는지 알 수 없다. 에녹 1서에서 하느님이 인간을 구원하시거나 심판하시기 위해 세상을 방문하실 때 그분의 어좌는 땅 위 어딘가에 자리 잡지만(1에녹 25,3), 그 정확한 위치는 언급이 없다.

18) 심판관 앞에서 인간의 죄로 오염된 피조물의 세계는 사라진다(창세 3,17; 로마 8,19-22). 새 창조를 위하여 옛 질서는 물러나야 한다(묵시 21,1-5). 인류와 하느님 사이를 갈라 놓던 옛 질서의 경계선은 사라진다.

20,11 ← **로마 8,19-22**: 사실 피조물은 하느님의 자녀들이 나타나기를 간절히 기다리고 있습니다. 피조물이 허무의 지배 아래 든 것은 자의가 아니라 그렇게 하신 분의 뜻이었습니다. 그러나 그것은 희망을 간직하고 있습니다. 피조물도 멸망의 종살이에서 해방되어, 하느님의 자녀들이 누리는 영광의 자유를 얻을 것입니다. 우리는 모든 피조물이 지금까지 다 함께 탄식하며 진통을 겪고 있음을 알고 있습니다.

19) 신실한 이들은 이미 첫 번째 부활로 살아 있고, 그 나머지 사람들이 살아나 어좌 앞에서 최후 심판을 기다린다. 죽은 이들의 보편적 부활을 언급한 12절의 내용은 13-15절에서 더 자세하게 펼쳐진다.

20) 각 사람의 모든 행동이 다 기록된 책들이 심판을 위해 펼쳐진다(다니 7,10).

21) "생명의 책"에 대해서는 3,5; 13,8; 17,8; 20,15; 21,27; 다니 12,1; 탈출 32,32-33; 시편 69,29; 말라 3,16; 루카 10,20; 필리 4,3; 히브 12,23을 참조하라. 생명의 책은 천상 예루살렘 시민들이 모두 등록된 명부이고, "살해된 어린양의 생명의 책"(묵시 13,8)이다.

22) 사람들은 자기들의 행실에 따라 심판을 받지만, 구원은 하느님의 자유로운 선물이다(15절). 심판의 책과 생명의 책은 행업과 은총의 역설을 잘 보여 준다. 우리는 우리가 한 일에 대해 책임을 져야 한다. 그러나 하느님은 우리 구원에 대해 궁극적 책임을 지신다. 우리를 구원하는 것은 그분의 행업이지 우리의 행업이 아니다. 구원의 은총은 누구에게나 주어지지만 그것을 받아들이느냐 거부하느냐는 우리의 자유로운 결정에 달려 있다.

죽은 이들을 내놓고, 죽음과 저승도 그 안에 있는 죽은 이들을 내놓았습니다.23) 그들은 저마다 자기 행실에 따라 심판을 받았습니다. 14 그리고 죽음과 저승이 불 못에 던져졌습니다.24) 이 불 못이 두 번째 죽음입니다.25) 15 생명의 책에 기록되어 있지 않은 사람은 누구나 불 못에 던져졌습니다.26)

23) 당시에는 바다에서 실종된 이들은 셔올(하데스, 저승)에 갈 수 없다는 속설이 널리 퍼져 있었다. 요한은 바다의 실종자들도 셔올에 갇혀 있는 사람들과 더불어 예외 없이 살아난다고 밝힌다. 여기서 "죽음과 저승"은 인격화되어 있다. 그들은 과거의 모든 세대를 난폭하고 게걸스럽게 집어삼켰으나 이제는 다 토해 내야 한다.

24) 죽음과 저승은 사탄과 짐승과 예언자처럼 불 못에 던져져 이제 완전히 소멸된다(1코린 15,26). 그것은 '죽음의 죽음'이다.

25) "두 번째 죽음"에 대해서는 2,11; 20,6; 21,8을 참조하라. 여기와 21,8에서만 불 못에 빠지는 것을 두 번째 죽음과 동일시한다(타르굼 이사 65,5-6). 여기서 게헨나와 두 번째 죽음은 동일하다. 예레 51,39.57에 따르면, 하느님 징벌의 대상인 바빌론 주민들은 영원히 잠들어 깨어나지 못할 것이라고 경고한다. 타르굼에서는 이 두 구절을 "그들은 두 번째 죽음을 겪고 다가올 세상에서 살지 못할 것이다"라고 옮긴다.

26) 지옥은 소멸 그 자체이다. 천국에 있는 사람들이, 그 바로 옆에서 숨을 헐떡이며 영적으로든 육체적으로든 영원한 고통을 받고 있는 사람들을 두고 어떻게 행복할 수 있을까? 하느님의 거룩하심과 악에 대한 하느님의 분노를 동시에 채울 수 있는 길은 없을까? 그 해결책이 바로 악의 완전한 소멸, 곧 두 번째 죽음이다. 하느님과의 살아 있는 통교가 영원한 생명의 근거라면, 이 통교의 완전한 단절은 영원한 죽음, 곧 두 번째 죽음의 근거이다.

20,14 ← 1코린 15,26: 마지막으로 파멸되어야 하는 원수는 죽음입니다.

20,14 ← 타르굼 이사야 65,5-6: 그들의 징벌은 온종일 불이 타오르는 게헨나에 있는 것이 되리라. 보라, 내 앞에 이런 글이 쓰여 있다. "나는 그들의 시체를 두 번째 죽음으로 인도하리라."

◆ **20장의 맺음말**: 20장은 구세사를 간략하게 요약한 대목이다. 한 천사가 하늘에서 내려와 하느님의 구원 계획을 방해하는 용을 천 년 동안 결박해 두었다. 이는 예수님의 공생활과 그분의 승천으로 사탄이 제압되었음을 가리킨다(12장 참조). 천년왕국은 교회를 통해 복음이 전파되는 현재의 상황을 말한다. 그런데 사탄의 활동이 억제된 현재의 상태에서 복음 전파가 완전하게 성공하지 못하는 이유는 무엇일까? 교회와 성도들의 불완전함 때문이다. 그리스도의 십자가 죽음과 부활로 성취한 구원의 복음은 교회를 통해서 그리고 모든 그리스도인들을 통해서 세상 구석구석까지 전파되어야 하는데 우리 자신의 냉담함과 무기력함이 복음 전파에 장애가 될 수 있다. 교회의 시대가 끝나면서 사탄이 감옥에서 풀려나고 사탄과 그 추종자들은 하느님/어린양 및 그분의 백성들과 마지막 전투에서 패배하여 불 못에 던져져 소멸된다. 그런 다음 모든 인간은 마지막 심판에 직면하게 되는데, 저마다 그 행업의 책에 따라 판결을 받는다. 생명의 책에 기록되지 않은 악인들은 불 못에 던져지고(두 번째 죽음), 생명의 책에 기록된 의인들은 새 하늘과 새 땅에 자리 잡은 천상 예루살렘에서 살게 된다.

새 하늘과 새 땅[1]

21 1 나는 또 새 하늘과 새 땅을 보았습니다. 첫 번째 하늘과 첫 번째 땅은 사라지고 바다도 더 이상 없었습니다.[2] 2 그리고 거룩한 도성 새 예루살렘이 신랑을 위하여 단장한 신부처럼 차리고 하늘로부터 하느님에게서 내려오는 것을 보았습니다.[3] 3 그때에 나는 어좌에서 울려오는 큰 목소리를 들었습니다.[4]

"보라, 이제 하느님의 거처는 사람들 가운데에 있다.
하느님께서 사람들과 함께 거처하시고
그들은 하느님의 백성이 될 것이다.
하느님 친히 그들의 하느님으로서 그들과 함께 계시고

---

1) 묵시록의 마지막 부분은 새 하늘과 새 땅의 환시로 시작한다. 이제 묵시록의 드라마는 대단원의 막을 내리려 한다. 이전의 창조는 흔적도 없이 사라졌고(묵시 20,11) 모든 악은 파괴되었다. 창조가 쇄신된 것이다. 이 대목에서는 새 예루살렘이 잠깐 소개되지만, 본격적인 언급은 21,9-27에 나온다.

2) 이사 65,17; 외경 1에녹 91,16; 2베드 3,10-13도 이 대목의 생각과 같다. 이 새 하늘과 새 땅은 하느님께서 보시니 참 좋은 첫 창조를 무시하거나 배척하는 또 다른 세상이 아니라 쇄신된 세상을 말한다. 거기에는 혼돈의 상징인 원초적 심연, 곧 바다가 없다. 바다는 끝없는 반항과 소요의 원천이다(시편 89,10; 이사 57,20). 새로운 창조에서는 옛 질서의 일곱 가지 요소, 곧 눈물, 죽음, 슬픔, 울부짖음, 괴로움, 저주, 밤(21,1.4; 22,3.5)을 배제한다.

3) 21,1-2의 뼈대는 이사 65,17-19에 바탕을 둔다(새로운 세상의 출현, 이전 것들이 사라짐, 새 예루살렘의 출현). "신랑을 위하여 단장한 신부처럼 차리고"는 19,7;

21,1 ← **이사 65,17**: 보라, 나 이제 새 하늘과 새 땅을 창조하리라. 예전의 것들은 이제 기억되지도 않고 마음에 떠오르지도 않으리라.

21,1 ← **이사 66,22**: 정녕 내가 만들 새 하늘과 새 땅이 내 앞에 서 있을 것처럼 너희 후손들과 너희의 이름도 그렇게 서 있으리라. 주님의 말씀이다.

21,1 ← **외경 1에녹 91,16**: 첫 번째 하늘은 떠나 사라지고 새 하늘이 나타나리라.

21,1 ← **2베드 3,10-13**: 그러나 주님의 날은 도둑처럼 올 것입니다. 그날에 하늘은 요란한 소리를 내며 사라지고 원소들은 불에 타 스러지며, 땅과 그 안에서 이루어진 모든 것이 드러날 것입니다. 이렇게 모든 것이 스러질 터인데, 여러분은 어떤 사람이 되어야 하겠습니까? 거룩하고 신심 깊은 생활을 하면서, 하느님의 날이 오기를 기다리고 그날을 앞당기도록 해야 하지 않겠습니까? 그날이 오면 하늘은 불길에 싸여 스러지고 원소들은 불에 타 녹아 버릴 것입니다. 그러나 우리는 그분의 언약에 따라, 의로움이 깃든 새 하늘과 새 땅을 기다리고 있습니다.

21,2 ← **갈라 4,26**: 그러나 하늘에 있는 예루살렘은 자유의 몸으로서 우리의 어머니입니다.

21,3 ← **에제 37,27**: 이렇게 나의 거처가 그들 사이에 있으면서, 나는 그들의 하느님이 되고 그들은 나의 백성이 될 것이다.

21,9-14; 이사 49,18에도 등장하는 표현이다. 요한은 신부와 도시의 표상을 하나로 묶어 교회에 적용한다. 로마가 탕녀이듯이 교회는 새 예루살렘이면서 동시에 신부이다. '하늘에서 내려온 교회'는 사람들의 손으로 이루어진 실체가 아니라 하느님께서 세우시고 움직이시는 공동체라는 뜻이다(갈라 4,26 참고).

4) "큰 목소리"는 19,5처럼 누구의 소리인지 알 수 없지만, 환시의 의미를 설명한다.

4 그들의 눈에서 모든 눈물을 닦아 주실 것이다.[5)]
다시는 죽음이 없고
다시는 슬픔도 울부짖음도 괴로움도 없을 것이다.[6)]
이전 것들이 사라져 버렸기 때문이다."

5 그리고 어좌에 앉아 계신 분께서 말씀하셨습니다. "보라, 내가 모든 것을 새롭게 만든다."[7)] 이어서 "이것을 기록하여라.[8)] 이 말은 확실하고 참된 말이다."[9)] 하신 다음, 6 또 나에게 말씀하셨습니다. "다 이루어졌

---

5) 이사 25,8; 묵시 7,17을 참조하라. 요한의 "새 하늘과 새 땅"은 완전히 성경적 개념이면서 동시에 새로운 세계관을 제시한다. 성경의 세계관은 언제나 우주와 인간을 친밀하게 연결한다(창세 1—2장). 새 하늘과 새 땅의 개념은 망가진 이 세상을 창조의 원 상태로 회복하는 것이 아닌, 우리의 상상을 뛰어넘는 변형을 뜻한다. 그것은 근본적인 변형이어서 '새로운 창조'라고 할 수밖에 없다. 이 새로운 창조에서 인간의 삶도 새로운 국면을 맞는다. 눈물 · 죽음 · 슬픔 · 울부짖음 · 괴로움이 모두 사라질 것이다. 바오로 사도가 이미 인간 구원의 맥락에서 우주의 구원을 언급한 바 있다. 피조물 전체가 하느님의 자녀들을 해방시키기 위하여 진통을 겪고 있다는 것이다(로마 8,18-23).

6) 바빌론에는 기쁨의 소리가 영원히 그쳤지만, 새 예루살렘에는 슬픔과 괴로움이 파고들 자리가 없다. 4절 전체는 예수님의 참행복 선언을 떠올리게 한다(마태 5,3-12).

21,4 ← **이사 25,8**: 그분께서는 죽음을 영원히 없애 버리시리라. 주 하느님께서는 모든 사람의 얼굴에서 눈물을 닦아 내시고 당신 백성의 수치를 온 세상에서 치워 주시리라. 정녕 주님께서 말씀하셨다.

21,5 ← **이사 43,19**: 보라, 내가 새 일을 하려 한다. 이미 드러나고 있는데 너희는 그것을 알지 못하느냐?

21,5 ← **2코린 5,17**: 그래서 누구든지 그리스도 안에 있으면 그는 새로운 피조물입니다. 옛것은 지나갔습니다. 보십시오, 새것이 되었습니다.

---

7) 1,8에 이어 두 번째로 분명히 하느님께서 말씀하신다. 시작이며 마침이신 하느님의 말씀은 의심할 여지 없이 '확실하고 참되다.' 묵시록의 독자들이 확고한 믿음과 희망을 가질 수 있는 것은 하느님께서 보증하시는 바로 이 말씀 때문이다. 그분의 말씀으로 21,1-4의 환시가 실현되었다. 하느님께서 '새 것들을 만들었다'고 하시지 않고 "모든 것을 새롭게 만든다"고 하신다. 말하자면 쇄신이다(이사 43,19; 2코린 5,17). 그리고 새롭게 하시는 분의 현존은 늘 현재 진행형이다(2코린 3,18; 4,16-18; 5,16-17; 콜로 3,1-4). "내가 모든 것을 새롭게 만든다"는 표현은 멜 깁슨 감독의 영화 '그리스도의 수난' Passion of Christ에서 십자가를 지고 가시던 예수님이 성모 마리아께 하신 말씀이기도 하다.

8) 기록하라는 명령은 천사기(묵시 1,10-11), 그리스도께서(1,19), 하늘에서 울려오는 목소리가(14,13), 그리고 또 다른 천사가(19,9) 내린다.

9) 22,6에 반복된다(참조: 3,14; 19,9.11).

다. 나는 알파이며 오메가이고 시작이며 마침이다.¹⁰⁾ 나는 목마른 사람에게 생명의 샘에서 솟는 물을 거저 주겠다.¹¹⁾ **7** 승리하는 사람은 이것들을 받을 것이며,¹²⁾ 나는 그의 하느님이 되고 그는 나의 아들이 될 것이다.¹³⁾ **8** 그러나 비겁한 자들과 불충한 자들, 역겨운 것으로 자신을 더럽히는 자들과 살인자들과 불륜을 저지르는 자들, 마술쟁이들과 우상 숭배자들, 그리고 모든 거짓말쟁이들이 차지할 몫은 불과 유황이 타오르는 못뿐이다.¹⁴⁾ 이것이 두 번째 죽음이다."

---

10) "다 이루어졌다"는 표현은 실제로 그 일이 일어나기도 전에 그것이 완성되었다고 선언한 것이다. 최후의 승리에 대한 확신은 미리 앞당겨 드러내도 좋다. 1,8; 22,13; 1코린 15,28을 참조하라.

11) 이사 55,1; 묵시 7,16-17; 22,17을 참조하라. "물"은 생명의 상징이요 메시아 시대의 특징 가운데 하나이다(이사 12,3; 41,17-18; 44,3-4; 에제 47,1-12; 즈카 13,1; 14,8). 물이 귀한 메마른 땅에서 샘이나 강물은 구원의 가장 아름다운 상징 가운데 하나다(묵시 22,1 참조).

12) 여기서 "이것들"은 1-6절에서 말하는 '은총과 특권'이다. 이것들은 승리자가 차지할 몫이다. 승리자에 대한 언급은 2—3장의 메시지에 눈을 돌리게 한다. '승리자들은 상속의 몫을 차지할 것이다'는 말은 일곱 가지 약속을 아우르는 여덟째 약속이다.

13) 나탄 예언자의 예언은(2사무 7,14) 그리스도 안에서 완전하게 실현된다(히브 1,5; 5,5). 요한은 이 말씀을 충실하게 그리스도를 증언한 모든 이에게 확대 적용한다.

14) 하느님의 도성에는 죄인들이 들어설 자리가 없다. 하느님은 첫 번째 창조 때에 피조물을 잘 돌보라고 당신의 창조 사업에 인간을 끌어들이셨다

- **21,6** ← 1코린 15,28: 아드님께서도 모든 것이 당신께 굴복할 때에는, 당신께 모든 것을 굴복시켜 주신 분께 굴복하실 것입니다. 그리하여 하느님께서는 모든 것 안에서 모든 것이 되실 것입니다.
- **21,6** ← 이사 55,1: 자, 목마른 자들아, 모두 물가로 오너라. 돈이 없는 자들도 와서 사 먹어라. 와서 돈 없이 값 없이 술과 젖을 사라.
- **21,6** ← 이사 12,3: 너희는 기뻐하며 구원의 샘에서 물을 길으리라.
- **21,6** ← 즈카 14,8: 그날에는 또 예루살렘에서 생수가 솟아 나와 절반은 동쪽 바다로, 절반은 서쪽 바다로 흘러갈 것이다. 여름에도 겨울에도 늘 그러할 것이다.
- **21,7** ← 2사무 7,14: 나는 그의 아버지가 되고 그는 나의 아들이 될 것이다.
- **21,7** ← 히브 5,5: 이처럼 그리스도께서도 대사제가 되는 영광을 스스로 차지하신 것이 아니라, 그분께 "너는 내 아들. 내가 오늘 너를 낳았노라" 하고 말씀하신 분께서 그렇게 해 주신 것입니다.

(창세 1,26-30). 그러나 인간은 자신의 죄로 창조 세계를 망가뜨렸다. 하느님은 이제 마지막 단계에 와서 "모든 것을 새롭게 만든다"(5절)고 선언하신다. 그러나 하느님은 새 세상에서도 인간의 참여를 배제하지 않으신다. 요한은 여기서 사목적 관심을 드러낸다. 새로운 창조에 끼어들 여지가 없는 죄인들을 나열함으로써 자신의 독자들과 그리스도인들에게도 온 세상을 속이는 자, 곧 용·사탄에게 속아 넘어가 새로운 세상에서 배제되는 일이 없도록 하라고 경고하는 셈이다. 불 못의 표상, 특히 불 못과 두 번째 죽음의 연결은 구약성경이나 유다교 문헌에서는 찾아볼 수 없고 고대 이집트 문헌에서만 찾아볼 수 있다(『사사의 책』 17,40-42; 24,4; 175,15,20). 다만 2세기의 교부 이레네우스에 따르면 반 그리스도와 그의 추종자들은 그리스도의 재림 때에 불 못에 던져질 것이라고 한다(『이단 논박』 5,30,4).

새 예루살렘[15]

9 마지막 일곱 재앙이 가득 담긴 일곱 대접을 가진 일곱 천사 가운데 하나가 나에게 와서 말하였습니다.[16] "이리 오너라. 어린양의 아내가 될 신부를[17] 너에게 보여 주겠다." 10 이어서 그 천사는 성령께 사로잡힌[18] 나를 크고 높은 산 위로 데리고 가서는, 하늘로부터 하느님에게서 내려오는 거룩한 도성 예루살렘을 보여 주었습니다.[19] 11 그 도성은 하느님의 영광으로 빛나고 있었습니다.[20] 그 광채는 매우 값진 보석 같았고 수정처럼 맑은 벽옥 같았습니다.[21] 12 그 도성에는 크고 높은 성벽과 열두 성문이 있었습니다.[22] 그 열두 성문에는 열두 천사가 지키고 있는데, 이스라

---

15) 인간은 하느님이 창조하신 피조물 가운데 걸작품이다. 인간은 하느님의 자존심이요 기쁨이다(창세 1,26-31). 인류를 위하여 하느님이 마련하신 거처는 에덴 동산, 곧 즐거움의 정원(창세 2,15)이었다. 새로운 창조 때에 인류에게 마련된 새 거처는 하느님의 도성 새 예루살렘이다. 요한 묵시록은 새 예루살렘에 관한 장엄한 묘사로 끝을 맺는다.

16) 일곱 대접 천사 가운데 하나인 이 천사는 요한에게 대탕녀를 보여 준 적이 있었다(묵시 17,1). 그때는 성령이 요한을 광야로 데리고 나갔으나, 여기서는 새 예루살렘을 잘 볼 수 있도록 높은 산 위로 데려간다.

17) 19,7; 21,2; 에페 5,25을 참조하라. 요한은 바빌론을 대탕녀로 규정한 것에 대비하여 예루살렘을 신부로 소개한다. 일곱 천사 가운데 하나가 17장에서 대탕녀를 보여 준 데 이어, 여기서는 한 걸음 더 나아가 신부를 보여 준다. 신부와 도성을 동일시하는 전승은 외경 에스드라 4서에서 찾아볼 수 있다(10,25-27). 이 책의 네 번째 표상으로 자기 자녀들을 두고 애도하

21,9 ← **에페 5,25**: 남편 여러분, 그리스도께서 교회를 사랑하시고 교회를 위하여 당신 자신을 바치신 것처럼, 아내를 사랑하십시오.

는 한 여인이 등장한다. 환시가는 이 여인과 대화를 나누는데, 그녀가 시온이라는 것을 깨닫지 못한다.

18) 17,3을 참조하라. 이는 '영적으로' 또는 '환시 중에'라고 이해할 수 있다.

19) 새 예루살렘에 관한 요한의 묘사는 새 성전(에제 40,1—47,12)과 새 예루살렘(에제 48,30-35)에 관한 에제키엘의 환시에 바탕을 둔다. 에제키엘 예언자는 환시 중에 바빌론에서 이스라엘로 옮겨져 높은 산 위에 자리 잡는다. 거기서 그는 도시와 같은 구조물을 마주 바라본다. 그것은 미래의 성전이었다. 그는 자를 가진 천사의 인도로 도성 이곳저곳을 돌아보게 된다(에제 40,3; 43,12). 천사는 성전의 샘도 보여 주고 그 샘에서 흘러나오는 커다란 시내도 보여 준다(에제 47,1-12). 에제키엘서의 환시 대목은 도시의 성문들에 대한 묘사로 끝난다(에제 48,30-35). 에제키엘서와는 달리 여기서는 도시와 성전이 하나가 된다. 새 예루살렘에는 성전이 따로 없다. 하느님의 현존으로 가득 찬 이 도성 자체가 성전이다.

20) 도성의 본질적 요소는 하느님의 영광, 곧 그분 실체의 드러남이다.

21) 4,3을 참조하라. 이 천상 도성은 하느님의 현존이 뿜어내는 찬란한 광채로 뒤덮여 있다.

22) 고대의 도시에서 성벽과 성문은 주요 요소였다. 열두 대문에는 저마다 열두 지파의 이름이 하나씩 새겨져 있었고(에제 48,31-34) 성벽의 열두 초석에도 저마다 어린양의 열두 사도 이름이 하나씩 적혀 있었다(14절). 이는 구약의 이스라엘과 그리스도 교회의 연속성을 가리킨다.

엘 자손들의 열두 지파 이름이 하나씩 적혀 있었습니다.²³⁾ 13 동쪽에 성문이 셋, 북쪽에 성문이 셋, 남쪽에 성문이 셋, 서쪽에 성문이 셋 있었습니다.²⁴⁾ 14 그 도성의 성벽에는 열두 초석이 있는데, 그 위에는 어린양의 열두 사도 이름이 하나씩 적혀 있었습니다.

15 나에게 말하던 천사는 도성과 그 성문들과 성벽을 재려고 금으로 된 잣대를 가지고 있었습니다.²⁵⁾ 16 도성은 네모반듯하여 길이와 너비가 같았습니다.²⁶⁾ 그가 잣대로 도성을 재어 보니, 길이와 너비와 높이가 똑같이 만 이천 스타디온이었습니다. 17 또 성벽을 재어 보니 백사십사 페키스였는데,²⁷⁾ 사람들의 이 측량 단위는 천사도 사용하는 것입니다.

---

23) 열두 사도는 교회의 기초이다(마태 19,28; 에페 2,20; 참조: 히브 11,10).

24) "성문"의 묘사를 두고 에제키엘서와 묵시록이 근본적으로 다른 점은 전자의 경우 열두 지파가 배당된 땅으로 가기 위한 출구인 반면, 후자의 경우에는 모든 민족이 들어오는 입구라는 사실이다(루카 13,29).

25) 11,1에서 환시가는 지상에 있는 하느님의 성전을 지팡이 같은 자로 재었다. 그러나 천상의 성전은 천상적 존재가 금자로 잰다. 그러나 측량 단위는 우리 인간이 사용하는 것과 같다(17절).

26) 정방형의 모양에 대해서는 에제 45,2; 48,16을 참조하라. 그러나 묵시록의 천상 도시는 길이와 너비에 이어 높이까지 똑같은 정입방체이다. 솔로몬의 성전에서 지성소도 정입방체였다(1열왕 6,20). 정입방체는 기하학적 완전성을 상징한다. 천상 예루살렘은 완전한 조화와 균형을 갖춘 도성이다.

21,12 ← 마태 19,28: 사람의 아들이 영광스러운 자기 옥좌에 앉게 되는 새 세상이 오면, 나를 따른 너희도 열두 옥좌에 앉아 이스라엘의 열두 지파를 심판할 것이다.

21,13 ← 에제 48,31-34: 도성의 대문들은 이스라엘의 지파 이름을 따서 부른다. 그래서 북쪽에 대문이 셋 있는데, 하나는 르우벤 대문, 하나는 유다 대문, 하나는 레위 대문이다. 사천오백 암마 되는 동쪽에도 대문이 셋 있는데, 하나는 요셉 대문, 하나는 벤야민 대문, 하나는 단 대문이다. 치수가 사천오백 암마 되는 남쪽에도 대문이 셋 있는데, 하나는 시메온 대문, 하나는 이사카르 대문, 하나는 즈불룬 대문이다. 사천오백 암마 되는 서쪽에도 대문이 셋 있는데, 하나는 가드 대문, 하나는 아세르 대문, 하나는 납탈리 대문이다.

21,13 ← 루카 13,29: 동쪽과 서쪽, 북쪽과 남쪽에서 사람들이 와 하느님 나라의 잔칫상에 자리 잡을 것이다.

21,14 ← 에페 2,20: 여러분은 사도들과 예언자들의 기초 위에 세워진 건물이고, 그리스도 예수님께서는 바로 모퉁잇돌이십니다.

21,16 ← 에제 45,2: 이 가운데에서 길이가 오백, 너비가 오백 암마로서 사방으로 네모난 땅이 성전을 위한 것이다. 그 둘레에는 사방으로 쉰 암마 되는 빈 터를 두어야 한다.

---

27) 요한이 본 천상 도성의 정입방체는 길이와 너비와 높이가 12,000스타디온(1스타디온은 185미터 가량이니 약 2,200킬로미터)이고, 성벽의 높이는 144페퀴스(1페퀴스는 1암마와 같은 46센티미터 정도이니 약 66미터)이다. 엄청나게 큰 도성에 비해 성벽의 높이는 그리 높지 않다. 이제 이 천상 도시에는 더 이상 공격해 올 적이 없기 때문일까? 12,000은 12×1000이고 144는 12×12이므로 이스라엘의 열두 지파와 어린양의 열두 사도에 기초를 둔 하느님 백성과 교회의 완전성을 드러낸다.

18 성벽은 벽옥으로 되어 있고, 도성은 맑은 유리 같은 순금으로 되어 있었습니다. 19 도성 성벽의 초석들은 온갖 보석으로 꾸며져 있었습니다. 첫째 초석은 벽옥, 둘째는 청옥, 셋째는 옥수, 넷째는 취옥, 20 다섯째는 마노, 여섯째는 홍옥, 일곱째는 감람석, 여덟째는 녹주석, 아홉째는 황옥, 열째는 녹옥수, 열한째는 자옥, 열두째는 자수정이었습니다. 21 열두 성문은 열두 진주로 되어 있는데, 각 성문이 진주 하나로 이루어져 있었습니다.[28] 그리고 도성의 거리는 투명한 유리 같은 순금으로 되어 있었습니다.[29]

22[30] 나는 그곳에서 성전을 보지 못하였습니다. 전능하신 주 하느님과 어린양이 도성의 성전이시기 때문입니다.[31] 23 그 도성은 해도 달도

---

[28] 이 도성은 투명한 유리 같은 순금으로 지어졌고, 성벽은 벽옥이며 성문들은 진주였다. 또한 성벽은 열두 가지 온갖 보석으로 꾸며진 초석들 위에 세워져 있었다. 이 열두 보석은 대사제의 가슴받이에 박힌 열두 보석을 가리킬 수 있다(집회 45,11). 과연 천상 도성이다. 벽옥은 여러 가지 색을 내는 보석으로, 본디 산화철로 된 불순물을 함유한 불투명한 석영石英이다. 성경에서 벽옥은 하느님의 눈부신 광채를 상징한다. 이 천상 도성은 하느님의 눈부신 광채를 뿜어내고 있다(즈카 2,9). 진주는 구약성경에 나오지 않지만, 헬레니즘 시대에는 매우 비싼 보석이었다(마태 13,46 참조).

[29] 천상 예루살렘의 묘사는 토빗 13,16-17; 이사 54,11-12을 참조하라. 여기서 금은 유리처럼 투명하다. 옛날에는 도로가 포장되어 있지 않았다. 그래서 도로가 우기에는 진흙투성이고 건기에는 먼지투성이였다. 그런데 천상 예루살렘의 거리는 온통 순금으로 포장되어 있고 유리처럼 투명하고 깨끗하다.

21,19-20 ← **이사 54,11-12**: 너 가련한 여인아, 광풍에 시달려도 위로받지 못한 여인아. 보라, 내가 석류석을 너의 주춧돌로 놓고 청옥으로 너의 기초를 세우리라. 너의 성가퀴들을 홍옥으로, 너의 대문들을 수정으로, 너의 성벽을 모두 보석으로 만들리라.

---

30) 이 단락(22-27절)에서 요한은 이사 60장을 이용한다.

31) 성전은 지상 예루살렘의 영광이었다. 지상의 성전은 하느님의 현존을 모시는 장소이다. 그러나 천상 예루살렘에는 성전이 더 이상 필요 없다. 하느님 친히 어린양과 함께 그곳에서 사시기 때문이다. 그곳에서 하느님의 거처는 사람들 가운데 있고(3절) 하느님 현존의 영광이 그곳을 관통하여(11절과 18절) 도성 전체가 거대한 성전이 된다. 이미 7,15에서 요한은 환시 가운데 한 원로에게서, 천상 초막절에는 하느님께서 친히 순교자들이 머무르는 천막이 되어 주실 것이라는 계시를 얻는다. 그리고 3,12에서는 어린양이 승리자를 거룩한 도시의 영원한 시민으로 만들리라고 약속한다. "승리하는 사람은 내 하느님 성전의 기둥으로 삼아 다시는 밖으로 나가는 일이 없게 하겠다." 완전성을 뜻하는 정육면체로 된 천상 예루살렘은 만남의 천막 안에 있던 지성소와 같다. 이전에는 대사제가 지성소에 일 년에 단 한 번만 들어갔으나 여기서는 모든 사람이 하느님의 현존을 언제든지 만날 수 있다.

비출 필요가 없습니다. 하느님의 영광이 그곳에 빛이 되어 주시고 어린양이 그곳의 등불이 되어 주시기 때문입니다.32) 24 민족들이 그 도성의 빛을 받아 걸어 다니고, 땅의 임금들이 자기들의 보화를 그 도성으로 가져갈 것입니다.33) 25 거기에는 밤이 없으므로 종일토록 성문이 닫히지 않습니다.34) 26 사람들은 민족들의 보화와 보배를 그 도성으로 가져갈 것

---

32) 낮에는 하느님께서 해처럼 도성을 비추시고 밤에는 어린양이 달처럼 비추신다(이사 60,19). 하느님 현존의 영광은 창조된 모든 빛물체를 필요 없는 것으로 만든다. 따라서 이곳에는 이제 밤이 없을 것이다(25절).

33) "땅의 임금들"은 묵시록에서 모두 8번 나오는데(1,5; 6,15; 17,2.18; 18,3.9; 19,19; 21,24), 그 가운데 1,5과 여기서만 하느님과 그분의 백성에게 호의적이고 다른 곳에서는 적대적이다. 이민족들과 땅의 임금들이 하느님 백성과 함께 천상 예루살렘에 산다는 이 구절의 사상은, 땅의 임금들과 그들의 군대를 파괴하고(19,17-21; 20,7-9) 이전의 하늘과 땅이 사라진다는(21,1) 서술과 정면으로 배치된다. 19—21장에 소개된 종말론적 상황의 전개는 네 단계를 거치는 것으로 되어 있다(외경 시빌린 신탁 3,657-731): ① 이민족 임금들이 예루살렘과 성전을 공격함(20,7-9), ② 하느님이 예루살렘을 방어하시고 공격자들을 절멸시키심(20,9-10), ③ 시온의 회복(21,9-21), ④ 온 세상이 하느님의 주

21,23 ← 이사 60,19: 해는 너에게 더 이상 낮을 밝히는 빛이 아니고 달도 밤의 광채로 너에게 비추지 않으리라. 주님께서 너에게 영원한 빛이 되어 주시고 너의 하느님께서 너의 영광이 되어 주시리라.

21,23 ← 즈카 14,7: 주님만 아시는 그날에는 낮과 밤이 없이 대낮만 이어지고, 저녁때에도 빛이 있을 것이다.

21,25 ← 이사 60,11: 너의 성문들은 늘 열려 있는 채 낮에도 밤에도 닫히지 않으리니 임금들의 인도 아래 민족들의 재물을 들여오기 위함이다.

21,25 ← 쿰란 문서 '전쟁 규칙서' 1QM 12,13-15: 시온아, 크게 기뻐하라! 예루살렘아, 환호 중에 빛을 내어라! 유다의 모든 도시들아 즐거워하라! 계속해서 성문들을 열어 두어 민족들의 부가 그리로 들어오게 하여라! 그들의 임금들이 너를 섬기리라. 또한 네 모든 압제자들이 네 앞에 엎드려 절하고 네 발에서 떨어지는 먼지를 핥으리라.

권을 온전히 받아들임(21,24-26). 그런데 종말에는 세상의 모든 민족들이 예루살렘으로 모여든다는 것은 초기 유다교의 중요한 종말론적 주제 가운데 하나였다. 묵시록의 저자도 이를 반영하지 않을 수 없었을 것이다. 이민족들의 종말론적 운명을 두고 초기 유다교 안에는 네 가지 서로 다른 견해가 있었다: ① 이민족들을 완전히 없애 버림(19,17-21; 외경 4에스 12,33; 13,38), ② 이민족들에게서 이스라엘을 속량해 냄(이사 11,10-16), ③ 이민족들이 이스라엘의 속국이 되어 조공을 바침(시편 72,8-11; 이사 18,7; 49,22-26; 60,1-22; 예레 3,17-18; 스바 3,9-10; 외경 솔로몬 시편 17,30-31 등), ④ 이민족들도 종말론적 구원에 참여함(시편 22,27-28; 86,9; 이사 2,2-4; 56,6-8; 미카 4,1-4; 1에녹 90,30-33 등). 이 가운데 셋째와 넷째 견해가 21,24-26에 반영되어 있다.

34) 성문들이 밤낮으로 열려 있으므로 모든 민족들은 언제든지 하느님께 자유롭게 접근하여 선물도 드리고 그분과 친교도 나눌 수 있다.

입니다.35) 27 그러나 부정한 것은 그 무엇도, 역겨운 짓과 거짓을 일삼는 자는 그 누구도 도성에 들어가지 못합니다.36) 오직 어린양의 생명의 책에 기록된 이들만 들어갈 수 있습니다.37)

---

35) 앞절에서 땅의 임금들이 자기들의 영광을 가져올 것이라고 하고 여기서는 민족들이 영광과 영예를 가져올 것이라고 한다. 여기서 영광과 영예는 물질적 재화를 가리킬 수도 있고 명성이나 명예를 가리킬 수도 있다. 사람들이 하늘 도성에 가져올 영광과 영예는 무엇일까? 각 사람이 자기 삶에서 가장 값지고 아름다운 것을 골라 도성으로 가져올 터이지만, 혐오스럽고 거짓스러운 것은 반입 금지이다. 과연 하늘 나라에 무엇을 가지고 갈 것인가? 우리는 지금부터 하늘 고향에 가지고 갈 것을 준비해야지, 가져갈 수 없는 것을 잔뜩 준비해서는 안 된다.

36) "부정한 것"들에 관해서는 마르 7,20-23을, "역겨운 짓과 거짓"에 관해서는 묵시 17,2-4; 18,3; 21,8을 참조하라. 이런 것은 하느님의 새 영역에서 결코 용인될 수 없다.

37) "어린양의 생명의 책"은, 구원은 하느님이 이루시지 우리 자신의 행업이 이룰 수 없다는 사실을 일깨우는 표현이다.

21,27 ← 마르 7,20-23: 사람에게서 나오는 것, 그것이 사람을 더럽힌다. 안에서 곧 사람의 마음에서 나쁜 생각들, 불륜, 도둑질, 살인, 간음, 탐욕, 악의, 사기, 방탕, 시기, 중상, 교만, 어리석음이 나온다. 이런 악한 것들이 모두 안에서 나와 사람을 더럽힌다.

◆ **21장의 맺음말**: 21장은 다섯 가지 사실을 지적한다. ① 새로운 세상이 도래하면, ② 이전 것들은 사라지고, ③ 새 예루살렘이 나타나는데, ④ 그곳에는 눈물도 없고, ⑤ 죽음도 없을 것이다. 이는 이사 65,17-20의 내용과 통한다. 21장은 하느님께서 새 하늘과 새 땅에 내려 주신 새 예루살렘을 묘사하는 데 온통 할애된다. 17장처럼 21장에서도 일곱 대접 천사 가운데 하나가 나타나는데, 그는 요한에게 특별한 환시를 보여 준다. 17장의 환시는 대탕녀 바빌론에 초점을 맞추지만, 21장의 환시는 어린양의 신부에 초점을 맞춘다. 이 두 여성적 표상, 대탕녀 바빌론 로마와 순결한 신부 교회는 서로 극명한 대립을 이룬다. 9-24절의 새 예루살렘에 관한 세부 묘사는 하느님 백성인 교회의 본질을 설명해 준다. 그리스도인들이 천상 예루살렘의 시민으로 등록된다는 생각은 묵시록에만 나오는 것이 아니라 초기 그리스도교의 다른 문헌에서도 찾아볼 수 있다(히브 12,22-24; 13,14). 이는 하느님 백성인 이스라엘인들이 천상 예루살렘의 시민으로 등록된다는 유다의 묵시 사상에서 영향을 받은 것으로 보인다(2바룩 4,1-6; 2에녹 55,2). 새 예루살렘에는 열두 지파의 이름이 새겨진 열두 성문이 있고 그 성벽에는 열두 사도의 이름이 적힌 열두 초석이 있다는 요한의 설명은, 이 도성이 이스라엘의 종교 전통을 계승하여 열두 사도의 기초 위에 세워진 교회를 가리키는 것임을 알 수 있다. 또한 이 성벽의 초석들이 열두 보석으로 꾸며져 있다는 것은 대사제 복장 가운데 하나인 가슴받이에 박힌 열두 보석을 떠올리게 하면서, 교회의 사제적 지위와 역할을 확인하게 해 준다. 천상 예루살렘은 사제적 소명을 완벽하게 구현한 지상 교회의 성도들이 영원히 머무르게 될 처소다.

22 1 그 천사는 또 수정처럼 빛나는 생명수의 강을 나에게 보여 주었습니다.[1] 그 강은 하느님과 어린양의 어좌에서 나와, 2 도성의 거리 한가운데를 흐르고 있었습니다.[2] 강 이쪽저쪽에는 열두 번 열매를 맺는 생명 나무가 있어서 다달이 열매를 내놓습니다.[3] 그리고 그 나뭇잎은 민족들을 치료하는 데에 쓰입니다.[4] 3 그곳에는 더 이상 하느님의 저주를 받는 것이 없을 것입니다.[5] 도성 안에는 하느님과 어린양의 어좌가 있어, 그분의

---

1) "생명수의 강"은 창세 2,9-11; 에제 47,1.6-7.12; 즈카 14,8을 참조하라. 에제키엘의 환시에서 생명수의 강은 성전 동문의 문지방 밑에서 흘러나왔다. 이 강은 사해로 들어가 죽은 물을 신선한 물로 바꾸고 물고기가 뛰놀게 하였다. 여기서는 강물의 원천이 영원하신 하느님과 어린양의 어좌다. 그러니 강물이 마를 리 없다. "수정처럼 빛나는"은 4,6을 참조하라.

2) 하늘 도성에는 성전이 없다. 생명수의 강이 하느님과 어린양의 어좌에서 흘러나온다는 말은 생명의 원천이 바로 그분들이라는 뜻이다. 이 생명수는 목마른 이들에게 약속된 물로서, 말씀과 성령을 가리킨다(7,17; 21,6; 22,17; 요한 7,38-39). 다가올 시대에 생명수가 예루살렘에서 흘러나올 것이라는 게 예언자들의 희망이었다(에제 47,1-12; 즈카 14,8).

3) "생명 나무"는 창세 2,9; 3,22을 참조하라. 2절은 에제 47,12에서 영감을 받은 구절이다. 선과 악을 알게 하는 나무를 따 먹고 에덴 동산에서 쫓겨난 아담과 하와에게 하느님은 생명 나무에 접근하는 것을 허락하지 않으셨다. 생명 나무의 열매를 따 먹음으로써 영원히 죄와 그 결과 속에서 살지 못하도록 하신 것이다. 그러나 이제는 안심이다. 구원을 받은 성도들은 생명 나무의 열매를 따 먹고 완전한 행복을 영원히 누릴 수 있기 때문이다.

4) 이 약으로 묵시 21,24-26에 나오는 민족들을 치유한다.

5) 하늘 도성에는 이제 하느님의 저주가 없다(즈카 14,11). 여기서 저주로

22,1-2 ← 에제 47,1.6-7: 그가 다시 나를 데리고 주님의 집 어귀로 돌아갔다. 이 주님의 집 정면은 동쪽으로 나 있었는데, 주님의 집 문지방 밑에서 물이 솟아 동쪽으로 흐르고 있었다. 그 물은 주님의 집 오른쪽 밑에서, 제단 남쪽으로 흘러내려 갔다. … 그는 나에게 "사람의 아들아, 잘 보았느냐?" 하고서는, 나를 데리고 강가로 돌아갔다. 그가 나를 데리고 돌아갈 때에 보니, 강가 이쪽저쪽으로 수많은 나무가 있었다.

22,2 ← 요한 7,38-39: 나를 믿는 사람은 성경 말씀대로 "그 속에서부터 생수의 강들이 흘러나올 것이다." 이는 당신을 믿는 이들이 받게 될 성령을 가리켜 하신 말씀이었다. 예수님께서 영광스럽게 되지 않으셨기 때문에, 성령께서 아직 와 계시지 않았던 것이다.

22,2 ← 에제 47,12: 이 강가 이쪽저쪽에는 온갖 과일나무가 자라는데, 잎도 시들지 않으며 과일도 끊이지 않고 다달이 새 과일을 내놓는다. 이 물이 성전에서 나오기 때문이다. 그 과일은 양식이 되고 잎은 약이 된다.

22,3 ← 즈카 14,11: 그곳에 사람들이 살며 다시는 멸망하는 일이 없을 것이다. 예루살렘은 안심하고 살 것이다.

쓰인 그리스어 '카타테마' κατάθεμα는 '아나테마' ἀνάθεμα와 비슷하게 하느님께 합당하지 않은 사람이나 사물을 가리킨다. 이 구절은 세 가지로 이해할 수 있다. 첫째, 첫 인류의 범죄 때 내려진 하느님의 저주(창세 3,14-19)가 취소되었다. 둘째, 새 예루살렘은 우상 숭배로 파멸된다는 저주에서 자유롭다(즈카 14,11). 셋째, 하느님께서 저주와 파멸의 대상이던 이민족들(이사 34,2.5)과 화해하셨다. 새 도성에는 저주받은 인간이나 하느님께서 혐오하시는 것들이 차지할 자리가 없다(21,27). 인간의 죄악에 대한 하느님의 궁극적 응답은 폭력과 저주가 아니라 구원하시는 사랑이다. 그분의 무한한 사랑이 우주의 블랙홀처럼 악을 완전히 빨아들여 없애 버린다. 그 사랑이 가장 푸릇하고 강렬하게 나타난 사건이 바로 예수님의 십자가 죽음이다. 요한이 살해된 어린양과 하느님을 거듭해서 연결하는 이유도 여기에 있다.

종들이 그분을 섬기며⁶⁾ 4 그분의 얼굴을 뵐 것입니다.⁷⁾ 그리고 그들의 이마에는 그분의 이름이 적혀 있을 것입니다.⁸⁾ 5 다시는 밤이 없고 등불도 햇빛도 필요 없습니다. 주 하느님께서 그들의 빛이 되어 주실 것이기 때문입니다. 그들은 영원무궁토록 다스릴 것입니다.

---

6) 어좌는 하나뿐인데 그 주인은 하느님과 어린양 두 분이다. 여기서 하느님과 어린양의 동화가 엿보인다. 전능하신 주 하느님은 살해되신 어린양 안에서 현존하시고 드러나신다. 하느님의 종들이 어좌 앞에서 그분을 섬긴다는 사실은 7,15의 말씀이 현실이 된 것이다.

7) 이스라엘인들은 예루살렘 순례 때에 하느님을 경배하고 '하느님의 얼굴을 뵙기 위하여'(시편 17,15; 42,2) 성전으로 올라간다. 그러나 하느님을 보면 누구나 살 수 없기 때문에(탈출 33,20.23) 그분의 얼굴을 뵙는다는 것은 단순한 소망일 뿐이다. 그런데 새 시대에서는 그 소망이 이루어진다(1요한 3,2; 마태 5,8; 1코린 13,12; 히브 12,14). 하느님을 직접 볼 수 있다는 것은 예수님의 참행복 가운데 하나다. 아우구스티누스는 하느님을 본다는 말을 그분을 이해와 인식의 차원에서 체험하고 그분 안에서 기쁘게 사는 것으로 받아들였다(『신국론』, 22,29). 그리고 하느님을 보는 것은 우리의 영적 시각과 시력의 차이에 따라 달라질 수 있다. 말하자면 우리의 영적 성숙도에 따라 그분을 이해하는 척도가 달라질 수 있다는 것이다(1코린 13,12; 1요한 3,1-3). 영혼의 순수함(마태 5,8)과 거룩함(히브 12,14)이 그분을 볼 수 있는 조건이다. 한편 고대 근동에서 임금의 용안을 본다는 것은 그를 개인적으로 만나 청원을 할 수 있는 기회이기도 하다(참조: 창세 43,3-5; 탈출 10,28-29).

22,4 ← **1요한 3,2**: 사랑하는 여러분, 이제 우리는 하느님의 자녀입니다. 우리가 어떻게 될지는 아직 드러나지 않았지만, 그분께서 나타나시면 우리도 그분처럼 되리라는 것은 알고 있습니다. 그분을 있는 그대로 뵙게 될 것이기 때문입니다.

22,5 ← **즈카 14,7**: 주님만 아시는 그날에는 낮과 밤이 없이 대낮만 이어지고, 저녁때에도 빛이 있을 것이다.

8) "이마"는 신약성경에서 묵시록에만 나오는 낱말인데 세 가지 형태로 묘사된다. 하느님의 인장을 받은 이들의 이마(묵시 7,3; 9,4; 14,1; 22,4), 짐승의 표를 받은 이마(13,16; 14,9; 20,4), 그리고 신비스러운 이름이 찍힌 대탕녀의 이마(17,5)이다. 하느님의 종들은 첫째 형태의 이마를 지녔다. 이마에 하느님의 이름이 적히게 되면 그분께 온전히 속하게 되고 그분의 친구가 된다. 하느님의 인장을 받은 성도들은 하느님을 흠숭하고 그분의 얼굴을 뵙고 그분의 영광의 빛을 가득 받으면서 왕적 사제들이 되어 영원히 다스릴 것이다. 우리 하느님은 사람들과 거리를 두면서 혼자서 자족·자만하는 신이 아니다. 그분은 늘 사람들 가운데 거처하기를 바라신다. 하늘 도성은 하느님의 도성인 동시에 사람들의 도성이요 본향이다. 그들은 자기들의 노력으로 성취한 값지고 소중한 가치들, 곧 인내와 항구함, 선행과 덕행 등을 이 도성 안으로 들여와 그것들을 영원히 향유할 것이다.

맺음말[9]

6 그 천사가 또 나에게 말하였습니다. "이 말씀은 확실하고 참된 말씀이다. 주님, 곧 예언자들에게 영을 내려 주시는 하느님께서 머지않아 반드시 일어날 일들을 당신 종들에게 보여 주시려고 당신 천사를 보내신 것이다."[10]

7 "보라, 내가 곧 간다. 이 책에 기록된 예언의 말씀을 지키는 사람은 행복하다."[11]

8 이 일들을 듣고 본 사람은 나 요한입니다.[12] 나는 이 일들을 듣고 또 보고 나서, 나에게 이것들을 보여 준 천사에게 경배하려고 그의 발 앞에 엎드렸습니다. 9 그러자 천사가 나에게 말하였습니다. "이러지 마라. 나도 너와 너의 형제 예언자들과 이 책에 기록된 말씀을 지키는 사람들과 같은 종일 따름이다."[13]

10 천사가 또 나에게 말하였습니다. "이 책에 기록된 예언 말씀을 봉인하지 마라. 그때가 다가왔기 때문이다.[14] 11 불의를 저지르는 자는 계

---

9) 맺음말은 1,1-3의 머리말과 크게 세 가지 점에서 병행한다. 첫째, 이 책의 내용은 참되다. 하느님과 예수 그리스도께서 천사들을 보내시어 알려 주셨기 때문이다(1,1; 22,6.16). 둘째, 이 책의 예언을 믿고 따르는 사람은 행복하다(1,3; 22,7). 셋째, 이 책의 말씀은 교회 안에서 모든 이가 들도록 낭독해야 한다(1,3; 22,18). 요한 묵시록이 편지의 형식을 취하고 있음에 주목하라. 머리말과 맺음말은 편지에서 필요한 요소이다.

10) 6절은 천사의 말이다. 요한은 머리말에서(1,1-2) 자기가 전하는 내용이 그리스도와 천사를 통해서 전해 받은 하느님의 예언적 말씀이라고 주장

한 바 있다. 6절에서도 천사는 이 책 전체의 가르침이 확실하고 참되다고 말한다(21,5 참조). 영감의 원천이신 하느님께서 당신의 천사를 당신의 종들인 그리스도교 예언자들에게 보내셔서 알려 주신 메시지는 모두 확실하고 참되다.

11) 7절에서 말하는 이는 그리스도시다. 이 말씀은 여섯째 행복 선언으로 1,3의 선언을 약간 짧게 줄인 것이다. 행복 선언은 흔히 권고나 율법 규정 끝에 덧붙여 실천을 촉구하는 구실을 한다(탈출 23,20-33; 레위 26,3-13; 신명 28,1-4). 6-7절은 1,1-3을 의도적으로 반향한다. 묵시록에 자주 나오는 표현, "내가 곧 간다"(2,16; 3,11; 22,12.20)는 그리스도의 재림 때까지 우리에게 주어진 시간이 얼마 남지 않았음을 일깨우지만, 이는 시간의 짧음을 뜻하기보다는 회개와 변화의 절박성을 가리킨다. 지금 당장 회개해야 한다! 그러지 않으면 마지막 남은 구원의 기회를 영원히 놓쳐버리고 말 것이다.

12) 무명 작품과는 달리 묵시록 저자는 자신의 이름을 밝힌다(1,1.9 참조).

13) 8-9절은 19,10과 유사하다. 다만 19,10의 형제들이 여기서는 좀 더 분명하게 예언자들로 드러나고, 19장의 "예수님의 증언을 간직하고 있는" 사람들이 여기서는 "이 책에 기록된 말씀을 지키는 사람들"로 대치된다. 묵시록에서 요한의 말을 읽거나 듣고 실천하는 사람들은 요한과 천사들과 함께 하나가 되어 다같이 예배 공동체를 이룬다.

14) 다니엘에게 한 지시와는 정반대이다(다니 8,26; 12,4.9; 참조: 묵시 10,4). 일반적으로 종말의 예언들은 미래에 드러나야 하기 때문에 봉인해 두어야 한다. 그러나 이제 종말의 순간, 곧 그리스도께서 영광스럽게 오실 때가 닥쳤기 때문에(1,3.7; 3,11; 22,12.20) 종말에 대한 말씀을 봉인해 둘 필요가 없다.

속 불의를 저지르고, 더러운 자는 계속 더러운 채로 있어라. 의로운 이는 계속 의로운 일을 하고 거룩한 이는 계속 거룩한 채로 있어라."15)

12 "보라, 내가 곧 간다. 나의 상도 가져가서 각 사람에게 자기 행실대로 갚아 주겠다.16) 13 나는 알파이며 오메가이고 처음이며 마지막이고 시작이며 마침이다.17)

14 자기들의 긴 겉옷을 깨끗이 빠는 이들은 행복하다. 그들은 생명 나무의 열매를 먹는 권한을 받고, 성문을 지나 그 도성으로 들어가게 될 것이다.18) 15 개들과 마술쟁이들, 불륜을 저지르는 자들과 살인자들과 우상 숭배자들, 그리고 거짓을 좋아하여 일삼는 자들은 밖에 남아 있어야 한다.19)

---

15) 요한은 여기서 예정론을 말하려는 것이 아니다. 심판의 때, 곧 악인에게는 징벌이, 의인에게는 구원이 주어질 때가 결정적으로 도래하고 있음을 강조하려는 것이다. 천사의 말은 주님께서 도둑처럼 오실 터이니(16,15) 아직 기회가 있을 때 서둘러 회개하라는 요구로 이해할 수 있다.

16) 이사 40,10을 참조하라. 그분은 각 사람의 행실에 따라 보상해 주실 것이고(2,23), 이제 그 보상의 때가 왔다(11,18).

17) 여기서 "나"는 예수님이시다. 이 칭호로써 그리스도께서 사실상 하느님과 동일시된다. 10-11절은 천사가 하는 말인 반면, 12-16절은 예수님이 하시는 말씀이다.

18) 묵시록의 마지막 일곱째 행복 선언은 어린양의 피로 자신들의 옷을 빠는 사람들(7,14)을 겨냥한다. 이들 안에는 순교자들뿐 아니라 세례로 죄에서 벗어난 그리스도인들도 포함된다. 생명 나무는 도성 안에 있으므로 그 열매를 먹기 위해서는 성문을 지나 도성 안으로 들어가야 한다.

22,11 ← 다니 12,10: 그동안에 많은 이가 정화되고 순화되고 단련되지만, 악인들은 줄곧 악을 저지를 것이다. 그리고 악인들은 아무도 깨닫지 못하지만, 현명한 이들은 깨달을 것이다.

22,12 ← 이사 40,10: 보라, 그분의 상급이 그분과 함께 오고 그분의 보상이 그분 앞에 서서 온다.

19) 밖에 있는 자들의 목록[惡目]은 "비겁한 자들과 불충한 자들"이 여기서는 빠져 있다는 것 말고는 21,8의 그것과 같다. 신약성경에서 악목惡目에 짐승(개)이 등장하는 경우는 이곳이 유일하다. 본디 유다교 전통에서 개는 이교도를 가리켰지만(마르 7,27-28; 병행 마태 15,26-27), 21장과 이곳의 악목들을 비교해 보면 이곳의 "개들"은 21장의 "역겨운 것으로 자신을 더럽히는 자들"에 해당한다는 것을 알 수 있다. 그리고 여기서 역겨운 짓은 소돔 사람들, 곧 동성애자들을 가리킬 수 있다. 유다인들은 개를 부정한 짐승으로 분류하였다. 개들이 더러운 것을 가까이하고(잠언 26,11; 루카 16,21) 희생 제물로 바쳐진 짐승의 남은 뼈나 고기를 파 헤쳐 먹기를 좋아했기 때문이다. 그래서 유다인들은 예루살렘에 개를 데리고 들어오는 것을 금했다. 그러면서도 유다인 목자들은 양 떼를 몰고 사나운 들짐승이 다가오는 것을 막아내는 데 필요했기 때문에 개들을 곁에 둘 수밖에 없었다. 초대 그리스도교 전통은 "거룩한 것을 개들에게 주지 말라"(마태 7,6)는 예수님의 말씀을 세례받지 않은 이들을 성체 성사에서 배제시키라는 뜻으로 이해하였다(디다케 9,5; 토마 복음 93). 따라서 14-15절은 천상 잔치의 예형인 성체 성사를 받기에 합당한 이들과 부당한 이들을 구별하는 것으로 볼 수도 있다. 이 목록에 나오는 자들은 "밖에 남이 있어야 한다." 이는 도성 밖 가까운 곳에 머물러야 한다는 뜻이 아니라, 예수님의 말씀을 빌리자면 "바깥 어둠 속으로 쫓겨나"(마태 8,12) 구원의 가능성에서 완전히 배제되어야 한다는 뜻이다.

16 나 예수가 나의 천사를 보내어 교회들에 관한 이 일들을 너희에게 증언하게 하였다.[20] 나는 다윗의 뿌리이며 그의 자손이고 빛나는 샛별이다."[21]

17 성령과 신부가 "오십시오." 하고 말씀하신다.[22]
이 말씀을 듣는 사람도 "오십시오." 하고 말하여라.[23]
목마른 사람은 오너라.[24]
원하는 사람은 생명수를 거저 받아라.[25]

18 나는 이 책에 기록된 예언의 말씀을 듣는 모든 이에게 증언합니다.[26] 누구든지 여기에 무엇을 보태면, 하느님께서 이 책에 기록된 재앙

---

[20] 묵시록 전체는 예수 그리스도에 관한 계시요, 천사를 통하여 요한에게 전해진 그분에 관한 증언이다(1,1). 그것은 또한 아시아의 일곱 교회에 전달된 메시지요, 온 교회를 위한 메시지이다(1,4).

[21] 예수님은 다윗 가문의 뿌리이고(5,5; 이사 11,1) 후손이시며 약속된 메시아이고(샛별은 메시아: 묵시 2,28; 민수 24,17) 유다 지파의 사자이시다(묵시 5,5).

[22] 여기서 "성령"은 그리스도교 예언자들에게 영감을 불어넣으시는 예수님의 영이고(2,7; 14,13; 참조: 19,10), "신부"는 교회이다(21,2.9). "내가 곧 간다"(12절)는 예수님의 말씀에 교회는 성령의 영감을 받아 기쁨의 환호성을 올린다. "오십시오"는 초대 그리스도교 전례에서 자주 사용하던 아람어 용어

22,17 ← 요한 6,35: 예수님께서 그들에게 이르셨다. "내가 생명의 빵이다. 나에게 오는 사람은 결코 배고프지 않을 것이며, 나를 믿는 사람은 결코 목마르지 않을 것이다."

22,17 ← 요한 7,37-38: 축제의 가장 중요한 날인 마지막 날에 예수님께서는 일어서시어 큰 소리로 말씀하셨다. "목마른 사람은 다 나에게 와서 마셔라. 나를 믿는 사람은 성경 말씀대로 '그 속에서부터 생수의 강들이 흘러나올 것이다.'"

22,17 ← 이사 55,1: 자, 목마른 자들아, 모두 물가로 오너라. 돈이 없는 자들도 와서 사 먹어라. 와서 돈 없이 값 없이 술과 젖을 사라.

'마라나 타'(오십시오, 주님!)를 반영한다. 신자들은 전례를 통하여 종말론적 기대를 생생하게 드러낸다. 교회는 모호한 또는 무기력한 조직이 아니라 믿는 이들의 활기찬 공동체이다. 주님은 이 교회의 구성원인 그리스도인 한 사람 한 사람에게 구체적 응답을 요구하신다(3,20-21).

23) 이 책의 독자들도 교회와 더불어 모두 같은 환호성을 올리도록 요청받는다(1,3).

24) 요한 6,35; 7,37-38; 묵시 21,6; 22,1을 참조하라.

25) 현실적으로 저자는 성찬의 초대를 염두에 두고 있는 것 같다.

26) "증언합니다"는 '경고합니다'로 옮길 수 있다.

들을 그에게 보태실 것입니다. 19 또 누구든지 이 예언의 책에 기록된 말씀 가운데에서 무엇을 빼면, 하느님께서 이 책에 기록된 생명 나무와 거룩한 도성에서 얻을 그의 몫을 빼어 버리실 것입니다.[27]

20 이 일들을 증언하시는 분께서 말씀하십니다.[28] "그렇다, 내가 곧 간다."[29] 아멘.[30] 오십시오, 주 예수님![31]

21 주 예수님의 은총이 모든 사람과 함께하기를 빕니다.[32]

---

27) 주님의 말씀에 무엇을 보태거나 빼서는 안 된다(신명 4,2; 13,1). 여기서 말하는 재앙은 15—16장에 묘사된 재앙을 말한다. 고대의 필경사들은 책을 필사할 때 자신들의 판단에 따라 독자들의 이해를 돕기 위해 필요하다고 생각하는 내용을 덧붙이거나 본문에서 불필요한 것으로 보이는 내용을 삭제하기도 하였다. 요한은 이런 사태를 방지하기 위하여 책 말미에 무엇을 더하고 뺌으로써 이 책의 내용을 조금도 바꾸지 말라고 엄하게 경고한다. 왜냐하면 그가 전하고자 하는 말씀은 하느님과 예수 그리스도에게서 직접 온 계시이기 때문이다. 이 경고는 오늘날로 말하면 일종의 저작권 보호와 같은 것이라 할 수 있다.

28) 이 책에 기록된 모든 환시와 계시는 저자를 통하여 예수 그리스도께서 친히 증언하시고 선포하신 것이다. 그분은 성실한 증인이시다(1,5; 3,14).

29) 예수님의 확언 "그렇다"는 신자들의 응답 "아멘"과 상응한다. "내가 곧 간다"라는 말씀은 묵시록의 독자들이 박해라는 고달프고 처절한 삶의 현실 안에서 그토록 간절히 듣고 싶어 했던 확언이다. 그들에게는 정복하는 것이 어린양의 모범을 따라 살해되는 것, 자기의 목숨을 내놓는 것을 의미한다. 이제 그들은 자기네보다 앞서서 승리하신 분, 상을 가지고 오시는 분을 간절히 고대한다. 그분이 오실 때까지 신자들은 성찬을 거행하면서 그분

22,19 ← 신명 4,2: 내가 너희에게 명령하는 말에 무엇을 보태서도 안 되고 빼서도 안 된다. 너희는 내가 너희에게 내리는 주 너희 하느님의 명령을 지켜야 한다.

22,19 ← 신명 13,1: 내가 너희에게 명령하는 모든 말을 명심하여 실천해야 한다. 거기에 무엇을 보태서도 안 되고 빼서도 안 된다.

22,20 ← 1코린 11,26: 사실 주님께서 오실 때까지, 여러분은 이 빵을 먹고 이 잔을 마실 적마다 주님의 죽음을 전하는 것입니다.

22,20 ← 1코린 16,22: 누구든지 주님을 사랑하지 않는 자는 저주를 받으라! 마라나 타!

22,20 ← 디다케 10,6: 은총(곧 예수님)이여 오소서. 이 세상을 지나가게 하소서. 호산나 다윗의 하느님. 거룩한 이들은 누구나 오라. 거룩하지 않은 이들은 누구나 회개하여라. 마라나 타! 아멘.

이 자신들 가운데 현존하심을 느낄 수 있다. 그들은 성찬 안에서 그분의 승리와 확고한 약속을 기념한다(1코린 11,26).

30) "아멘"은 하느님의 확인하시는 말씀에 대한 인간의 응답이다.

31) "주 예수님"이라는 칭호는 묵시록에서 여기와 다음 구절에만 나온다. 이 칭호는 그리스도교 신앙고백과 기도에서 자주 쓰인다(1코린 12,3). "오십시오, 주(예수)님"은 아람어 '마라나 타'를 옮긴 것인데(1코린 16,22), 디다케 10,6의 성찬 전례문에도 나온다. '마라나 타'는 종말의 희망을 나타낸다.

32) 바오로 사도의 서간들처럼 시작 인사로 시작된(1,4) 이 책은 마지막 인사로 끝난다. 그리고 이 두 인사의 핵심 낱말은 은총 $\chi\acute{\alpha}\rho\iota\varsigma$이다. 묵시록 저자는 주 예수님 안에서 구체적으로 드러난 하느님의 총애, 곧 인간 구원에 대한 그분의 효과적인 은총이 모든 이에게 주어지기를 바라는 축복의 인사말로 자신의 책을 마무리한다.

◆ **22장의 맺음말**: 요한은 천상 예루살렘의 찬란함과 아름다움으로 대단원의 막을 내린 다음, 지상의 교회를 위해 몇 가지 중요한 사항을 언급하고 격려와 희망의 메시지를 전한다. 첫째, 곧 일어날 일들을 두고 이 책에서 예언한 내용은 믿을 만한 말씀이다. 하느님과 그리스도께서 보내신 천사가 이 일들과 관련된 환시를 보여 주고 말씀도 들려 주셨기 때문이다. 둘째, 그리스도의 재림과 심판의 때가 가까이 와 있다. 종말의 가까움은 시간적 임박함이 아니라 회심의 절박함을 말한다. 인류 역사가 진행되는 동안 모든 세대는 저마다 종말을 향하여 연속적으로 이어가는 세대가 아니라 종말 직전의 마지막 세대이다. 모든 그리스도인은 오시는 그리스도를 맞이하기 위해 언제나 깨어 있는 자세로 오늘의 삶을 살아가야 한다. 셋째, 그리스도인들의 참행복은 이 책에 기록된 예언의 말씀들을 충실히 지켜 어린양의 희생적 죽음에 동참하는 것이다. 그들은 생명 나무의 열매를 먹고 천상 예루살렘에 들어가 영원한 생명을 누리게 될 것이다. 넷째, 요한은 이 지상의 교회에 성령과 말씀을 보내시어 당신의 신부인 교회가 목마르지 않게 해 주실 것이라는 주 예수님의 말씀을 전한다. 마지막으로 저자는 박해받는 교회에 디다케의 성찬 전례문에도 나오는 '마라나 타'라는 말로 종말의 희망을 전하고 주 예수님의 은총을 교회의 모든 성도들에게 빌면서 예언적 묵시를 담은 이 사목 서한을 마무리한다.

요한 묵시록 부록

요한 묵시록의 상징 · 252

참고 문헌 · 262

성경 찾아보기 · 264

성경 밖의 문헌 찾아보기 · 290

상징 찾아보기 · 293

요한 묵시록의 상징

개(22,15; 마르 7,27-28; 병행 마태 15,26-27)
본디 유다교에서는 이방인이나 이교도를, 그리스도교에서는 이단을 가리켰으나, 남색男色에 탐닉하는 자 곧 남자 동성애자를 가리키기도 한다.

구름(1,7; 10,1; 11,12; 14,14-16 등; 다니 7,13; 시편 104,3)
하느님의 현현顯現에 자주 나온다. 하느님은 구름 속에서 발현하신다. 구름은 또 하늘의 운송 기구이다.

금 대접(5,8; 15,7; 시편 141,2)
분향에 쓰이는 그릇으로 성도들의 기도를 가리킨다.

금 띠(1,13; 15,6; 탈출 28,4; 29,9; 레위 8,7; 다니 10,5)
띠는 대사제의 복장 가운데 하나이다. 또한 띠는 고대에서 용사들이 전투를 위해 걸치는 복장이기도 했다. 다니엘서에서는 사람의 아들 같은 이가 금 띠를 두른다.

나팔 소리(1,10; 4,1; 8,13; 10,7; 탈출 19,16; 20,18; 이사 18,3; 요엘 2,1 등)
하느님 발현이나 종말의 묘사에 등장한다.

네 귀퉁이에서 불어오는 바람
측면에서 부는 바람과는 달리 큰 재앙을 가져온다.

네 기사(6,2-8; 즈카 1,8; 6,1-8)
세상을 살피고 심판하는 임무를 띤 하느님의 천사들이다.

네 색깔의 말(6,2-8; 19,11-14; 즈카 1,8; 6,1-8)
흰색, 붉은 색, 검은 색, 푸르스름한 색 말이 등장한다.

- 흰말: 승리.
- 붉은 말과 칼: 전쟁의 파괴.
- 검은 말: 기근.
- 푸르스름한 말: 죽음.

네 생물(4,8; 5,6.8.14; 6,1.6; 7,11; 14,3; 15,7; 19,4; 에제 1,10-25)

사자, 황소, 사람 얼굴, 독수리 같고 저마다 여섯 개의 날개를 가졌다. 리옹의 이레네우스는 이들을 네 복음서의 저자 또는 네 복음서 자체와 연결시켰다.
- 사자는 마르코: 사자가 머무는 광야에서 외치는 이의 소리로 복음이 시작된다.
- 황소는 루카: 황소를 바치는 경신례 가운데 즈카르야가 아들의 잉태 소식을 듣는다.
- 사람의 얼굴은 마태오: 사람의 족보로 시작된다.
- 독수리는 요한: 그 고고한 내용 때문이다.

그러나 묵시록의 네 생물은 에제 1,10-25에 나오는 커룹בְרוּכ(복수: 케루빔) 환시에서 기저온 표상이다. 에제키엘은 고대 근동의 날개 달린 스핑크스에서 영감을 받아 하느님의 발판 또는 그분을 모시는 천상 존재로서의 커룹을 상세하게 묘사한다. 이사야서에서는 하느님을 모시는 천상 존재로서 사랍שָׂרָף(복수: 세라핌)이 등장한다(이사 6,2).

다윗의 열쇠(3,7; 이사 22,22)
메시아의 전권을 가리킨다.

대탕녀(17,1; 19,2; 예레 51,13)
바빌론과 로마를 가리킨다.

독수리(4,7; 8,13; 호세 8,1)
다가오는 심판을 알리는 전령이다.

동쪽/해 돋는 쪽(7,2; 마태 2,1-2)
하느님의 구원과 영광이 나타나는 방향으로, 메시아도 동쪽에서 나타난다. 그러나 16,12에서는 동쪽이 적군들이 쳐들어오는 방향이다.

두 번째 죽음(2,11; 20,6.14; 21,8; 마태 10,28; 루카 12,4-5)
영적 죽음이며 결정적 죽음으로 하느님과의 완전한 결별을 말한다. 이와 대조적으로 육적인 죽음, 곧 생물학적 죽음은 첫 번째 죽음이라

할 수 있다.

두루마리 안팎(5,1; 에제 2,10)
안팎에 쓰였다는 것은 계시의 내용이 충만하고 결정적이라는 뜻이다.

두 짐승(11,7; 13—20장; 다니 7,2-8; 외경 4에스 6,49-52; 12,11; 1에녹 60,7-10; 2바룩 29,4).

- 첫째 짐승: 다니 7,2-8에 나오는 네 짐승들을 요한은 한 짐승으로 합성한다. 네 짐승들 가운데 셋은 표범·곰·사자의 모습, 다른 하나는 그 형태를 알 수 없다. 외경 에스드라 4서는 다니엘서의 넷째 짐승을 로마로 본다(외경 4에스 12,11). 네로로 대표되는 로마를 가리킬 수도 있다.

- 둘째 짐승: 둘째 짐승은 땅에서 올라오는데(외경 1에녹 60,7-10; 4에스 6,51), 첫째 짐승의 보조 구실을 한다. 하느님은 신화적 괴물 둘을 만드시고 베헤못은 마른 땅에, 레비아탄은 바다에 살게 하셨다(외경 4에스 6,49-52; 1에녹 60,7-10; 2바룩 29,4). 이 둘째 짐승은 거짓 예언자로 불린다(묵시 16,13; 19,20;

20,10). 그들은 황제 숭배를 선전하는 사람들을 가리킨다.

땅의 주민들(6,10; 8,13; 11,10; 13,8.14; 17,8)
요한 복음과 요한 1서의 '세상'과 같다. 땅의 주민들과 세상은 아버지와 아들을 믿지 않고 아들과 그 제자들에게 적대적이다.

땅에 엎드림/발 앞에 엎드림(부복함: 1,17; 3,9; 19,10; 22,8; 에제 1,28; 다니 10,7-9; 이사 45,14; 49,23; 60,14)
부복하는 자세는 두려움과 경배, 패배와 복종의 몸짓이다.

메뚜기 떼(9,3.7; 요엘 2,3-5.8-11)
뱀과 전갈처럼 인간에게 해를 끼치는 악마적 세력 또는 하느님 징벌의 도구이다.

무지개(4,3; 10,1; 창세 9,13-16; 에제 1,28)
노아에게 하신 하느님의 약속을 연상시킨다(창세 9,13-16). 벽옥과 홍옥과 취옥 같은 무지개는 하느님이 내뿜는 광채이다.

바다(4,6; 13,1; 15,2; 20,13; 21,1; 창세 1,2)
혼돈과 무질서를 드러내는 악의 영역이다. 하느님은 바다를 꾸짖으시고 그 물을 말려 버리신다. 새 하늘과 새 땅이 도래할 때에는 바다가 사라진다(21,1).

번개 · 요란한 소리 · 천둥 · 지진(8,5; 11,19; 16,17-21; 탈출 19,16; 에제 1,13-14)
신현神現에 수반되는 요소들이다.

불 못(19,20; 20,10.14-15; 21,8; 이레네우스 『이단논박』 5.30.4; 고대 이집트 문헌 『사자의 책』 17,40-42; 24,4; 175,15.20)
최후의 징벌 장소로서 그곳에서 사탄과 악인들이 완전히 소멸한다.

사람의 아들(1,13; 14,14; 다니 7,13; 10,16)
묵시문학에서 종말에 절대 왕권과 재판권을 쥐고 하느님의 계획을 실현하러 나타나는 천상 인물이다.

살해된 어린양(5,12; 13,8; 이사 53,7-8; 사도 8,32-35; 1베드 1,19)
십자가에 못박혀 돌아가심으로써 인류를 구원하신 예수 그리스도를 가리킨다.

새 이름(2,17; 3,12; 이사 62,2; 사도 3,6; 4,10; 필리 2,9)
그리스도께서 승리자에게 주시는 새 생명이다.

샛별(2,28; 22,16; 민수 24,17)
유다인들은 별을 메시아의 상징으로 본다(민수 24,17). 로마인들에게 샛별, 곧 금성은 승리와 통치의 상징이었다. 묵시 22,16에서 그리스도께서는 자신을 샛별이라고 부르신다.

생명의 책(3,5; 13,8; 17,8; 20,12.15; 21,27; 탈출 32,32-33; 시편 69,28-29; 다니 12,1; 필리 4,3)
하느님께서 선택하신 이들의 이름이 적힌 천상의 명부이다.

숨겨진 만나(2,17; 탈출 16,32-34; 요한 6,31-58).
유다교 전승에 따르면 메시아 왕국의 음식으로 우상들에게 바친 제물과 정면으로 대립된다. 그리스도인들에게 이 만나는 종말론적 양식이며 천상 생명의 첫 열매인 성체 성사로 볼 수 있다.

스물네 원로(4,10; 5,8; 11,16; 19,4)
사제들의 스물네 조 또는 열두 지파와 열두 사도를 가리킨다. 더 나아가 열두 사도의 기초 위에서 이스라엘 열두 지파의 전통을 계승하여 새 이스라엘이 된 교회를 가리킨다.

시온 산(14,1; 시편 2,6; 외경 4에스 13,35)
성전이 들어선 동산 이름으로 예루살렘 자체를 뜻하기도 한다. 종말에 어린양이 원수들을 정복하시려고 시온 산 위에 서 계실 것이다.

신부(19,7-8; 21,2.9; 22,17; 호세 2,16-25; 이사 54,6; 에제 16,7-8; 2코린 11,3; 에페 5,23. 25.32)
구약의 예언서 전통에서 이스라엘은 주님의 신부이다. 묵시록을 비롯하여 신약성경에서는 예수님을 신랑으로 삼은 교회를 그분의 신부로 여긴다.

십사만 사천(7,4; 14,1; 14,3; 로마 9—11장; 갈라 6,16; 에페 2,11-22; 1베드 2,9)
천은 큰 숫자, 144,000은 엄청난 무리라는 뜻이다. 144는 12의 제곱인데 하느님 백성을 가리킨다. 구약의 하느님 백성인 옛 이스라엘은 열두 지파로 구성되고, 신약의 하느님 백성인 새 이스라엘 교회는 열두 사도의 기초 위에 세워진다.

쌍날칼(1,16; 2,12.16; 19,15.21; 이사 49,2; 지혜 18,14-16; 히브 4,12)
성경은 곧잘 말씀을 칼로 표현한다. 쌍날칼은 부활하신 그리스도의 유일한 무기인 그분의 말씀을 가리킨다.

쓴흰쑥(8,11; 예레 9,14; 23,15; 애가 3,15.19)
하느님의 징벌을 가리킨다.

알파요 오메가(1,8; 21,6; 22,13; 이사 44,6과 48,12에서 하느님께 적용)
그리스어 알파벳의 첫자와 끝자로서 하느님의 영원성을 가리킨다. 묵시록에서 그리스도께도 자주 적용된다("처음이며 마지막": 1,17; 2,8. "알파며 오메가이고 시작이며 마침": 21,6; 22,13).

야자나무 가지(7,9; 1마카 13,51; 2마카 10,7)

흰옷과 더불어 승리와 기쁨을 상징하며, 초막절을 떠올리게 한다.

어좌에 앉아 계신 분(4,2.9.10; 5,1.7.13; 6,16; 7,10.15; 19,4; 20,11; 21,5; 1열왕 22,19; 이사 6,1; 에제 1,26; 다니 7,9)

통치권을 상징하는 하느님의 어좌는 구약성경과 유다교와 그리스도교 전통에서 천상의 개념을 이해하는 데 가장 핵심이 되는 요소다. '어좌에 앉아 계신 분'은 묵시록에 열두 번 나오는데, 하느님의 이름을 에둘러 표현한 것이다.

여인(12장)

묵시 12장에 나오는 이 여인은 누구를 가리키는가? 메시아를 낳는 여인은 셋으로 추정할 수 있다: 이스라엘 백성, 성모 마리아, 교회. 이 대목이 묘사하는 여인은 일차적으로 지상의 탕녀인 로마(17,15; 18,16)와 대적하는 천상의 신부, 곧 천상 예루살렘(19,7-8; 21,9-10)을 말한다. 그런데 17절에 보면 "여인의 나머지 후손들"에 관해 언급한다. 여기서 여인은 교회로, 그의 자녀들은 교회의 성도들을 가리키는 것으로 드러난다.

열 뿔·일곱 머리·일곱(또는 열) 작은 관(12,3; 13,1; 17,7-16; 다니 7,7.24; 시편 74,13-15)

왕적 절대권을 상징하며 로마 제국과 동일시할 수 있다. 다니 7,24에서 네 번째 짐승의 열 뿔은 열 임금을 가리킨다.

올리브와 포도(6,6; 18,13; 창세 8,11; 신명 8,8-9; 2열왕 18,31-32; 즈카 3,8-10)

새 세상의 행복을 상징하는 음식들이다. 유다 외경 문헌에 보면 악이 기승을 부리는 마지막 시대에는 포도와 올리브 기름이 고갈될 것이라고 한다(외경 희년사 23,18). 그러나 이 세대가 가고 메시아 시대가 도래하면 포도나무가 풍성한 열매를 맺고 올리브 기름이 넘쳐 흐를 것이다.

용(12—13장; 20,2; 창세 3장; 시편 74,13-15; 지혜 2,24)

창세기의 옛 뱀, 중상자 악마, 고발자 사탄과 동일시된다. 지금까지는 그들의 자리가 하늘에 있었지만(참조: 욥 1,6-12; 2,1-6; 즈카 3,1-5), 이제는 없다. 첫 하늘에는 있었으나 "새 하늘"(21,1)에는 없다.

유리 바다(4,6; 15,2; 창세 1,7; 시편 104,3)
궁창 위의 윗물을 가리킨다.

이름(2,3; 11,18; 13,6; 13,17; 14,1; 15,4; 16,9; 22,4 등; 탈출 3장)
인격 전체, 실재 전체를 나타낸다. 특히 하느님의 이름은 그분 자신을 가리킨다. 그래서 유다인들은 극도의 경외심에서 하느님의 이름, 야훼(탈출 3장)를 직접 부르지 않는다.

이제벨(2,20; 1열왕 16,31; 2열왕 9,22).
본디 북왕국 아합 임금에게 시집와 바알 숭배를 퍼뜨린 악명 높은 이방인 여자이나, 묵시록에서는 니콜라오스파에 속하는 요한의 경쟁자를 상징한다.

일곱
완전을 뜻하는 상징수이다. 묵시록 저자는 이 수를 특별나게 많이 사용한다. 아래 열거한 일곱 상징 말고도 일곱 나팔, 일곱 대접, 일곱 재앙, 일곱 머리, 일곱 산, 일곱 임금 등이 있다.

일곱 눈(5,6; 즈카 4,2.10)
완벽한 통찰력을 지닌다. 어린양은 일곱 뿔과 일곱 눈을 지녔다.

일곱 번 봉인(5,1.5; 6,1)
그 내용이 완전하며 감추어져 있다.

일곱 별(1,16.20; 2,1; 3,1)
일곱 교회의 천사들(1,20)이다.

일곱 뿔(5,6; 신명 33,17; 다니 7,7.24)
완전한 힘을 지닌다. 어린양은 일곱 뿔과 일곱 눈을 지녔다.

일곱 영(3,1; 4,5; 5,6)
'면전의 일곱 천사'(토빗 12,15; 1에녹 90,21), '일곱 등잔과 일곱 눈'(즈카 4,2.10)처럼 지상에서의 하느님 활동을 상징하는 표현으로 볼 수도 있지만, 사람들에게 충만한 은총을 내리시는 성령 또는 성령의 일곱 은사(지혜, 슬기, 경륜, 용맹, 지식, 경외함, 자비)를 가리킬 수도 있다.

일곱 황금 등잔대(1,12.20; 2,1)
일곱 교회(1,20)를 가리킨다.

일곱 횃불(4,5; 토빗 12,15; 1에녹 90,21)
하느님의 일곱 영으로, 유다교에서 타오르는 횃불은 하느님 앞에서 시중드는 일곱 천사를 가리킨다(미카엘, 가브리엘, 라파엘, 우리엘, 라구엘, 사리엘, 르미엘).

지하(9,1.2.11; 11,7; 17,8; 20,1.3; 창세 1,2; 7,11; 시편 106,9; 107,26)
사탄과 떨어진 천사들의 임시 거처 또는 감옥이다.

큰 도성(11,8; 16,19; 18,10.16.18-19.21; 참조: 14,8; 17,5; 18,2; 예레 26,20-23; 루카 13,33)
니네베, 예루살렘, 바빌론 등 하느님께 반역하고 하느님의 사람들과 백성을 학살하는 도시를 가리키는데, 묵시록에서는 특히 로마를 가리킨다.

하느님의 인장(7,2; 9,4; 에제 9,6; 2코린 1,21-22)
하느님께 속한다는 것과 그분께 구원받는다는 것을 나타내는 표식이다.

하늘
성경 전통에서나 유다교 전통에서나 하늘은 언제나 하느님의 영역으로 통한다.

흰 돌(2,17)
정확하게 규명하기 어렵지만, 천상 잔치의 입장권으로 볼 수 있겠다. 고대에 유다인들은 축제에 참가할 수 있는 자격과 권한을 부여한다는 표시로 흰 돌을 주었다. 또 고대 그리스-로마인들은 흰 돌과 검은 돌로 찬성과 반대의 의사를 밝혔다.

흰옷(3,4.5.18; 4,4; 6,11; 7,9.13-14; 22,14; 코헬 9,8; 2마카 11,8; 마태 28,3; 마르 16,5; 요한 20,12)
옷은 전통적으로 인간 내면의 모습을 나타내는 표상이다. 예를 들어 제 옷을 더럽힌다는 것은 자신을 부당하게 만드는 것을 뜻한다. 흰옷을 받음은 정화됨을, 또 부활하신 그리스도의 새 생명에 동참함을 가리킨다. 또한 흰색은 승리와 기쁨을 뜻한다.

666(13,18)

'네로'의 그리스어 이름 '네론 카이사르'(Neron Kaisar)의 히브리어 음역 נרון קסר을 숫자로 환산한 결과이다. 7은 완전수이고 6은 흉수인데, 666은 흉수를 세 개나 합쳐 놓았다.

네로의 히브리어 음역	
נ(N)	50
ר(R)	200
ו(O)	6
נ(N)	50
ק(C)	100
ס(S)	60
ר(R)	+ 200
	666

888

예수(Iesous)를 환산한 수 888은 완전수보다 하나가 더 많은 8을 셋 모은 것이므로 매우 좋은 수를 가리킨다.

예수의 그리스어 음역	
I(I)	10
H(E)	8
Σ(S)	200
O(O)	70
Υ(U)	400
Σ(S)	+ 200
	888

참고 문헌

1. 성경, 외경

『성경』(한국 천주교 주교회의 2005).
『요한 묵시록』, 임승필 번역 (구약성서 새 번역 18; 한국천주교중앙협의회 2002).
해설판 공동번역 『성서』 (일과놀이 1995).
한국 천주교회 창립 200주년 기념 『신약성서』 (분도출판사 1998).
The Complete Parallel Bible with the Apocryphal/Deuterocanonical Books (New York 1993).
The Greek New Testament, K. Aland et al. (eds.) (UBS) (Sttutgart 1983).
Charesworth, J.H., *The Old Testament Pseudepigrapha* I (Garden City 1983).
_____, *The Old Testament Pseudepigrapha* II (Garden City 1983).

2. 사전, 주석서, 단행본

Aune, D.E., *Revelation 1-5* (WBC 52A; Nashville 1998).
_____, *Revelation 6-16* (WBC 52B; Nashville 1998).
_____, *Revelation 17-22* (WBC 52C; Nashville 1998).
Charles, R.H., *The Revelation of St. John* I (ICC; Edinburgh 1979).
_____, *The Revelation of St. John* II (ICC; Edinburgh 1979).
Harrington, W.J., *REVELATION* (Sacra Pagina 16; Collegeville 1993).
Metzger, B.M., *Breaking the Code. Understanding the Book of Revelation* (Nashville 1933).
Moloney, F.J., *The Gospel of JOHN* (Sacra Pagina 4; Collegeville 1998).
Mounce, W.D., *The Analytical Lexicon to the Greek New Testament* (Grand Rapids 1993).
O'Connell, M. (tr.), *Dictionary of Christian Literature*, S. Döpp et al. (eds.) (New York 2000).
Painter, J., *1, 2, and JOHN* (Sacra Pagina; Collegeville 2002).
Whiston, W. (tr.), *The Complete Works of JOSEPHUS* (Grands Rapids 1981).
Zerwick, M., Grosvenor, M., *A Grammatical Analysis of the Greek New Testament* (Roma 1996).

성경 찾아보기

창세기

1—2	*222*
1,2	*104*
1,7	*64*
1,26-31	*226*
1,26-30	*225*
2	*62*
2,8-9	*37*
2,9-11	*236*
2,9	*236*
2,15	*226*
2,17	*209*
3	*130*
3,14-19	*237*
3,15	*133*
3,16	*131*
3,17	*216*
3,22-24	*37*
3,22	*236*
5,5	*209*
7,11	*104*
8,11	*83*
9,12-16	*113*
10,2	*214*
18,20	*184*
19,24-26	*154*
19,24	*155*
43,3-5	*238*
49,9-10	*71, 92*

탈출기

2,15	*133, 134*
7,14-25	*100, 102, 120*
7,17-25	*101, 164, 165*
7,26—8,11	*101, 164, 167*
9,8-12	*101, 164, 165*
9,13-35	*100, 101, 164*
9,13-24	*170*
9,24	*170*
10,12-20	*101, 104*
10,14	*105, 109*
10,21-23	*101, 102, 164, 166*

10,28-29	*238*
11,5	*190*
14,19.24	*113*
14,21	*167*
15,1-2	*149*
15,12	*138*
15,23-25	*102*
16,32-34	*42*
19,4	*137*
19,6	*22, 23, 63, 76, 77, 213*
19,16	*63*
19,18	*105*
20,11	*152*
23,20-33	*241*
24,10	*65*
25,31-40	*27*
27,20-21	*27*
28,17-21	*62*
29,12-20	*77*
32,32-33	*50, 217*
33,20,23	*238*
34,5	*22*

레위기

4,7	*84, 85*
16,2	*22*
17,11	*77, 84, 95*
26,3-13	*241*
26,26	*83*

민수기

1,5-15	*91*
1,20-43	*91*
2,3-29	*91*
7,12-83	*91*
11,25	*22*
13,4-15	*91*
16,30-40	*138*
16,35	*120*
24,17	*46, 47, 244*
25,1-2	*42, 43*
26,5-50	*91*
26,10	*138*
31,16	*42*
34,19-28	*91*

신명기

4,2	*246, 247*
8,8-9	*83*
10,17	*178*
11,6	*138*
12,15.20.21	*188*
13,1-2	*167*
13,1	*246, 247*

14,26	*188*
18,15-18	*120*
19,15	*119*
20	*150*
23,10	*150, 151*
28,1-4	*241*
28,35	*165*
32,11-12	*137*
32,35	*185*
32,40	*114*
33,17	*73*

여호수아기

3,17	*167*
7,6	*189*
11,4	*215*

판관기

5,19-21	*169*
5,20	*104*
16,21	*190*
18	*92*

사무엘기 상권

21,5	*150, 151*

사무엘기 하권

7,14	*224, 225*
11,11	*150*

열왕기 상권

6,20	*228*
16,31	*45*
17,1	*120*
17,2-3	*134*
18,1	*119*
18,17	*123*
18,36-39	*145*
19,3-4	*134*
21,20	*123*
22,19	*61*

열왕기 하권

1,8	*119*
1,10.12	*215*
1,10	*120*
2,11	*124, 125*
9,7	*195*
9,22	*45*
10,7	*45*
18,31-32	*83*
23,29-30	*169*

역대기 상권	
4—7	*92*
5,4	*214*
24,3-19	*62*

역대기 하권	
24,20-22	*121*

에즈라기	
7,12	*204*

토빗기	
12,12.15	*74, 75*
12,15	*21*
13,16-17	*230*

마카베오기 상권	
2,29-30	*134*
11,71	*189*
13,51	*93*

마카베오기 하권	
2,4-8	*43, 128*
2,7-8	*128, 129*
7,9.14	*212*
10,7	*93*

10,25	*189*
11,8	*50*
13,4	*178*
14,15	*189*

욥기	
1,6-12	*134*
2,1-6	*134*
2,12	*189*
3,20-21	*106, 107*
4,16	*98*
9,13	*147*
38,7	*104*
38,16	*153*
42,6	*189*

시편	
2	*148*
2,1	*127*
2,2	*168, 169, 205*
2,6-7	*132*
2,6	*148, 149*
2,8-9	*46, 47, 203*
2,9	*132, 133, 201*
17,15	*238*
18,5	*138*
22,27-28	*233*

29,1	67	136,3	178
29,3	113	141,2	74, 75
32,6	138	144,7	173
42,2	238		
45,4	201	**잠언**	
69,28-29	50	26,11	243
69,29	217	30,27	106
72,8-11	233		
74,13-15	131, 132	**코헬렛**	
74,14	140	9,8	50
86,9	233		
89,10	220	**아가**	
89,11	147	5,2	57, 59
90,4	208, 211	6,10	131, 139
96,7	67		
96,13	201	**지혜서**	
104,3	64, 112, 113	2,12-20	123
106,9	104	2,12	123
106,48	195	2,24	132
107,26	104	3,8	211
110,5	86, 87	11,5	166, 167
113,1	196, 197	11,16	165
118	94	11,17-18	109
118,25	94	18,14-16	29
124,4-5	138	18,14-15	201
134,1	196, 197	18,15	202
135,1	196	19,14	122, 123

집회서

45,11	*230*
48,1	*121*

이사야서

1,10	*122, 123*
2,2-4	*233*
2,10.19	*86, 87*
2,19	*85*
3,9	*122, 123*
6	*25*
6,1	*61*
6,2-3	*67*
6,2	*67*
6,3	*67*
6,5	*30*
7,17.18.20	*180*
8,6-7	*173*
11,1.10	*71*
11,1	*244*
11,2	*73*
11,3-5	*201*
11,3-4	*201*
11,4	*201*
11,10-16	*233*
11,12	*88, 89*
12,3	*224, 225*
13,21	*183*
17,12-14	*173*
18,7	*233*
21,9	*153, 183*
22,22	*51*
23,1-12	*187*
23,1	*192*
23,15-17	*172*
24,8	*191*
25,8	*96, 97, 222, 223*
27,13	*98*
28,17	*173*
30,33	*154*
34,2.5	*237*
34,4	*86, 87*
34,11-15	*183, 192*
40,2	*22, 185*
40,10	*242, 243*
40,31	*137*
41,17-18	*224*
43,2	*138, 139*
43,19	*223*
44,3-4	*224*
44,6	*25*
44,28—45,1	*180*
45,14	*52, 53*

47,2	190	63,1-2	203
47,7	185	63,3	159
48,12	25	65,16	55
48,20	183	65,17-20	235
49	96	65,17-19	220
49,2	29, 203, 206, 207	65,17	220, 221
49,10	96, 97	66,7-8	131
49,18	221	66,22	221
49,22-26	233		
49,23	52	예레미야서	
52,11	183	1	25
53	23	1,6	30
53,7-8	143	1,8	30
53,9	151	1,10	116, 117
54,6	197	2,24	189
54,11-12	230, 231	3,17-18	233
55,1	224, 225, 245	5,14	120, 121
56,6-8	233	8,3	106, 107
57,20	220	9,14	102, 103
60	231	15,2	143
60,1-22	233	16,18	185
60,11	233	17,18	185
60,14	52	23,15	102
60,19	232, 233	25,10	191
61,6	213	25,30	113
63,1-6	158	26,20-23	121
63,1-3	202	43,2	29

47,2	173	1,1	60, 61, 200
48,30	35	1,10-25	65, 66
50,15.29	184	1,13-14	63
50,15	185	1,13	66
50,38	167	1,22-23	66
50,39	183	1,24	66
51,6.45	183	1,26-28	62, 63
51,7-8	153	1,26	61
51,7	153, 173	1,28	30
51,8	183	2,1—3,9	70
51,9	184	2,8—3,3	117
51,13	172, 173, 179	2,10	70, 71, 115
51,25	100, 101	3,3	115
51,36-37	167	3,4-6	73
51,37	192	3,4-5	116
51,39.57	213, 218	4,16	83
51,49	192	7,1-9	86
51,63-64	190, 191	7,2	88, 214
		7,19	161
애가		9,4.6	89
2,10	189	14,21	83
3,15.19	102	16	172
		16,7-8	197
에제키엘서		16,36-38	175
1—10	60	16,39-41	179, 180
1—3	25	22,24	161
1	60, 61	23	172

23,26-30	180, 181	43,12	227
23,37.45	175	45,2	228, 229
26—27	185	47,1-12	224, 227, 236
26,7	204	47,1.6-7.12	236
26,13	191	47,1.6-7	237
26,16-17	185	47,12	37, 237, 236
26,21	191	48,16	228
27,2-3.12-13.22	187	48,30-35	227
27,13	187	48,31-34	227, 229
27,29-31	189		
27,33-35	187	다니엘서	
29,3	138, 139	1,12	39
32,2-3	138	2,37	204
37,10	124, 125	2,44	208, 209
37,16.19	92	2,47	178
37,27	221	3,4	75
37,32	189	4,30	153
38—39	214	4,31	67
38	214	5,19	75
38,19-20	125	6,26	75
38,19	85	6,27	67
38,22	154, 155	7	141
39	214	7,1-8	140
39,17-20	204, 205	7,2-8	140, 141
40,1—47,12	227	7,2-3	141
40,3	118, 119, 227	7,7.24	73
43,2	89, 183	7,7	131, 132

7,9	50, 61, 84	12,7	114, 119, 134
7,9ㄴ	28, 29	12,10	243
7,10	77, 217	12,11	173
7,13	22, 23, 112, 113, 156		
7,14.27	208	**호세아서**	
7,14	75	2,16-25	197
7,15-28	175	5,2	35
7,18.27	76	8,1	102, 103
7,24	140, 177	10,8	86, 87
7,25	119, 132, 134, 142		
8,10	104, 132, 133	**요엘서**	
8,15-26	175	1,6—2,5	101, 104
8,26	241	2,1-11	106
9,27	173	2,1	98, 99
10	25	2,2-11	109
10,5	28, 29	2,3-5.8-11	106, 107
10,6	28, 29, 45	2,11	86, 87, 168
10,7-9.10-11	31	3,4	85, 168
10,7-9	30	4,12-13	156, 157
10,10-11	30		
10,21	134, 135	**아모스서**	
11,31	173	3,7	18, 19
11,36	142, 143	5,12	35
12,1	50, 95, 134, 135, 170, 217		
12,2	212	**미카서**	
12,4.9	241	4,1-4	233
12,5-7	113, 117	4,10	131

나훔서

3,4	172

스바니야서

1,7	98
1,14-15	86
1,15.18	161
1,16	98, 99
2,2-3	86, 161
2,13-14	183
2,14	192
3,9-10	233
3,13	151

하까이서

1,13	35
2,6	87

즈카르야서

1,8	80, 81
2,5-6	118, 119
2,9	230
2,17	98
3,1-5	134
3,8-10	83
4,2-3.11-14	120
4,2.10	21, 64
4,2.11-14	121
4,10	73
6,1-8	80, 81
9,9-10	22
9,15	205
11,4-17	22
12,10	22, 23
12,11	169
13,1	224
13,2	167
13,7-9	22
14,7	233, 239
14,8	224, 225, 236
14,11	236, 237
14,16-19	93
14,16	93

말라키서

2,7	35
3,16	217

마태오 복음서

2,1-2	89
2,13-15	132
5,3-12	222
5,8	238

6,24	56	24,31	98
7,6	243	24,43-44	49
7,13-14	52	24,43	168, 169
8,12	243	25,1-13	198
10,1	167	25,31-46	155
10,28	39	26,29	198
10,32	50, 51	26,53	203
11,28	155	27,51	125
12,30	56	28,18	51, 72
13,39.41-42	157	28,20	28, 33
13,46	230		
15,26-27	243	**마르코 복음서**	
16,18	134	1,6	119
18,35	216	1,23	167
19,28	211, 228, 229	2,19-20	197
21,39	158	7,20-23	234, 235
22,1-14	198	7,27-28	243
22,1	197	8,34	150
22,2	199	9,1	19
23,35	192, 193	9,11-13	120
24	85	13	85
24,3-31	87	13,3-27	87
24,12	36, 37	13,14-18	183
24,16-20	183	13,14	173
24,21	95	13,19	95, 170
24,28	205	13,22	145, 167
24,30	22, 23	13,30	19

13,32	156, 157	16,21	243
15,46	121	20,15	158
		21	85
루카 복음서		21,7-28	87
1,15-17	120	22,3.53	133
4,6	141	22,28-30	58, 59
4,13	133	22,43	53
4,25-26	120	23,30	86
4,25	119	24,26	150
7,11-17	120		
9,51-56	120	**요한 복음서**	
9,54	145	1,3	55
9,57	150	1,21	120
10,18	104, 105	1,29	77
10,19	105	5,27	156, 157
10,20	217	6,31-58	43
10,22	202, 203	6,35	245
11,49	189	7,37-38	245
11,50-51	84	7,38-39	236, 237
11,50	192, 193	7,39	49
12,4-5	39	8,44	135
12,8	50	10,3-4	57
12,35-36	59	12,27-28	53
12,39	168	12,28-29	113
13,24-25	52	12,31-32	152
13,29	228, 229	12,31	141
13,33	121	13,2.27	133

14,30	127, 133		**로마서**	
16,20	123		1	111
16,21	131		1,4	133
16,33	59, 204		2,5	86, 87
17,2	73		3,24-25	21, 22
17,12	53		8,18-23	222
17,17	55		8,19-22	216, 217
18,9	53		8,29	21, 138, 139
19,37	23		9—11	90
20,28	41		12,19	84, 85, 185
21,19	150		14,10	216
			15,12	71
사도행전				
1,8.22	119		**코린토 1서**	
1,8	41		3,16	118
1,9	124, 125, 133		4,7-8	56, 57
2	122		6,2	211
2,32	119		10,16	95
7,44	162, 163		11,26	247
8,32-33	143		12,3	247
13,33	133		12,28-29	189
14,15	152, 153		13,12	238
16,11-15	44		15,12-34	155
19	34		15,20-23	150, 151
20,31	34		15,20	21
			15,26	31, 218, 219

15,28	*224, 225*	2,21	*118*
15,52	*98*	3,5	*189*
16,9	*52*	4,11	*189*
16,22	*247*	5,14	*49*
		5,23.25.32	*197*
코린토 2서		5,25	*226, 227*
1,21-22	*89*	5,26	*198*
2,12	*20, 52*	6,17	*203*
3,18	*223*		
4,16-18	*223*	**필리피서**	
5,16-17	*223*	2,15	*132*
5,17	*223*	4,3	*50, 217*
6,16	*118*		
6,18	*24*	**콜로새서**	
11,2	*197*	1,2	*20*
11,13	*35*	1,16-17	*55*
12,2	*60, 61*	1,18	*21*
		2,1	*55*
갈라티아서		2,13	*212*
4,26	*138, 139, 221*	2,18	*199*
6,16	*90, 91*	3,1-4	*223*
		3,1	*212*
에페소서		4,3	*52*
1,7	*95*	4,12-13	*55*
2,11-22	*90*	4,13.15-16	*55*
2,13	*95*	4,13	*20*
2,20	*189, 228, 229*		

테살로니카 1서

4,16-17	124
4,16	98, 99, 211
5,2	168

테살로니카 2서

2,4	142, 143
2,9-12	135
2,9-10	145
2,12	167
3,14-15	36

티모테오 1서

6,15	179, 204, 205

티모테오 2서

2,24-26	36

히브리서

1,1-2	202
1,2	213
1,5-14	199
1,5	224
3,5 6	161
3,6	51
4,12	29, 41, 203, 207
5,5	224, 225
8,5	162, 163
9,14	95, 151
9,22	77
10,19	95, 127
10,30	185
11,10	228
12,14	238
12,22-24	235
12,23	217
12,24	84
13,12-13	158
13,14	235

야고보서

4,17	119

베드로 1서

1,2	95
1,7	57
1,18-20	143
1,19	95, 151
2,5	118
2,9	63, 90, 91, 213, 213
2,22	151
5,13	153

베드로 2서

2,15	*42, 43*
3,2	*189*
3,8	*99, 208, 211*
3,10-13	*220, 221*

요한 1서

1,7	*95*
3,1-3	*238*
3,2	*238, 239*

유다서

9	*134*
11	*42, 43*

요한 묵시록

1	*60*
1,1-8	*13, 33*
1,1-3	*240, 241*
1,1-2	*240*
1,1.9	*241*
1,1	*11, 240, 244*
1,2.9	*199*
1,3.7	*241*
1,3	*19, 168, 240, 241, 245*
1,4-5ㄱ	*20*
1,4.8	*20, 67, 127*
1,4	*20, 24, 48, 64, 99, 165, 175, 244, 247*
1,5	*20, 55, 124, 201, 232, 246*
1,5ㄴ-6	*20*
1,6	*45, 63, 213*
1,7-8	*20*
1,7	*22, 23, 112, 156, 202*
1,8	*21, 24, 223, 224*
1,9—3,22	*13*
1,9-20	*25, 33*
1,9-11	*25*
1,9	*19, 26, 37*
1,10-11	*60, 223*
1,11	*20*
1,12-20	*25*
1,13	*28, 156, 162, 200*
1,13ㄴ	*28*
1,14-15	*45*
1,14	*28, 201*
1,15	*28, 149*
1,16	*41, 113, 203*
1,17	*25, 30*
1,18	*51*
1,19	*223*
1,20	*27, 29, 48, 99, 115, 121*

2—3	*34, 58, 60, 155, 224*	2,28	*45, 244*
2	*146*	3,1–6	*48*
2,1–7	*34*	3,3–4.18	*168*
2,6	*42*	3,5.21	*45*
2,7.11.17.29	*143*	3,5	*57, 143, 217*
2,7.11.17	*143*	3,6.13.22	*143*
2,7	*244*	3,7–13	*51*
2,8–11	*38*	3,7.14	*201*
2,8	*25*	3,7	*55*
2,9	*52*	3,10	*95*
2,10	*105*	3,11	*241*
2,11	*213, 218*	3,12	*43, 75, 89, 97, 231*
2,12–17	*40*	3,14–22	*54*
2,12	*203*	3,14	*223, 246*
2,13	*40, 119*	3,15	*56*
2,14	*36*	3,18	*50, 168*
2,15	*36*	3,20–21	*245*
2,16	*241*	3,21	*211*
2,17	*75, 202*	4,1—22,5	*13*
2,18–29	*44*	4—6	*111*
2,18	*201*	4—5	*13, 69*
2,19	*36*	4	*60, 69, 70, 76, 80*
2,20–23	*36*	4,1	*112, 200*
2,23	*83, 242*	4,2–8	*61*
2,27	*203*	4,2–3.9	*216*
2,28–29	*49*	4,2.9.10	*61*

4,2	*26, 216*	6,2	*106*
4,3	*113, 227*	6,5–8	*185*
4,4	*50*	6,8	*100*
4,5	*99*	6,9–11	*165*
4,6	*67, 161, 236*	6,9	*99*
4,8	*21, 24, 67, 97, 126,*	6,10	*53, 99*
	127, 155	6,11	*26, 50, 157*
4,9–10	*78*	6,12–14	*125*
4,11	*68, 77, 195*	6,12	*125*
5	*60, 70, 79, 80, 112*	6,15–17	*106*
5,1–7	*202*	6,15	*232*
5,1.7.13	*61, 216*	6,16	*61, 216*
5,2	*112, 190*	6,17	*168*
5,5.9	*58*	7	*87, 97, 112, 163*
5,5	*72, 92, 244*	7,1–8	*88, 118, 149, 161*
5,6	*124*	7,1	*109, 214*
5,8–11	*62*	7,2–3	*105*
5,8	*149*	7,2	*99, 112*
5,9–10	*77, 137, 213*	7,3	*146, 239*
5,9	*75, 93, 95, 197*	7,4	*137*
5,11–12	*126*	7,9–17	*85, 88, 137*
5,11	*95*	7,9–10	*126, 194*
5,12	*95, 195*	7,9.13–14	*50*
6—11	*13, 80, 118*	7,9	*75, 93*
6,1—8,1	*69*	7,10.12	*195*
6	*80, 86, 87, 88, 163*	7,10.15	*61, 216*

7,12	*77, 95*	9,14	*112, 167*
7,14	*137, 161, 197, 204, 242*	10	*112, 117, 152*
7,15	*231, 238*	10,1–11	*112*
7,16–17	*96, 224*	10,1–2.7	*152*
7,17	*133, 222, 236*	10,1	*99, 112, 183, 190*
8—9	*111, 164, 171*	10,4	*149, 241*
8	*88, 103, 112*	10,6–7	*170*
8,1	*126*	11	*129*
8,2–5	*69, 108*	11,1–14	*112*
8,3–5	*98, 165*	11,1	*228*
8,3	*108*	11,2	*134, 142, 210*
8,5	*125, 128, 170*	11,3	*119, 142*
8,6–7	*101*	11,5	*118*
8,8–9	*101, 165*	11,7	*105, 118, 119, 138*
8,10–11	*101*	11,8	*174, 215*
8,12	*101, 166*	11,9	*75*
8,13	*53, 108, 152, 204*	11,10	*53, 119*
9	*111*	11,11	*122*
9,1–11	*101, 167*	11,12	*112, 155*
9,1–2.11	*105*	11,13	*125, 127*
9,1–2	*166*	11,14	*108*
9,4	*109, 239*	11,15–19	*101, 115, 129, 195*
9,10	*105*	11,15–18	*118, 127*
0,11	*127*	11,15.17	*195*
9,12	*108*	11,15	*170, 197*
9,13–21	*101, 125*	11,16–18	*62*

11,17-18	127	13,1.5-6	166
11,17	21, 24, 67, 165	13,1	177, 201
11,18	118, 148, 195, 242	13,3	168
11,19	125, 128, 162, 170, 195, 200	13,5	119, 137
		13,7	75
12—21	118	13,8.14	53
12—20	13, 130	13,8	50, 217
12—14	148	13,10	155
12—13	148	13,12	144
12	139, 140, 173, 219	13,13-14	130
12,1.3	130	13,14	167
12,3	140, 173, 176, 201	13,16-17	149
12,5	148, 203	13,16	239
12,6.14	119, 137, 142	13,18	175
12,7-12	210	14	148, 159
12,7-9	124	14,1-5	90, 159, 161
12,9	110, 145, 210, 215	14,1-5.13-14	85
12,10-12	136	14,1	45, 146, 174, 202, 239
12,10-11	85	14,3-4	197
12,10	26, 195	14,3	195
12,11	161, 206	14,6-12	159
12,12	108, 141, 210	14,6.8-9.15.17-18	112, 152
12,17	131, 136, 199	14,6.8-9	99
13	140, 147, 167, 173	14,6	75, 102, 204
13,1-10	137	14,7	125
13,1-8	120	14,8-11	148

14,8.10	185	15,3	24, 165
14,8	121, 150, 170, 172, 180, 182, 183	15,4	125
		15,5-8	163
14,9	239	15,5	200
14,10.19	161	15,6	198
14,10	203	15,8	128
14,11	146	16	160, 171
14,13	19, 159, 168, 223, 244	16,1	161
14,14-20	157, 159, 200	16,2	101, 146
14,14-16	157	16,3-7	164
14,14	112	16,3	101
14,15	149, 157	16,4-7	101
14,16	115	16,5	21, 67, 127
14,17-20	157	16,6	192
14,18	99, 165	16,7.14	24
14,19	203	16,8-9	101
15—16	111, 246	16,10-11	170
15	160, 163	16,10	101
15,1-8	69	16,12-16	101, 109, 164, 200, 214
15,1-4	163		
15,1	130, 170	16,12	168, 177
15,1.7	161	16,13	144
15,2-4	85	16,14	130, 135, 173, 177, 178
15,2	64, 149	16,15	19, 155, 168, 242
15,3-5	149	16,16	205
15,3-4	165	16,17-21	101, 128, 164, 182

16,17-19	183	17,13-14	168
16,17	108, 171	17,14	203, 204, 205, 206, 214
16,18	125	17,15	131, 173
16,19	121, 172, 180	17,16-18	185
16,20	86	17,17	185
17,1—19,10	171	17,18	173, 185
17—18	141, 153, 181, 194	18	182, 186, 192
17	172, 181, 182, 192, 226, 235	18,1-8	172, 182
17,1	179, 226	18,1-3	192
17,2-4	234	18,1	99, 209
17,2.18	232	18,2	121
17,2	185	18,3.9-24	185
17,3	166, 227	18,3.9	232
17,4-6	150	18,3	185, 234
17,4	175, 185	18,4-20	193
17,5.7	115	18,4	149, 193
17,5	121, 202, 239	18,8	83, 180
17,6	165, 175, 192	18,9-24	172
17,8	50, 53, 105, 143, 217	18,9-10	173, 182
17,9-14	140	18,9	180
17,9	173	18,10.16.19	186
17,10	175	18,10.15.17	186
17,11	168	18,10.16.18-19.21	121
17,12-14	200, 205	18,11-17ㄱ	182
17,12.16-17	205	18,11-13	187
17,12	173, 186	18,14	189

18,16	*131*	19,9.11	*223*
18,17	*186*	19,9	*19, 168, 223*
18,17ㄴ-19	*183*	19,10	*26, 30, 241, 244*
18,19	*186*	19,11-21	*158, 214, 206*
18,20	*192*	19,11-16	*158*
18,21-24	*183, 193*	19,11.15	*201*
18,21	*112, 195*	19,11	*216*
18,23	*191*	19,13	*169, 201, 202*
18,24	*192*	19,14	*150, 162*
19—21	*232*	19,15-21	*127*
19	*206, 241*	19,15.21	*29, 41*
19,1-10	*172*	19,15	*161, 201, 202*
19,1-6	*195*	19,16	*179, 201, 202*
19,1-4	*189, 206*	19,17-21	*127, 232, 233*
19,1	*189*	19,17-19	*214*
19,2	*165*	19,17-18	*204*
19,4-6	*195*	19,19	*168, 178, 232*
19,4.6	*195*	19,20	*130, 144, 146, 154,*
19,4	*61, 62, 85, 216*		*167, 215*
19,5-10	*206*	19,21	*203*
19,5	*195, 221*	20	*118, 208, 219*
19,6.15	*24*	20,1.3	*105*
19,6	*149, 195*	20,4-6	*85, 124, 137*
19,7-8	*131*	20,4	*239*
19,7	*150, 220, 226*	20,5	*210, 212*
19,8	*162, 173*	20,6.14	*39*

288 성경 찾아보기

20,6	19, 76, 168, 213, 218	21,2.10	53
20,7-10	127, 214	21,2	150, 226
20,7-9	232	21,3	231
20,7-8	118, 135	21,4	222
20,9-10	127, 232	21,5	61, 216, 225, 241
20,9	118	21,6	25, 119, 236, 245
20,10.14	215	21,8	39, 151, 154, 213,
20,10	144, 154, 167		218, 234, 243
20,11-15	118, 127, 157, 214	21,9-27	220
20,11	61, 220	21,9-24	235
20,12-13	206, 212	21,9-21	232
20,12.15	50	21,9-14	221
20,12	155, 217	21,9-10	131
20,13-15	217	21,10	75
20,14	213	21,11.18-20	62
20,15	206, 217	21,11.18	231
21,1—22,5	13	21,14	13, 227
21	235, 243	21,15	119
21,1-6	224	21,17	228
21,1-5	216	21,22-27	231
21,1-4	223	21,22	24
21,1-2	220	21,24—22,5	203
21,1.4	220	21,24-26	233, 236
21,1	64, 75, 134, 215	21,24	232
21,2-4	119	21,25	232
21,2.9	244	21,27	50, 217, 237

22	248	22,8-9	241
22,1.3	58	22,8	30
22,1	224, 245	22,9	26, 199
22,2	37, 236	22,10-11	242
22,3.5	220	22,12-16	242
22,4	89, 239	22,12.20	241
22,5	76	22,12	244
22,6-21	13	22,13	25, 38, 224
22,6-7	241	22,14-15	243
22,6.16	240	22,14	50
22,6	223, 240, 241	22,16	47
22,7.14	19, 168	22,17	224, 236
22,7	240, 241	22,18	240

성경 밖의 문헌 찾아보기

디다케		『사자의 책』	
9,5	243	17,40-42	225
10,6	247	24,4	225
11,3	189	175,15.20	225

레위의 유언		솔로몬의 시편	
3,5-6	74	17,23-31	201
18,10-11	37	17,30-31	233

마카베오기 4권		시빌린 신탁	
2,1	189	3,657-731	232

모세의 승천		『신국론』	
10,4	170, 171	22,29	238

바룩 2서		에녹 1서	
4,1-6	235	1—36	60
29,4	140, 144	6—13	104
		9,4	178
바룩 3서		10,10-12	210
11	74	14,15	60

18,13	*100, 101*
20,1-8	*64*
20,1	*98*
21,3	*100, 101*
25,3	*216*
39,12	*67*
40,1	*77*
60,7-11.24	*140*
60,7-10	*140, 144*
62,12	*161*
66,1-2	*165*
66,1	*109*
81,1-3	*71*
86	*104*
90,21	*21*
90,30-33	*233*
91,16	*220, 221*
100,1.3	*158, 159*

에녹 2서

19,6	*67*
55,2	*235*

에스드라 4서

0,47-52	*140*
6,49-52	*144*
6,51	*144*

10,25-27	*226*
11,1	*140*
12,11	*140, 141*
12,33	*233*
13,35	*149*
13,38	*233*

예루살렘 타르굼 『차명 요나탄』 신명기

32,39	*21*

요세푸스 『유다고대사』

6.8.48	*124*

이냐시우스의 필라델피아 서간

9,1	*189*

『이단논박』

5.26.1	*141*
50.30.3	*12*
50.30.4	*225*

칠십인역 다니엘서

4,37	*178*

칠십인역 잠언

15,11	*107*

27,20   107

칠십인역 시편
9,24   189
20,3   189
87,12   107

쿰란 문서 '전쟁 규칙서' 1QM
5-6   207
12,13-15   233

타르굼 이사야서
65,5-6   218, 219

토마 복음
93   243

테오도티온역 욥기
26,6   107
28,22   107
31,12   107

히폴리투스 『다니엘서 주석』
4.5.3   141

상징 찾아보기

개	242, 243	- 검은 말	81, 82, 83
		- 푸르스름한 말	82
구름	22, 23, 63, 112, 113, 124, 125, 131, 156, 162	네 생물	64, 66, 67, 68, 69, 72, 74, 78, 80, 81, 82, 94, 148, 155, 162, 163, 194, 195
금 대접	74, 162, 163	- 사자	64, 66, 80, 141
금 띠	28, 162	- 황소	64, 65, 66, 80
		- 사람의 얼굴	65, 66
나팔 소리	26, 60, 99, 100, 102, 103, 114, 115, 129, 211	- 독수리	65, 66, 80
		다윗의 열쇠	50, 51
네 귀퉁이에서 불어오는 바람	88	대탕녀	172, 194, 226, 235, 239
네 기사	80, 83	독수리	102, 103
네 색깔의 말		동쪽/해 돋는 쪽	29, 88, 89, 166, 177, 237
- 흰말	80, 81, 200, 201, 202, 203, 206, 207		
- 붉은 말	81, 82	두 번째 죽음	19, 38, 39, 212,

294 상징 찾아보기

	213, 218, 219, 224, 225
두루마리	70, 71
두 짐승	140, 148, 159, 207
– 첫째 짐승	140, 141, 142, 144, 161, 173, 176
– 둘째 짐승	144, 145, 167
땅에 엎드림(부복함)	30, 52, 63, 68, 74, 78, 94, 126, 145, 198, 240
메뚜기 떼	104, 105, 106, 108, 109
무지개	62, 63, 112, 113
번개 · 요란한 소리 · 천둥 · 지진	62, 63, 98, 99, 100, 128, 170
불 못	39, 206, 207, 209, 213, 214, 215, 216, 218, 219, 224, 225
사람의 아들	22, 23, 25, 28, 29, 30, 49, 73, 113, 115, 156, 157, 162, 187, 200, 205, 229, 237
살해된 어린양	73, 76, 79, 127, 142, 143, 217, 237
새 이름	42, 43, 54, 75
샛별	46, 47, 49, 244
생명의 책	50, 142, 143, 174, 216, 217, 218, 219, 234
숨겨진 만나	42, 43
사람	27, 67
스물네 원로	62, 63, 66, 68, 72, 74, 75, 77, 126, 127, 129, 194, 195
시온 산	148, 149, 159
신부	131, 134, 150, 162, 173, 196, 197, 198, 207, 220, 221, 226, 235, 244, 248
십사만 사천	90, 92, 93, 148, 149, 150, 159, 161, 202

쌍날칼	28, 29, 40, 41, 207	용	127, 130, 132, 133, 134, 135, 136, 137, 138, 139, 140, 141, 144, 147, 148, 159, 166, 167, 173, 176, 201, 206, 208, 210, 219, 225
쓴흰쑥	102, 103		
알파이며 오메가	25, 224, 242		
야자나무 가지	92, 93, 94		
어좌	20, 58, 60, 61, 62, 63, 64, 66, 68, 69, 70, 71, 72, 73, 76, 77, 78, 80, 86, 92, 94, 96, 98, 126, 132, 148, 155, 170, 171, 194, 195, 196, 197, 210, 211, 216, 217, 220, 222, 236, 238	유리 바다	64, 160, 161
		이제벨	44, 45, 195
		일곱	19, 20, 21, 26, 27, 28, 29, 32, 34, 38, 48, 49, 55, 58, 60, 62, 64, 69, 70, 71, 72, 73, 77, 80, 81, 86, 88, 91, 97, 98, 99, 100, 103, 111, 112, 113, 114, 115, 121, 126, 129, 132, 140, 160, 162, 163, 164, 168, 170, 171, 172, 173, 174, 176, 177, 181, 182, 195, 201, 210, 213, 220, 224, 226, 235
어좌에 앉아 계신 분	61, 62, 66, 70, 71, 72, 73, 77, 78, 86, 94, 216, 222		
여인	130, 131, 132, 134, 136, 138, 139		
		일곱 눈	21, 72, 73, 80
열 뿔과 일곱 머리와 열 작은 관	132, 140	일곱 빈 봉인	70, 71
올리브 기름과 포도주	82, 83	일곱 별	28, 29, 32, 34, 48,

	49, 101	큰 도성 바빌론	190
일곱 뿔	73, 80	하느님의 인장	88, 89, 104, 105, 109, 110, 239
일곱 영	20, 21, 48, 49, 64, 72, 73, 99	흰 돌	42, 43
일곱 황금 등잔대	27, 32, 34	흰옷	50, 56, 57, 62, 63, 84, 93, 168
일곱 횃불	62, 64	흰옷과 금관	62, 63, 156
지하	71, 78, 104, 105, 106, 120, 124, 153, 165, 174, 175, 208, 209, 210	666	146, 147
		888	146, 147